기독교문서선교회 (Christian Literature Center: 약칭 CLC)는 1941년 영국 콜체스터에서 켄 아담스에 의해 시작되었으며 국제 본부는 미국 필라델피아에 있습니다.
국제 CLC는 약 650여 명의 선교사들이 59개 나라에서 180개의 서점을 운영하며 이동 도서 차량 40대를 이용하여 문서 보급에 힘쓰고 있으며 이메일 주문을 통해 130여 국으로 책을 공급하고 있는 국제적 문서선교 기관입니다.

추천사 1

권 호 박사
합동신학대학원대학교 설교학 교수, 사랑의교회 협동목사

김창현 목사님의 신간 『영적 전쟁으로 푸는 민수기』는 성경을 깊이 있게 설교하기를 원하는 목회자와 민수기의 핵심 및 세부 사항을 체계적으로 배우기를 원하는 성도가 반드시 읽어야 할 책이다.

이 책은 시내광야(출애굽 2년)에서 모압 평지(출애굽 40년)까지의 기사를 다루고 있는 민수기를 "영적 전쟁"과 연결한 탁월한 책이다. 이스라엘 백성이 광야에서 40년을 지내며 치른 전쟁은 군사력보다는 하나님과의 올바른 관계 여부에 따라 승패가 결정되었고, 하나님의 주권을 인정하는 언약적 행위와 연결되어 있기에 영적 전쟁이라고 할 수 있다.

이 책을 통해 독자들은 민수기의 핵심을 한눈에 파악함과 동시에 중요한 세부 사항까지 꼼꼼하게 배울 수 있다. 특별히 민수기를 구약의 한 책으로만 끝내지 않고 신약으로 연결하는 시도가 빛난다. 예를 들어, 저자는 이스라엘 백성의 40년 광야생활과 예수님의 40일 광야생활을 연결한다(마 4:1-11). 이스라엘 백성은 광야에서 실패하지만, 예수님은 광야에서 사탄과의 영적 전쟁에서 승리하셨다.

오늘날 성도도 구약의 이스라엘 백성처럼 인생의 광야를 걸으며 인생의 여러 적과 싸우며 산다. 인생의 광야에서 성도에게 예수님의 은혜가 없다면 우리의 걸음과 싸움은 실패로 끝나게 될 것이다. 그러나 하나님의 뜻과 영광을 구하신 예수님과 함께라면 승리할 수 있다.

이 책에는 민수기의 충실한 내용과 그것을 관통하는 영적 전쟁의 승리 비결 그리고 신약으로 이어지는 길과 그 끝에 계신 예수님, 이 모든 놀라운 것이 담겨 있다. 주저하지 말고, 지금 이 책을 읽으라!

그때 여러분도 광야 같은 인생에서 승리할 수 있을 것이다.

추천사 2

김 대 혁 박사
총신대학교 신학대학원 설교학 교수

　설교자에게는 매주 돌아오는 두 가지 책임이 있다. 하나는 성경 본문을 충실히 연구하여 진리의 씨앗을 고르는 일이며, 다른 하나는 그것을 회중의 삶에 깊이 심는 일이다. 이를 위해 설교자는 진리를 확정하려고 다양한 주석서들을 참고하여 회중의 마음에 파고들어 갈 메시지를 가다듬는다.
　하지만, 민수기를 설교해 본 설교자라면 이미 알겠지만, 참고할 주석서가 그리 많지 않다는 점에 놀라게 된다. 이런 당혹감은 성경의 능력이 행여 나의 미력한 설교로 가려질까 하는 두려움으로 이어지기 쉽다.
　이 책 『영적 전쟁으로 푸는 민수기』는 현장 신학자이자 목회자에 의해 쓰였기에 다른 어떤 민수기 주석서보다 설교자의 두 가지 책임을 두려움 없이 감당하도록 돕는 설교적 주석서(homiletical commnentary)다. 저자는 36장의 민수기를 영적 전쟁이라는 주제 아래에서 40여 개의 단락(pericope)으로 구분하여 풀어가면서, 과거 이스라엘 백성들의 광야에서의 분투가 곧 광야의 신앙 여정에 있는 오늘날 우리를 향한 생생한 말씀으로 풀어낸다.
　아울러 단락마다 제시한 [설교 포인트]는 설교자의 마음을 잘 알아 청중을 향한 명쾌하면서도 적용적 아이디어로 가다듬어 놓았다. 무엇보다 이 책은 저자가 구약과 신약을 연결하면서 하나님 나라와 복음을 모든 설교의 중심에 두어야 함을 잘 보여 주고 있다.
　주석에서 설교로 이어지는 길을 한눈에 보여 주는 이 책 『영적 전쟁으로 푸는 민수기』가 민수기를 설교하고자 계획하는 모든 분에게 필독서가 될 것이라 확신한다. 매주 설교를 위한 영적 전쟁에서 고군분투하시는 모든 설교자에게 이 책을 강력하게 추천한다.

추천사 3

김태권 목사
PCM 공동대표, CTC코리아 복음코치 디렉터

민수기는 설교자, 특히 강해 설교자들이 그다지 반기는 성경은 아니다. 모세오경 중에서 창세기처럼 이야기 소재가 가득한 내러티브도 아니며 신명기처럼 교훈적 메시지가 풍성하지도 않은 이도 저도 아닌 혼합 장르인 데다 얼핏 보면 이스라엘 백성들의 불순종과 실패 에피소드로 가득 차 있어서 읽기에도 무척 불쾌한 내용이다. 첫 시작부터 지루하고 '무의미'하게 여겨지는 인구조사로 시작하는 것도 또 한몫할 것이다.

그런데 김창현 목사님의 『영적 전쟁으로 푸는 민수기』는 다음과 같이 이러한 '난제'들을 깔끔하게 해소해 준 탁월한 목회적 주석이다.

첫째, 구속사적 해석이 탁월하다.
저자는 본문에 대한 현미경적 분석뿐만 아니라 성경 전체가 함의하고 있는 구속사적 의미에 대한 어안(魚眼, fish-eye)적 시각 혹은 통전적 시각으로 균형있게 해석했다.
둘째, 복음 중심적 해석과 적용이 탁월하다.
민수기가 보여 주는 두 핵심, 즉 이스라엘 백성의 지속적인 죄와 그들에게 지속적으로 베푸시는 하나님의 은혜라는 복음의 핵심을 잘 풀어냈다.
셋째, 영적 전쟁에 대한 통찰력이 탁월하다.
민수기의 '성복' 내러티브를 그리스도인늘의 '영적 전투'로 무리 없이 통찰력 있게 적용한 뛰어난 목회적 주석이다.
넷째, 읽기 쉽고 이해하기도 쉽게 쓴 점이 탁월하다.

자구적 해석에만 무리하게 집중하지 않고 저자 특유의 간단명료한 글쓰기 스타일을 잘 드러냈다.

민수기를 진지하게 연구하고 강해하려는 모든 설교자와 깊이 있게 이해하고자 하는 성도들에게 필독서로 권하며 이렇게 귀한 책을 저술하신 김창현 목사님께 깊이 감사드린다.

추천사 4

최 원 준 박사
안양제일교회 위임목사, 전 한국신약학회 부회장

　복음적 목회와 설교를 추구하는 목회자 모임에서 만난 김창현 목사님의 출간을 환영하고 축하한다. 우선 이 책은 구약학자가 아닌 일선 목회자가 열심히 공부하여 저술한 주석이라는 데 희소가치가 있다. 전공자도 쓰기 쉽지 않은 주석을 목회자가 도전해서 이뤄냈다는 사실만으로 박수를 보낸다.
　에세이집 하나를 내는 것도 만만치 않은 데 그 바쁜 목회 일정 중에 국내 신학자가 쓴 민수기 주석이 거의 없음을 안타까워하며 본인이 직접 해보겠다고 나선 패기가 대단하다. 그리고 결국 해내고야 말았다. 저자는 '모름지기 목회자는 성경을 공부하는 사람'이라는 것을 직접 보여 주었다.
　이 책은 민수기를 '성도의 영적 전쟁'이라는 일관된 시각에서 쓰였다. 저자는 모세오경을 창세기 1장 28절에 언급된 다섯 개의 '문화 명령'에 대응시키는데, 이에 따르면 민수기는 '정복하라'는 명령에 해당한다고 주장한다. 가나안 정복 전쟁은 여호수아서에 가서 이뤄지지만(그래서 구약학자 폰 라드는 모세 6경설을 주장했다) 광야 40년(준비 기간 포함) 동안에는 주로 우리의 죄성과 관련된 전쟁이 이뤄졌다.
　사실 민수기에는 이방 민족과의 전쟁보다는 물과 먹을 음식이 없다는 불평과 원망, 모세의 리더십에 대한 또 다른 권력자 미리암과 아론의 시기와 질투, 고라와 다단과 아비람과 온이 250명의 지휘관을 규합하여 모세와 아론을 거역한 내란, 열 명의 정탐꾼의 보고와 이에 동조한 백성들의 불신 등 내부 문제가 대부분이다. 저자의 말대로 "출애굽 1세대는 광야에서 강력한 이방 민족을 만나 전쟁 중에 죽은 것이 아니고, 영적 전쟁에 패배하여 죽은 것이다." 저자는 이것을 예수 믿는 성도가 수행해야 할 영적 전쟁이라 본 것이다.

그렇다고 저자가 영적 전쟁을 내면으로만 축소하는 것은 아니다. 공중의 권세 잡은 어둠의 세력들이 문화의 영역에서 벌이고 있는 반(反)성경적 문화 역시 성도가 싸워서 정화해야 할 전투 영역이다. 이 책은 복음으로 문화를 변혁하여 하나님의 나라를 이뤄야 할 절박한 시점에 부합한 필독서다.

저자는 영적 전쟁에서 승리의 비결은 거룩함임을 강조한다. 하나님의 영광이 임하는 성막이 이스라엘 진영의 중심에 위치하는 것, 거룩에 관한 규례(민 5장) 등이 그 증거다. 계시록에 나오는 144,000명 역시 영적 전쟁을 수행하는 하나님의 백성이요 교회를 뜻한다.

계시록 7장을 보면 이스라엘 지파별로 12,000명을 뽑는다. 12,000명은 12지파×1,000명인데, 여기서 1,000명은 전쟁에 나가 싸울 사람을 상징한다. 그 근거는 민수기 31장 4절("이스라엘 모든 지파에게 각 지파에서 천 명씩을 전쟁에 보낼지니라 하매") 말씀이다. 144,000명 역시 성결이 중요하다. 이들은 "음녀와 더불어 자신을 더럽히지 않고 정절이 있는 자"(계 14:4)다. 이런 점에서 민수기는 144,000명에 대한 이해가 중요하다고 할 수 있다.

영적 전쟁은 하나님이 싸우시는 것이다. '전쟁 용사'(divine warrior) 이신 하나님은 전쟁을 주도하신다. 이스라엘 백성에게 요청되는 것은 강력한 무기와 체계적인 군사 훈련이 아니라 하나님에 대한 순전한 믿음이었다. 모세가 홍해를 건너기 직전에 했던 말처럼 우리는 두려워하지 말고, 가만히 서서 여호와께서 우리를 위해 싸우셔서 행하시는 구원을 보면 된다(출 14:13-14).

열 명의 정탐꾼의 보고를 듣고 모세를 원망하며 애굽으로 돌아가자고 했던 이스라엘 백성의 불신은 하나님의 저주를 초래했다. 이러한 민수기의 메시지는 영적 군사의 패기가 사라지고, 오히려 이 세대의 가치관에 오염되고 있는 오늘날의 한국 교회가 경청해야 한다. 그런 점에서 김 목사님의 『영적 전쟁으로 푸는 민수기』 주석은 시기적절하기에 일독을 적극 권한다.

영적 전쟁으로 푸는 민수기

The Commentary on Numbers: Interpreting Numbers Through Spiritual Warfare
Written by Kim Chang Hyun
All rights reserved.
Korean Edition Copyright © 2025 by Christian Literature Center, Seoul, Korea.

영적 전쟁으로 푸는 민수기

2025년 3월 31일 초판 발행

지 은 이	김창현
편 집	추미현
디 자 인	서민정 소신애
펴 낸 곳	(사)기독교문서선교회
등 록	제16-25호(1980.1.18.)
주 소	서울특별시 동대문구 천호대로71길 39
전 화	02-586-8761-3(본사) 031-942-8761(영업부)
팩 스	02-523-0131(본사) 031-942-8763(영업부)
이 메 일	clckor@gmail.com
홈페이지	www.clcbook.com
송금계좌	기업은행 073-000308-04-020 (사)기독교문서선교회
일련번호	2025-25

ISBN 978-89-341-2796-3 (93230)

이 한국어판 출판권은 (사)기독교문서선교회가 소유합니다.
신저작권법에 의하여 한국 내에서 보호를 받는 저작물이므로 무단 전재와 무단 복제를 금합니다.

CLC 구약 주석 시리즈 ⑦

민수기

영적 전쟁으로 푸는

김창현 지음

CLC

목차

추천사 1 권호 박사 | 합동신학대학원대학교 설교학 교수, 사랑의교회 협동목사 1

추천사 2 김대혁 박사 | 총신대학교 신학대학원 설교학 교수 2

추천사 3 김태권 목사 | PCM 공동대표, CTC코리아 복음코치 디렉터 3

추천사 4 최원준 박사 | 안양제일교회 위임목사, 전 한국신약학회 부회장 5

감사의 글 14

서론 16
  1. 저자와 기록시기 16
  2. 명칭 16
  3. 모세오경에서의 위치 17
  4. 민수기의 내용 18
  5. 영적 전쟁으로 바라본 민수기 18
  6. 민수기에 대한 구속사적 이해 21
  7. 민수기로 설교하기 22

제1부 | 영적 전쟁 준비(1:1-10:36)

제1장 첫 번째 인구 조사(1:1-4:49) 29
  1. 첫 번째 인구 조사: 군사 모집(1:1-46) 30
  2. 레위인 인구 조사 제외(1:47-54) 36
  3. 이스라엘 백성의 행군 대형(2:1-34) 40
  4. 레위인의 인구 조사(3:1-51) 45
  5. 레위인의 직무(4:1-49) 55

제2장 전쟁을 위한 다섯 가지 준비 사항(5:1-6:27)   62

   1. 진의 거룩(5:1-4)   63
   2. 죄 고백과 용서(5:5-10)   66
   3. 의심의 소제(5:11-31)   68
   4. 나실인에 관한 규례(6:1-21)   76
   5. 제사장의 축복(6:22-27)   83

제3장 광야 행군 준비(7:1-10:36)   88

   1. 지휘관들이 드린 헌물(7:1-89)   89
   2. 출정을 위한 최종 준비(8:1-26)   95
   3. 두 번째 유월절(9:1-14)   106
   4. 이스라엘을 인도한 구름(9:15-23)   110
   5. 나팔 신호(10:1-10)   113
   6. 시내광야에서 출발(10:11-28)   118

제2부 | 영적 전쟁 현장: 광야(11:1-25:18)

제1장 기본적 영적 전쟁(11:1-14:45)   128

   1. 불평과 불만(11:1-35)   128
   2. 시기, 질투, 경쟁(12:1-16)   138
   3. 두려움(13:1-14:38)   145
   4. 불순종(14:39-45)   155

제2장 영적 전쟁의 기본기(15:1-41)   **159**
   1. 영적 전쟁의 최강 무기: 감사와 기쁨(15:1-31)   160
   2. 영적 전쟁의 마지노선: 예배와 묵상(15:32-41)   165

제3장 진보된 영적 전쟁(16:1-20:19)   **169**
   1. 정의감과 동정심(16:1-17:13)   170
   2. 직분과 상급(18:1-32)   182
   3. 영적 두려움(19:1-22)   191
   4. 성공과 실패(20:1-29)   197

제4장 영적 전쟁의 승리(21:1-25:18)   **209**
   1. 호르마 전쟁의 승리(21:1-3)   210
   2. 놋뱀 사건(21:4-9)   211
   3. 요단 동편 도착(21:10-20)   214
   4. 요단 동편에서의 전쟁 승리(21:21-35)   217
   5. 발람의 저주를 축복으로 바꾸시는 하나님(22:1-24:25)   224
   6. 우상 숭배와 음행으로 무너진 이스라엘(25:1-18)   245

제3부 | 영적 전쟁 결과(26:1-36:13)

제1장 영적 전쟁의 상급: 땅 분배(26:1-30:16)   **255**
   1. 땅 분배를 위한 인구 조사(26:1-27:23)   256
   2. 땅 분배의 목적: 예배(28:1-29:40)   264
   3. 여자의 서원(30:1-16)   271

제2장 정복 전쟁을 위한 실습(31:1-32:42)　　　　　　**276**

　1. 정복 전쟁 실습: 미디안과의 전쟁(31:1-54)　　　　　277

　2. 땅 분배 실습: 요단 동편 땅 분배(32:1-42)　　　　　284

제3장 영적 전쟁 결론(33:1-36:13)　　　　　　**290**

　1. 출애굽 여정(33:1-49)　　　　　　　　　　　　　291

　2. 마지막 규례 1: 가나안 땅의 정복과 경계(33:50-34:29)　294

　3. 마지막 규례 2: 레위인의 성읍과 도피성(35:1-34)　　304

　4. 마지막 규례 3: 여자 상속자에 대한 규례(36:1-13)　　310

참고 문헌　　　　　　　　　　　　　　　　　　　　315

감사의 글

김 창 현 목사
인천 소풍교회 담임

　대학교 1학년 어느 날 내가 속한 청년부에서는 UBF(대학생성경읽기선교회)에서 훈련받던 선배를 초대하여 '소감문' 작성 강의를 열었다. 그 이후로 한동안 청년부에서는 목사님의 에베소서 강해설교를 가지고 소감문 나눔을 진행했다. 처음에는 은혜로운 시간이었지만 얼마 지나지 않아 열기는 식었다. 이것이 나의 성경연구의 시작점이다.

　청년부 안에서는 소감문 나눔이 중단되었지만, 나는 혼자 소감문을 계속 작성했고 성경을 깊이 읽는 습관을 갖게 되었다. 소감문 쓰기는 자연스럽게 귀납법적 성경공부로 전환되어 참고서(주석)를 하나씩 보기 시작했다. 그리고 주석 책의 저자들이 신학교 교수님이며 목사님이라는 사실을 신학대학원에 들어가서야 알았다.

　신학대학원에 들어갈 무렵에는 구약신학을 공부하고 싶은 마음이 컸다. 신약 성경 연구를 마치고 창세기로 넘어가면서부터 구약을 연구하는 재미에 푹 빠졌기 때문이었다. 하지만, 사역을 하면서 기독교교육과 교회행정을 더 공부하게 되었다. 그러나 성경연구에 대한 열정과 목마름은 여전했다.

　성경연구를 위해서는 다양한 주석책의 도움이 필요하다. 이 부분에서 나는 큰 아쉬운 점을 느꼈는데, 대부분 주석서가 외국 번역서라는 점이다. 훌륭한 신학자들의 깊이 있는 연구와 수고가 담겨있기는 하지만, 한국 교회와는 조금 동떨어진 이질감을 느낄 때가 많았다. 어떤 주석서는 너무 학문적이어서 소위 건질 것이 거의 없는 경우도 있다. 가격 또한 만만치 않아 구매를 망설이는 경우가 한두 번이 아니었다. 그래서일까 최근에는 한국 교회 정서가 담긴 한국 신학자들과 목회자들의 주석서에 먼저 손이 간다. 최근 민수기를 다시 연구하는 과정에서 한국 신학자들이 집필한 주석서가 거의 없다는 것에 마음이 동하여 민수기 주석을 집필할 욕심을 품게 되었다.

본서는 한국 목회자들과 성경을 연구하는 성도들의 실제적인 필요를 채우기 위해 집필했다. 그래서 본문에 대한 세밀한 설명과 학자들 간에 신학적인 논쟁은 최대한 줄이고 실용적인 내용을 많이 담았다. 또한, 미쉬나, 미드라쉬, 탈무드, 유대 랍비들의 주석서 등의 자료를 참고하여 이해를 돕고자 했다.

구약신학을 전공하지 않은 내가 이런 주석을 쓴다는 것은 대단한 도전이다. 그런데도 가능했던 이유는 선배 학자들의 도움이 있었기 때문이다. 몇 분의 책을 추천함으로 감사의 마음을 전하고자 한다. 송병현 교수의 『민수기』, 데니스 올슨(Dennis T. Olson)의 『민수기』(한국장로교출판사 역간) 그리고 로란드 알렌(Ronald B. Allen)의 『민수기』(The Expositor's Bible Commentary Revised Edition)이다.

더불어 부족한 목회자의 글을 기쁨으로 출판해 주신 기독교문서선교회(CLC) 박영호 사장님과 직원들에게 감사를 전한다. 또한, 바쁜 일정 중에도 글을 꼼꼼히 읽고 흔쾌히 추천사를 써 주신 권호 교수님, 김대혁 교수님, 김태권 목사님 그리고 최원준 목사님께 감사의 말씀을 드린다. 목회 사역을 이해해 주고 기도해 주는 아내 신은영 사모와 세 아들(재원, 재민, 재준)에게 감사하고, 누구보다 소풍교회 성도님들이 있었기에 이 책이 출판될 수 있었음에 감사를 표한다.

2025년 1월

서론

1. 저자와 기록시기

민수기는 모세오경 중 네 번째 책으로 저자가 '모세'라는 것에 큰 이견이 없다. 기록 시기는 광야생활의 끝부분으로 본다. 광야생활의 마지막 야영지이며 모세가 죽기 전 머물렀던 장소가 '여리고 맞은편 요단강 가 모압 평지'이기에 이곳에서 기록했을 가능성이 가장 높다(33:48).

2. 명칭

유대인들은 모세오경의 네 번째 책을 '다바르'(dābar)라고 불렀는데 1장 1절 첫 문장인 "그리고 그가 말씀하시길"에서 나왔다. A.D. 6-7세기 마소라 사본은 '광야에서'라는 의미의 '베미드바르'(b'midbár)라고 명명했다. 현재 사용하고 있는 명칭은 70인역에서 시작되었고 라틴역과 KJV가 'Numbers'를 사용하여 현재까지 이어지고 있다. '민수기'(民數記)는 그 명칭에서 알 수 있듯이 이스라엘 백성의 인구 조사에서 명칭을 따온 것이다.

3. 모세오경에서의 위치

민수기는 모세오경에 네 번째 책이다. 모세오경은 창세기 1장에 언급된 다섯 가지 '문화 명령'(cultural mandate)과 직접적으로 연관이 있다(창 1:28).

창세기	출애굽기	레위기	민수기	신명기
생육하라	번성하라	충만하라	정복하라	다스려라

창세기는 이스라엘 민족의 탄생을 이야기하고 출애굽기는 애굽의 400년 세월 동안 이스라엘 민족이 번성하게 된 과정을 보여 준다. 레위기는 번성한 이스라엘이라는 그릇을 예배로 충만하게 됨을 보여 주고 있고 신명기는 가나안 땅에 들어간 이스라엘 백성이 그 땅을 어떻게 통치하고 다스려야 하는지 알려 주고 있다.

이런 맥락 속에서 민수기는 '정복'에 관한 이야기를 하고 있다. 예배를 통해 하나님과의 사귐과 친밀함으로 충만케 된 이스라엘 백성이 어떻게 정복하는 삶을 살아가야 하는지 그 과정을 이야기해 주고 있다.

민수기가 정복에 대한 이야기라는 것의 가장 명확한 증거는 인구조사의 목적이 전쟁에 있다는 것이다. 하나님은 '20세 이상 싸움(전쟁)에 나갈 만한 자'를 계수하도록 명령하셨다(1:3). 그러나 이 전쟁은 혈과 육에 대한 싸움이 아닌 영적 전쟁이다. 왜냐하면, 전쟁을 위해 인구 조사를 하고 광야로 출정했지만, 그 안에 담긴 내용들은 사람과 전쟁이 아닌, 영적인 주제들이기 때문이다.

4. 민수기의 내용

민수기는 "이스라엘 자손이 애굽 땅에서 나온 후 둘째 해 둘째 달 첫째 날 여호와께서 시내 광야 회막에서 모세에게 말씀"(1:1)하심으로 시작하여 '여리고 맞은편 요단 가 모압 평지'에 진을 친 모습으로 마무리된다(36:13). 즉, 민수기는 이스라엘 백성이 출애굽 이후 시내산에 도착하여 성막을 완성한 직후부터 가나안 땅에 들어가기 직전까지 38년의 세월을 담고 있는 것이다.

민수기는 다음과 같이 크게 세 부분으로 구분할 수 있다.

첫째, 첫 번째 인구 조사와 행군 준비
둘째, 38년의 광야생활에서의 영적 전쟁
셋째, 두 번째 인구 조사와 가나안 입성 후 땅 분배

5. 영적 전쟁으로 바라본 민수기

민수기는 출애굽 2년 시내광야에서 출애굽 40년 모압 평지까지의 이야기로 대부분 이스라엘 백성의 광야생활을 다루고 있다. 핵심 내용은 광야 40년의 여정과 그 안에서 이스라엘 백성이 치룬 전쟁이다. 따라서 민수기는 전쟁을 제외하고 설명할 수 없다. 이 전쟁의 승패는 이스라엘 백성의 군사력 보다는 하나님과의 관계에 의해 결정됨을 볼 수 있다(14:39-45; 21:1-3 참고). 영적 전쟁은 민수기를 해석하는 중요한 관점 중에 하나라 하겠다.

1) 민수기에서 사용된 군사적 용어들

민수기에는 이스라엘 백성이 군사공동체임을 보여 주는 용어가 많이 사용된다. 민수기는 두 번의 인구 조사로 이루어져 있는데 인구 조사의 대상은 20세 이상 싸움에 나갈 만한 모든 자다. '싸움'이라고 번역된 히브리어 '차바'(ṣābā')는 '전쟁, 군대'라는 뜻을 가지고 있다(1:3). 하나님이 이스라엘을 전쟁을 위한 군사공동체로 부르셨다는 것이다.

또한, 이스라엘 백성이 광야로 행진할 때 '나팔'을 불게 된다(10:2). 고대로부터 나팔은 전쟁의 신호수단으로 널리 사용되었다. 이외에도 '진', '진영', '군기', '행진', '지휘관' 등과 같은 군사적 용어가 많이 사용된다.

2) 민수기에 나타난 영적 전쟁의 증거들

민수기는 이스라엘 백성이 군사공동체로 부름 받았음을 보여 줌과 동시에 이 전쟁이 혈과 육에 대한 것이 아닌 영적 전쟁임을 또한 보여 주고 있다.

(1) 성막 중심의 공동체

하나님은 20세 이상 전쟁에 나갈 만한 자를 인구 계수하라고 명령하셨다. 이때 레위인은 제외시키는데 그 이유는 성막의 관리와 이동을 위함이었다. 이스라엘 백성이 진을 칠 때(2:1-16)와 이동할 때(2:17-31)에 언제나 성막이 중심에 있었다. 성막은 이스라엘 가운데 하나님이 임재하고 있다는 중요한 증거가 된다.

(2) 하나님의 명령에 따른 전쟁

이스라엘 백성은 성막을 중심으로 진을 치고 이동했다. 그 이유는 하나님과 친밀한 관계를 유지하기 위함이었다. 이스라엘 백성은 광야생활에서 많은 전쟁을 치르게 되는데, 이 전쟁은 하나님과 밀접한 관계를 가지고 있다. 하나님이 허락하신 전쟁은 승리하고 하나님이 허락하지 않은 전쟁은 실패하게 된다(14:39-45; 21:1-3).

(3) 전쟁의 조건으로 제시된 '거룩'

민수기는 군사공동체로 부름 받은 이스라엘 백성을 위한 준비 사항으로 가장 중요하게 요구된 것이 '거룩함'임을 보여 주고 있다. 공동체의 거룩함을 유지하기 위해 나병 환자, 유출증 있는 자, 주검으로 부정하게 된 자를 진영 밖으로 내야 한다(5:1-4). 인간관계에서 거룩함을 유지하기 위해 죄 고백과 용서를 요구한다(5:5-10). 부부관계의 거룩함을 위해 의심의 소제를 요구한다(5:11-31). 거룩함이 전쟁에 깊은 관련성이 있음을 보여준다. 그 이유는 이스라엘 백성의 전쟁은 혈과 육의 전쟁이 아닌 영적 전쟁이기 때문이다.

3) 민수기에 나타난 전쟁들

군사공동체로 부름 받은 이스라엘 백성이 나팔 신호와 함께 가나안 땅을 향해 행진한다. 이 모습은 영락없는 군대의 모습이다. 그런데 민수기에서 보여 주는 그들의 전쟁 상대는 이방 민족이 아니었다. 그들의 마음과 공동체 안에 있는 영적 전쟁의 요소들이었다.

거친 광야생활 중에 마실 물과 먹을 음식이 없다는 불평과 불만(11:1-35), 모세의 지도력에 대한 미리암과 아론의 시기와 질투(12:1-16), 가나안 땅에 들어가지 못하게 한 두려움(13:1-14:38), 하나님의 명령에 대한 불순종

(14:39-45)이다. 놀랍게도 출애굽 1세대는 광야에서 강력한 이방 민족을 만나 전쟁 중에 죽은 것이 아니고, 영적 전쟁에 패배하여 죽은 것이다.

6. 민수기에 대한 구속사적 이해

구원받은 그리스도인들은 하나님의 나라에 군사로 부름을 받았고(딤후 2:3-4) 한 명도 예외 없이 영적 전쟁에 동참하게 된다. 그러나 우리가 이 전쟁을 두려워하지 않아도 되는 것은 예수님이 이미 승리를 선포하셨기 때문이다. 우리를 이 전쟁에 동참시키신 이유는 승리의 기쁨을 함께 나누고 하나님 나라를 상급으로 주시기 위함이다.

민수기 전체의 전쟁 이야기는 4단계로 구분할 수 있다. 군사로 '부르심-나팔 신호-전쟁-땅 분배'다. 이것은 성경 전체에 흐르고 있는 구속사의 스토리이기도 하다.

민수기	그리스도인
군사 모집(1:2-3)	군사로 부르심(딤후 2:3-4)
603,500명(1:46)	144,000명(계 7:5-9)
나팔 신호(10:1-10)	나팔 신호(살전 4:16)
전쟁(11:1-21:20)	전쟁(계 16:12-16)
승리(21:21-35)	승리(계 19:1-8)
땅 분배(26:51-56)	전리품: 왕 노릇(계 20:4-6)

민수기는 이스라엘 백성이 출애굽 이후 가나안 땅까지의 38년의 여정을 보여 주고 있다. 이것은 그리스도인이 십자가의 공로로 구원에 동참하

여 천국에 이를 때까지의 여정을 보여 준다.

출애굽 여정	우리의 신앙생활
애굽에서의 노예생활	세상에서의 노예생활
유월절	예수님의 십자가
홍해 사건	물 세례(새 생명)
시내산 언약	그리스도와의 첫사랑
성막 건축	내적 성전
군사 모집을 위한 인구 조사	제자로 부르심
영적 전쟁(광야)	영적 전쟁(마음)
땅 분배를 위한 인구 조사	신부로 부르심
모압 언약	그리스도와의 연합
요단강	성령 세례(거듭남)
가나안 땅	하나님 나라
영적 전쟁(가나안 정복)	영적 전쟁(문화, 가치관)
가나안 정복 완성(솔로몬)	하나님 나라 완성(예수 재림)

7. 민수기로 설교하기

민수기를 설교할 때 주의해야 할 몇 가지를 살펴보자.

1) 영적 전쟁

민수기는 다음과 같이 크게 세 부분으로 구분할 수 있다.

첫째, 행군 전까지의 준비 단계
둘째, 광야 세월에서 있었던 일
셋째, 모압 평지에서 있었던 일

이 세 부분에 전체적으로 조망할 수 있는 관점이 필요한데, 이를 위해 영적 전쟁이 효과적인 방법이라고 생각된다.

행군 준비 (1:1-10:36)	군사 모집, 행군 대형, 전쟁 준비 사항, 나팔 신호
광야 세월 (11:1-25:18)	기본적 영적 전쟁: 불평/불만, 시기/질투/경쟁, 두려움, 불순종 영적 전쟁 최강 무기: 감사와 기쁨 영적 전쟁 마지노선: 예배와 묵상 진보된 영적 전쟁: 정의감 동정심, 직분과 상급에 대한 오해, 영적 두려움, 성공과 실패에 대한 오해
모압 평지 (26:1-36:13)	땅 분배, 가나안 땅에서의 예배, 정복 전쟁과 땅 분배 실습, 땅에 대한 당부의 말

2) 땅

민수기에서 '땅'은 매우 중요한 요소다(26장; 27장; 32장). 전쟁에서 승리한 이스라엘 백성들에게 상급으로 '땅'이 주어진다. 출애굽 1세대가 '땅'을 얻지 못함은 전쟁에서 승리하지 못했기 때문이다. 또한, 가나안 땅에 들어가는 이스라엘 백성들에게 가나안 땅을 반드시 정복할 것, 땅을 더럽히지 말 것 그리고 각자의 땅을 반드시 지킬 것에 대해 강조한다(33장), 민수기는 '땅'을 소중히 여기고 절대 잃어버리지 않도록 강조한다.

민수기를 설교할 때 땅은 하나님 나라로 이해해야 한다. 가나안 땅을 하나님께서 선물로 주셨듯이 그리스도인들도 하나님 나라를 선물로 받는다. 이스라엘 백성이 가나안 땅에 들어가 가나안 일곱 족속을 몰아내야 하듯 그리스도인들은 공중 권세 잡은 사탄에게 빼앗긴 하나님 나라를 회복하는 문화 전쟁을 감당해야 한다. 이스라엘 백성이 그들에게 주어진 땅을 지켜야 하듯 그리스도인들도 각자에게 주신 하나님 나라를 절대 소홀히 여겨서는 안 된다.

3) 복음 중심 설교

민수기에는 가나안 땅에 들어가지 못한 출애굽 1세대와 가나안 땅에 들어간 출애굽 2세대(여호수아와 갈렙 포함)가 선명하게 비교된다. 그러나 두 그룹의 믿음과 행함의 차이점을 강조하다가 자칫 복음에서 멀어질 수 있기에 주의가 필요하다.

(1) 이스라엘 백성의 죄와 하나님의 은혜다

민수기에는 복음이 매우 선명하게 드러난다. 민수기에 등장하는 이스라엘 백성의 모습은 죄악의 연속이다. 불평과 불만, 시기, 질투, 경쟁, 두려움, 하나님에 대한 불순종이다. 또한, 스스로 선과 악을 구분하며 정의감과 동정심에 사로잡혀 모세와 하나님을 대적하는 모습, 제사장과 레위인의 직분을 계급으로 생각하며 경쟁하는 모습, 우상 숭배와 음란함에 빠지는 모습 등 하나님이 주시는 가나안 땅에 들어갈 자격이 전혀 없어 보인다.

그런데도 이스라엘 백성은 가나안 땅을 얻게 된다. 이것은 이스라엘 백성의 공로나 의로움이 아니라, 하나님이 아브라함과 이삭과 야곱에게 약속하신 것을 이루신 것이다(14:23).

(2) 예수님의 예표다

민수기에는 예수님을 드러내는 예표가 많다. 몇 가지의 예를 들어보자.

① 40년 광야생활과 예수님의 관계

이스라엘 백성의 40년 대부분이 민수기에 담겨 있다. 그 내용은 이스라엘 백성의 처절한 패배의 연속이다. 두려움에 불순종한 출애굽 1세대는 광야에서 죽지만, 출애굽 2세대는 가나안 땅에 들어간다. 이것은 그들의 공로가 아니고 하나님이 그들의 조상과 맺은 언약 때문이었다. 예수님은 공생애를 시작하시며 40일 동안 광야생활을 하셨다(마 4:1-11).

이것은 이스라엘 백성의 40년 광야생활을 보여 주는 것임과 동시에 우리의 인생을 보여 준다. 이스라엘 백성은 광야에서 실패한 반면, 예수님은 사탄과 영적 전쟁에서 승리했다. 그리스도인들도 광야와 같은 인생에서 이스라엘과 다르지 않게 분명히 패배하게 될 것이다. 그런데도 우리가 천국을 소유하게 되는 것은 우리의 대장 되신 예수님의 승리 때문이다.

② 예수님의 대속 사역을 보여 주는 모세의 죽음

민수기 21장에는 출애굽 2세대가 가데스 바네아에 다시 도착했을 때 물이 없어 불평하는 장면이 나온다. 이때 출애굽 1세대의 악몽이 떠올랐던 모세는 분노하여 지팡이로 반석을 두 번 치게 된다. 모세는 이 일로 인해 가나안 땅에 들어가지 못한다. 그리고 이 사건이 이스라엘 때문에 하나님이 자기에게 진노하신 것이라고 고백한다(신 3:26).

출애굽 1세대는 광야에서 죽었지만, 출애굽 2세대는 모세가 대신 죽고 그들은 가나안 땅에 들어가게 된다. 이것은 예수님이 대신 죽으심으로 우리가 하나님의 나라에 들어갈 수 있게 되었음을 보여 준다(고후 5:14; 딛 2:14; 벧전 3:18).

③ 십자가의 예수님을 보여 주는 놋뱀

민수기 21장에는 불뱀 사건이 나온다. 광야생활 끝부분에서 먹을 것과 물이 없음으로 불평하다 하나님의 진노로 불뱀이 나와 많은 백성이 죽게 된다. 이때 하나님은 놋뱀을 만들어 장대 위에 매달아 놓고 그것을 보면 살리라 말씀하셨다. 이 사건은 예수님이 직접 죄인들을 위해 십자가에 달려 죽으실 것과 그 십자가에서 죽으신 예수님을 바라보는 자가 살 수 있음을 연관하여 말씀하셨다(요 3:14-15).

(3) 전쟁의 목적은 회복이다

민수기를 설교할 때 복음을 강조해야 한다. 복음은 창조-타락-구원-회복의 내용을 담고 있다. 이스라엘 백성들의 전쟁 목적은 영토 확장이나 약탈에 있지 않다. 하나님이 이스라엘 백성에게 전쟁을 명령하신 것은 회복을 위함이다. 이 땅은 원래 하나님의 소유이다(레 25:23; 신 10:14).

가나안 일곱 족속이 차지하며 우상 숭배로 그 땅을 더럽힌 것을 하나님의 통치와 다스림이 임하는 나라로 회복하기 위한 전쟁이다. 교회가 영적 전쟁을 위해 부름을 받은 것은 복음으로 세상을 회복하기 위함이다(행 3:21). 교회는 이 전쟁을 위해 부름을 받았고 예수님이 다시 오시는 날 완성될 것이다(계21:1-4).

민수기의 주제는 '정복'이다. 민수기는 20세 이상 전쟁에 나갈 만한 자를 계수하는 인구 조사로 시작한다. 하나님이 이스라엘 백성의 정체성이 '군대'임을 알려 주시는 것이다. 인구 조사할 때 레위인은 제외하게 하시는데 그 이유는 성막의 이동과 관리 때문이다. 이스라엘 백성은 성막을 중심으로 세 개의 지파씩 진을 쳤고 행군을 할 때도 그 중앙에는 성막이 놓여 있었다. 성막은 예배를 통해 하나님을 만나는 장소였다. 이것은 이스라엘 백성이 예배공동체임을 보여 주는 증거다.

이스라엘 백성은 군사공동체임과 동시에 예배공동체였다. 이 두 가지의 정체성은 긴밀한 연관성을 가진다. 하나님과의 관계에서 예배가 잘 드려질 때는 전쟁에서 승리하고 그렇지 못할 경우는 패배하게 된다. 이것은 이스라엘 역사 전체에 흐르는 중요한 원칙이다.

민수기는 다음과 같이 크게 세 부분으로 구분할 수 있다.

제1부 영적 전쟁을 위해 준비하는 과정(1:1-10:36)
제2부 영적 전쟁의 현장인 광야에서의 이야기(11:1-25:18)
제3부 영적 전쟁의 결과(26:1-36:13)

제1부

영적 전쟁 준비(1:1-10:36)

제1장 첫 번째 인구 조사(1:1-4:49)

제2장 전쟁을 위한 다섯 가지 준비 사항(5:1-6:27)

제3장 광야 행군 준비(7:1-10:36)

제4장 레위인의 인구 조사(3:1-51)

제5장 레위인의 직무(4:1-49)

제1장

첫 번째 인구 조사 (1:1-4:49)

민수기는 두 번의 인구 조사로 구성되어 있다. 1-4장은 첫 번째 인구 조사 기록이다. 하나님은 모세를 통해 이스라엘 백성 중에 20세 이상 전쟁에 나갈 만한 자를 계수하도록 명령하신다. 이는 이스라엘공동체가 전쟁을 위한 군사공동체임을 보여 준다. 따라서 첫 번째 인구 조사의 목적은 전쟁 준비다.

하나님은 전쟁을 위한 인구 조사를 명령하시며 레위인은 제외하라고 명하신다.

전쟁에서 한 명의 군사도 아까운 상황에서 하나님은 왜 레위인을 제외하셨을까?

그 이유는 레위인에게 부여할 특별한 직무가 있었기 때문이다. 그것은 바로 성막의 이동과 관리였다. 이스라엘 진영의 중심에는 성막이 있었고 이동의 중심에도 성막이 있었다. 성막은 하나님을 예배하는 곳이며 이것은 이스라엘 백성이 예배공동체라는 증거다.

하나님은 레위인에 대한 인구 조사를 명령하신다. 이때는 생후 1개월 이상 되는 모든 남자 레위인이 대상이다. 이들은 이스라엘 백성 중에 태어난 장자들의 대속물로 드려지며 하나님의 소유가 된다. 이스라엘 백성 중에 레위인은 죽은 자와 같았고 어떠한 군사력이나 생산력으로 활용되지 못한다. 온전히 성막를 관리하고 예배를 돕는 일에 집중하게 된다.

군사로 부름 받은 이스라엘 백성에게 레위인과 성막에 대한 이야기를 집중적으로 다루시는 이유는 이스라엘 백성의 전쟁 중심에 예배가 있기 때문이다. 모든 사람은 예배의 대상에 의해 움직이고, 그 예배의 대상을 위해 목숨을 걸고 싸우게 된다. 돈을 예배하는 자는 돈을 위해 싸운다. 성공을 예배하는 자는 성공을 위해 싸운다. 모든 영적 전쟁의 중심에는 예배가 있다.

1. 첫 번째 인구 조사: 군사 모집(1:1-46)

민수기는 그 제목처럼 백성을 계수하라는 하나님의 명령으로 시작된다. 인구 계수의 목적은 무엇보다 전쟁을 위한 군사적 목적이다. 또한, 이 전쟁이 혈과 육에 대한 것이 아닌 영적 전쟁이기 때문에 예배에 대한 목적을 가지고 있다. 20세 이상 싸움에 나갈 만한 자의 수는 총 603,550명이다.

1) 인구 조사의 때(1:1)

민수기 첫 단어는 "그리고 그가 말하다"이다. "그리고"라는 말은 민수기가 앞서 나온 출애굽기와 레위기의 내용과 긴밀한 관계가 있음을 보여준다. 민수기의 첫 시작은 인구 조사 명령인데 그 시기와 장소가 1절에서 명확하게 언급되어 있다. 장소는 시내광야이고 시기는 출애굽 후 2년 2월 1일이다. 출애굽기부터 민수기 1장까지 정리하면 다음과 같다.

사건	날짜	성구
출애굽	1년 1월 15일	출 12:42; 민 33:3
만나(신광야)	1년 2월 15일	출 16:1, 14
시내산 도착	1년 3월 1일(혹은 15일)	출 19:1
성막 완성	2년 1월 1일	출 40:17
첫 예배	2년 1월 8일	레 9:1
인구 조사 지시	2년 2월 1일	민 1:1
두 번째 유월절	2년 2월 15일	민 9:11

2) 첫 번째 인구 계수의 목적(1:2-3)

구약에는 세 번의 인구 조사가 나온다. 두 번은 하나님께서 지시한 것이고(민 1장; 26장) 나머지 한 번은 다윗이 임의로 실시한 것이다(삼하 24장; 대하 21장). 하나님의 명령 없이 진행한 다윗의 인구 조사는 7만 명이 죽는 끔찍한 형벌로 이어졌다.

그렇다면 하나님은 왜 모세에게 인구 조사를 지시하셨을까?

(1) 군사적 목적

하나님이 인구 조사를 명령하신 이유는 '전쟁'을 위함이다. 오늘 본문에서 "계수하라"라는 명령어가 등장하는데 히브리어로 '파카드'(pāqaḏ)이다. 그 뜻은 '계수하다, 소집하다'로 '싸움에 나갈 만한 자를 군대로 소집한다'는 의미를 가지고 있다. 하나님께서 이스라엘 백성을 군사로 모집하신 것이었다.

이 외에 부수적으로 성막 봉헌을 위한 예물 준비를 위한 것과 지파별로 행진을 위한 것도 포함되어 있지만, 전쟁을 위한 계수가 주목적이었다.

또한, 3절에서 '군대'를 뜻하는 '진영'이라는 단어가 등장하는데 하나님은 이미 이스라엘 백성을 군사로 보고 계시다는 증거다.

민수기 26장에서 인구 조사를 한 번 더 실시하는데, 이때는 군사적 목적이 아닌 가나안 땅을 분배하기 위한 것으로 전쟁에서 승리한 사람들이 전리품을 받는 모습을 보여 주고 있다.

(2) 예배적 목적

인구 조사는 예배적 목적을 가지고 있다. 이것은 성막 봉헌과 밀접한 관계가 있다. 오늘 본문에서 인구 계수의 연령과 성막의 속전 연령이 동일한 것(출 30:14), 성소에 세겔을 드린 숫자와 민수기 1장의 인구 조사의 숫자가 일치하는 것(출 38:26) 그리고 민수기 7장에서 성막 봉헌을 위해 예물을 바친 대표자들이 인구 조사를 위해 선출된 지도자라는 것이 그 증거다.

첫 번째 인구 조사가 군사적 목적과 예배적 목적을 담고 있는 것을 통해 전쟁과 예배가 얼마나 긴밀한 관계인지 알 수 있다. 이스라엘 백성이 감당해야 할 전쟁에서 예배는 승패를 좌우하는 매우 중요한 영역이었다.

민수기의 인구 조사의 모습은 천상의 예배를 보여 주는 계시록 7장에 다시 등장한다. 144,000명이 그 숫자다. "큰 환난에서 나오는 자들", 곧 '예수 그리스도의 보혈의 피로 씻김을 받은 자들'이다(계 7:14). 출애굽 이스라엘 백성의 유월절 사건과 인구 계수는 계시록의 장면에서 완성된다.

열 가지 재앙을 통과하고 유월절의 어린양의 피로 씻김을 받은 자들의 숫자가 민수기 1장에 계수되고 이들은 가나안 땅으로 들어간다. 교회 시대에 모든 환란을 통과하고 하나님과 예수 그리스도의 이름으로 인침을 받은 자 144,000명(계 14:1-3)이 새 예루살렘에 들어가게 된다(계 21:1-2). 이곳에서 영원히 주님을 찬양하게 된다. 즉, 구약의 이스라엘 백성이나 신약의 교회 모두 군사공동체이며 예배공동체다.

3) 각 지파의 우두머리(1:4-16)

하나님은 각 지파 별로 우두머리를 세워 인구 계수를 주도하게 하신다. 또한, 이들이 전쟁에 나갔을 때 각 지파의 지휘관이 된다. 인구 조사의 방법은 지파와 가족의 이름을 말하면 기록하는 형식을 취했을 것으로 보인다. 계수 기간이 얼마 걸렸는지 알 수 없으나 그리 오랜 시간이 필요하지는 않았을 것이다.

지파	이름	뜻
르우벤	스데올의 아들 엘리술	하나님은 반석이시다
시므온	수리삿대의 아들 슬루미엘	하나님은 평화이시다
유다	암미나답의 아들 나손	뱀(예언함, 점쟁이)
잇사갈	수알의 아들 느다넬	하나님의 주심(선물)
스블론	헬론의 아들 엘리압	하나님은 아버지이시다
에브라임	암미훗의 아들 엘리사마	하나님이 들으시다
므낫세	브다술의 아들 가말리엘	하나님은 나의 보상
베냐민	기드오니의 아들 아비단	나의 아버지는 심판자이시다
단	암미삿대의 아들 아히에셀	나의 형제는 도움이다
아셀	오그란의 아들 바기엘	하나님이 만나 주시다
갓	드우엘의 아들 엘리아삽	하나님이 더하시다
납달리	에난의 아들 아히라	나의 형제는 악하다

4) 인구 조사의 결과(1:17-46)

1차 인구 조사 결과, 전쟁에 나갈 만한 20세 이상의 남자는 총 603,500명이었다. 유다 지파가 74,600명으로 가장 많고 므낫세 지파가 32,200명으로 가장 적다. 2차 인구 조사 때는 총 601,730명이 되는데, 유다 지파가 76,500명으로 가장 많았고 시므온 지파가 22,200명으로 가장 적었다. 첫 번째 인구 조사 대상 중에 오직 여호수아와 갈렙 만이 다시 셈을 받게 된다.

지파	1차	2차	지파	1차	2차
르우벤	46,500	43,730	시므온	59,300	22,200
갓	45,650	40,500	유다	74,600	76,500
잇사갈	54,400	64,300	스블론	57,400	60,500
에브라임	40,500	32,500	므낫세	32,200	52,700
베냐민	35,400	45,600	단	67,700	64,400
아셀	41,500	53,400	납달리	53,400	54,500
			합계	603,550	601,730

영적 전쟁으로 푸는 민수기

성경은 이 세상이 치열한 전쟁의 현장(마 11:12)임을 알려 줌과 동시에, 모든 그리스도인은 전쟁을 위한 군사로 부름 받았음을 말해 준다(딤후 4:7-8). 이 전쟁은 혈과 육에 대한 것이 아닌 영적 전쟁이다(엡 6:12).

유월절을 통해 출애굽한 이스라엘 백성은 홍해를 건너 시내산에 도착했다. 성막을 완성한 그들은 군사로 부름을 받고 전쟁의 현장인 광야로 나간다. 신약의 성도들은 예수의 피로 구원을 받고 물과 성령으로 거듭난다(요 3:5). 하나님이 임재하심으로 내적 성전이 완성된(고전 3:16) 우리는 군사로 부름을 받고 영적 전쟁을 위해 세상으로 파송된다(요 17:18).

모든 그리스도인은 세상으로 나아가 통치자, 권세자, 세상의 주관자 그리고 악한 영들과 피흘리기까지 싸워야 하는 하나님 나라의 군사다(히 12:3-4).

유월절	홍해	시내산	성막	광야(영적 전쟁)	땅 분배
십자가	세례	성령 충만	내적 성전	세상(영적 전쟁)	하나님 나라

군사로 부름 받은 그리스도인이 반드시 기억해야 할 사항이 있다.

첫째, 영적 전쟁에 제외된 그리스도인은 하나도 없다는 사실이다 (딤후 6:12).

둘째, 우리의 전쟁은 성경을 기초한 믿음의 싸움이다(요일 5:4-5).

셋째, 이 전쟁은 이미 승리가 선포된 전쟁이다(요 16:33).

넷째, 하나님이 승리가 확정된 전쟁에 우리를 초대하신 이유는 상 (전리품)을 주시기 위함이라는 것이다(계 21:7).

설교 포인트

본문: 민수기 1:1-46
제목: 군사로 부름 받은 그리스도인

모든 그리스도인은 군사로 부름을 받았으며(딤후 2:3-4) 교회와 성도들은 전투 중에 있음을 기억해야 한다(엡 6:11-13).

1. 우리를 군사로 부르신 분은 여호와 하나님이시다(민 1:1).
2. 하나님은 강한 군사를 요구하신다(민 1:3; 단 11:32).
3. 하나님은 예외 없이 모든 그리스도를 군사로 부르셨다(민 1:4; 벧전 5:8-9).

2. 레위인 인구 조사 제외(1:47-54)

하나님은 본격적인 광야생활을 시작하며 군사적 목적으로 이스라엘 백성의 인구 계수를 명령하셨다. 그러나 레위인은 인구 조사에서 제외하라고 하신다. 1개월 이상 된 레위인의 계수 결과는 22,000명이었다. 이들을 군사력에서 제외하는 것은 엄청난 손해다. 레위인은 성막의 이동과 설치 그리고 관리에 집중하게 하신다. 이것은 이스라엘공동체가 군사공동체임과 동시에 예배공동체임을 보여 주는 중요한 증거가 된다.

첫째, 레위인에 대한 인구 계수 제외(1:47-49)

출애굽 당시 하나님은 온 애굽에 장자가 죽는 재앙을 내리신다(출 11:5; 13:15). 이때 양의 피를 문설주에 바른 집은 구원을 얻게 된다(출 12:13). 고대 근동뿐만 아니라 오늘날도 많은 문화권에서 장자는 가족을 대표한다. 장자의 죽음은 곧 가족 전체의 죽음을 의미한다. 하나님은 애굽의 장자의 죽음을 통해 애굽 전체의 죽음을 보이신 것이다.

이 과정에서 이스라엘 백성의 장자 역시 죽어야 했지만, 유월절 어린양의 피로 죽음을 면하게 된다. 따라서 이스라엘 백성의 장자는 원래 죽었던 것이기에 장자의 소유권이 하나님에게 돌아가게 된다. 이와 동일한 개념으로 하나님은 가나안 땅의 소유권을 표시하기 위해 첫 소출과 첫 새끼는 하나님께 바치도록 했다(출 34:19-20). 하나님이 레위인을 군사력과 노동력에서 제외하신 것은 죽은 자와 동일하게 취급하시는 것이다.

둘째, 레위인의 직무: 성막 관리(1:50-51)

전쟁에서는 무엇보다 군사의 숫자가 중요하다. 한 명의 군사라도 더 있어야 하는 상황에서 하나님은 레위인을 군사의 계수에서 제외하셨다. 그리고 그들에 대해 이미 죽은 자라고 선언하셨다.

도대체 하나님은 이 죽은 자와 같은 레위인을 통해 무엇을 하고자 하신 것일까?

그것은 바로 성막의 이동과 관리다. 성막을 관리하는 일은 레위 지파의 세 가문으로 구분하여 배분된다. 게르손 자손은 성막과 장막과 그 덮개와 회막 문장을, 고핫 자손은 증거궤, 상, 등대, 단을 그리고 므라리 자손은 성막의 널판, 띠, 기둥, 받침을 담당하게 하셨다.

진의 이동 시 철거와 조립에 관련된 일과 성막에 가까이 하는 자들에 대해서는 죽여도 좋다는 경찰권까지 부여받게 된다(18:4-5). 이것은 하나님이 스스로 자기의 영광을 보호하심(사 42:8)과 동시에 이스라엘 백성을 보호하시는 수단이다(레 18:5; 민 18:3).

다윗이 법궤를 옮길 때 웃사가 임의로 법궤에 손을 댔다가 죽게 되는 장면이 성막 보호의 중요성을 보여 주는 사건이라 하겠다(삼하 6:6-7). 레위인은 효과적인 섬김을 위해 성막 주변에 진을 치도록 명령받는다(3:14-37).

종족	직무
게르손 자손	성막 덮개, 장막(울타리에 해당하는 천)
고핫 자손	증거궤, 떡상, 등대, 분향단
므라리 자손	성막의 널판, 띠, 기둥, 받침

셋째, 성막에 대한 책임(1:52-54)

민수기는 군사로 부름받은 이스라엘 지파의 계수로 시작한다. 이 계수에 레위인은 제외된다. 군사적으로 엄청난 손실이다. 그런데도 하나님은 레위인에게 성막의 이동과 관리를 맡기신다.

> 레위인은 증거의 성막 사방에 진을 쳐서 이스라엘 자손의 회중에게 진노가 임하지 않게 할 것이라 레위인은 증거의 성막에 대한 책임을 지킬지니라 하셨음이라 (민 1:53).

이 "진노"는 성막을 함부로 대할 때 이스라엘을 향한 형벌이다. 반대로 설명하면 '성막을 잘 관리하고 성막을 목적대로 사용할 때 하나님의 복이 임하신다'라는 뜻이다. 이것이 민수기에 등장하는 이스라엘 백성이 군사공동체임과 동시에 예배공동체임을 보여 주는 중요한 근거가 된다.

전쟁에서 승리의 중요한 요건은 군사력이다. 하지만, 하나님은 이스라엘 백성의 승패 조건으로 '성막을 어떻게 관리하는가', 다시 말해 '어떻게 예배하는가'에 달려 있음을 강조하신다. 외형으로 보이는 군사력이 아닌, 예배를 통한 하나님과의 친밀한 관계가 전쟁의 승리를 좌우하는 것이다 (시 33:12-19). 그런 의미에서 레위인은 군사력에서 제외된 것이 아닌, 더 중요한 영적 무장을 책임지는 자들이었다.

영적 전쟁으로 푸는 민수기

물질주의 세계를 살아가는 사람들에게 효율성은 삶에 중요한 기준이 된다. 이것을 실용주의(pragmatism)라고 한다. 실용주의는 우리 삶에 유익이 되고 필요한 것을 제공해 주는 것을 가치 있는 것으로 평가하는 사상이다. 오늘날 현대인은 그림이나 음악, 문학, 과학 등 모든 분야에서 실용주의를 추구한다. 즉, 삶에 유익이 되는 것이 가치 있는 것이다.

예를 들어, 그림을 더 이상 액자에만 가두어 놓는 것보다 실생활에서 필요한 미술로 바꾸는 것, 이론적인 과학보다는 실생활에 필요한 과학으로 가는 것이 실용주의다. 그 결과 세상은 사물의 본질보다는 얼마나 경제적인지, 효율적인지, 생산적인지를 평가한다.

이러한 실용주의는 현대 그리스도인의 삶에도 많은 영향을 주었다. 기도, 성경 읽기, 교회 봉사 등과 같은 것을 실용적인 사고로 판단하게 된 것이다. 예배를 하나님 중심으로 바라보지 않고, 은혜를 받아야 하는 자기중심적 관점으로 본다는 것이다. 흔히 예배드리러 가는 것을 '은혜받으러 간다'고 표현한다. 자신에게 은혜가 되어야만 좋은 예배가 되는 것이다. 예배가 자기에게 유익이 되는지 안 되는지를 판단하는 것이다.

레위인 제도는 비실용적이다. 전쟁에 나가야 하는 이스라엘 백성에게 레위인은 죽은 자와 같은 존재였다. 군사력에서 제외한다는 것은 엄청난 손실이었다. 실용적으로 생각하면 매우 어리석은 일이다. 비생산적이고 비합리적인 판단이다. 그런데 하나님은 이 일을 지시하고 있다. 왜냐하면, 이것이 이스라엘을 진노에서 면하게 하고 생명을 살리는 일이기 때문이다.

성막은 하나님이 임재하시는 장소다. 이곳에서 이스라엘 백성은 하나님을 만나고 하나님과 교제한다. 오늘날 성막은 우리 마음에 있는 내적 성전이다(고전 3:16-17). 레위인이 성막을 잘 관리해야 하듯이 우리는 영혼을 잘 돌보아야 한다. 하나님의 임재를 경험하는 예배, 하나님과 친밀히 교제하는 기도와 묵상, 몸된 공동체인 교회를 섬기고 세우는 일이다.

어찌 보면 우리의 영혼을 돌보는 일이 비생산적으로 보일 수도 있다. 하지만, 이러한 거룩한 낭비가 영적 전쟁을 승리케 하는 방편이 된다(딤전 4:8). 반대로 낭비처럼 여겨지는 영혼 돌보는 것을 소홀히 했을 때 영적 전쟁에 실패하여 하나님과 멀어지고 풍성한 삶을 잃어버릴 수밖에 없다.

> ### 설교 포인트
>
> **본문: 민수기 1:47-54**
> **제목: 전쟁은 어디에서 결정나는가?**
>
> 하나님은 이스라엘 백성이 전쟁을 향해 나갈 때 레위인은 군사에서 제외시키신다. 그들의 숫자가 무려 22,000명이었다. 전쟁에서 병사 한 명이 더 필요한 상황인데 하나님은 엄청난 낭비를 하고 있다. 왜 이렇게 하셨을까?
>
> 1. 우리의 전쟁은 숫자에 의해 결정되지 않는다(출 17:8-13; 민 1:49-50).
> 2. 우리의 전쟁은 영적 전쟁이다(민 1:51-52; 엡 6:12).
> 3. 영적 전쟁의 승패는 예배에 달려 있다(민 1:53; 롬 12:1-2).

3. 이스라엘 백성의 행군 대형(2:1-34)

하나님은 모세에게 20세 이상 전쟁에 나갈 만한 자에 대한 인구 조사를 명령하신다. 이스라엘 백성이 군사공동체임을 보여 준다. 더불어 하나님은 레위 지파는 이 조사에서 제외하라고 하셨는데 그 이유가 성막의 이동과 관리를 위함이었다. 이것은 이스라엘 백성이 예배공동체임을 보여 준다. 이제 군사공동체로 부름 받은 이스라엘 백성의 행군 대형에 대해 설명하신다.

1) 각 지파별 진 배정(2:1-16)

인구 계수를 마친 이스라엘 백성은 회막을 중심으로 진을 치도록 지시를 받는다. 각 지파는 군기를 세우고 자기 가문을 나타내는 기호를 만들도록 하셨다. 하나님은 '군기'(데겔, *degel*), '군대'(차바, *ṣābā*)와 같은 단어를 통해 이스라엘 백성이 군사공동체임을 다시 강조하신다.

지파별로 어떤 모양의 군기를 만들었는지 알 수 없지만, 창세기 49장에 언급된 야곱의 축복을 바탕으로 만들었을 것으로 추측해 본다. 미드라쉬(Midrash)에서는 군기의 색깔이 아론의 흉패에 사용된 보석의 색깔과 같았다고 말한다(Bamidbar Rabbah 2:7). 오늘날 이스라엘 백성은 지파 개념은 없지만, 지파별로 색깔과 문장을 유지하여 활용하고 있다.

방향	지파	색깔	문장
동편	유다	푸른색	사자
	잇사갈	초록색	별
	스블론	자주색	배
남쪽	르우벤	붉은색	합환채
	시므온	검은색	성
	갓	하늘색	장막
서편	에브라임	파란색	황소
	므낫세	보라색	종려나무
	베냐민	주홍색	이리
북편	단	사파이어색	저울
	아셀	노랑색	나무
	납달리	연두색	사슴

하나님은 성막을 중심에 놓고 동서남북 방향으로 진을 치도록 하신다. 그 진영은 유다/잇사갈/스블론-르우벤/시므온/갓-에브라임/므낫세/베냐민-단/아셀/납달리 순이다. 레위인의 경우는 성막 사방으로 제사장들-게르손-므라리-고핫 자손들이 진을 치도록 하고 있다. 성막이 이스라엘 진영의 중심에 자리하고 있다는 것은 그들이 예배공동체임을 보여주는 명확한 증거다.

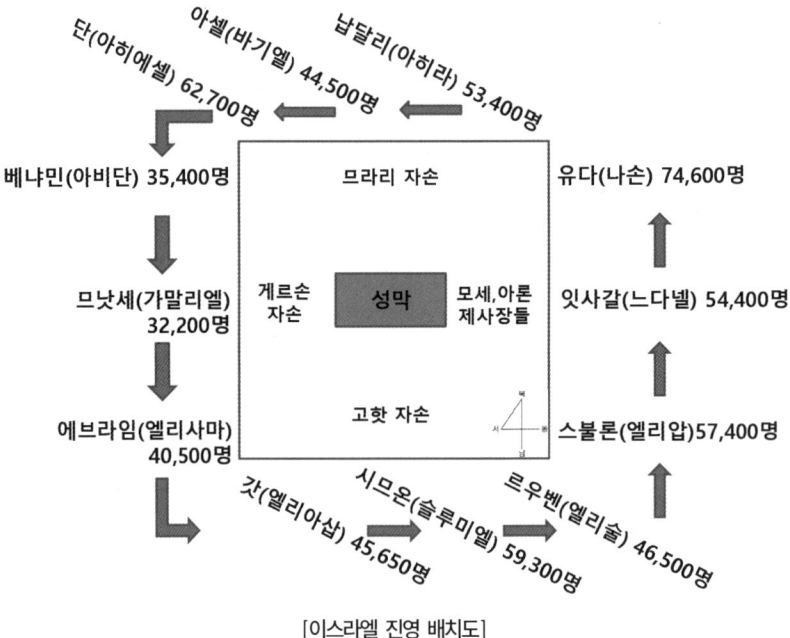

[이스라엘 진영 배치도]

2) 행군 순서(2:17-31)

하나님은 이스라엘 백성이 가나안 땅을 향해 행진할 때 어떤 순서로 움직여야 하는지 알려 주신다. 그 중심에는 성막이 있다. 성막은 이스라엘 백성에게 매우 중요한 영적 의미를 담고 있다. 무엇보다 성막은 하나님의 함께하심의 상징이다. 이스라엘 백성이 어디를 가든지 하나님이 함께하심을 의미한다. 또한, 성막은 예배를 통해 하나님을 만나는 장소다. 군사 공동체로 부름 받은 이스라엘 백성이 성막을 중심으로 움직인다는 것은 그들에게 있어서 그 무엇보다도 예배가 가장 중요함을 보여 준다.

이스라엘 백성의 행군 순서는 1진과 2진, 레위인(성막) 그리고 3진과 4진이다. 행군 과정도 성막을 중심으로 움직이는 것을 볼 수 있다. 민수기 10장에는 좀 더 구체적인 설명이 나오는데, 성막의 틀이 1진과 2진 사이에서 먼저 움직이고 2진과 3진 사이에 성물이 따라간다. 그 이유는 성막이 먼저 세워지면 성물이 들어가게 하기 위함이다.

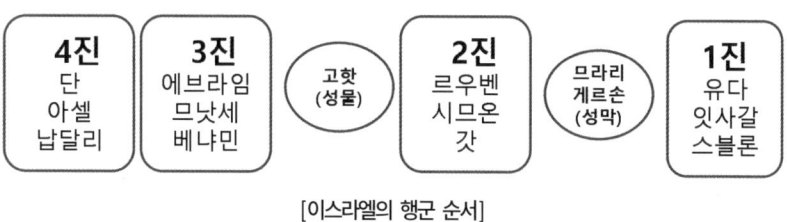

[이스라엘의 행군 순서]

3) 군사로 부름 받은 이스라엘(2:32-34)

전쟁에 참여할 수 있는 이스라엘 백성의 숫자가 603,550명이었다. 이들은 각 종족과 가문별로 자기들의 기를 따라 진을 치고 행진하도록 명령받았다. 사실 출애굽 당시 이스라엘 백성은 오합지졸이었다. 출애굽기 18장을 보면 모세의 장인 이드로가 출애굽에 성공한 모세를 만나러 온다. 기쁨을 나누는 것도 잠시, 사람들이 몰려와 모세에게 재판을 요청한다. 장인과 대화를 나눌 시간조차 없던 모세에게 이드로가 천부장, 백부장, 오십부장, 십부장의 행정 조직을 세워 백성을 다스릴 것을 권면한다(출18:21-22). 이처럼 이스라엘 백성 안에는 질서가 없었다.

어찌 보면 이스라엘을 이끌고 가나안 땅까지 가는 것은 불가능해 보인다. 시내산까지 오면서도 수많은 불평과 원망으로 모세와 하나님의 마음을 아프게 했다. 또한, 시내산에서 하나님의 음성을 직접 듣고 영광을 보았음에도 금송아지를 만든 사람들이 바로 이스라엘 백성이었다. 민수기는 형편없는 군사인 이스라엘 백성을 하나님이 어떻게 훈련하여 가나안 땅까지 인도해 가시는지를 보여 준다.

영적 전쟁으로 푸는 민수기

이스라엘공동체는 군사공동체이면서 동시에 예배공동체였다. 이것은 이스라엘 백성의 전쟁이 혈과 육에 대한 것이 아님을 보여 준다(엡 6:12). 하나님은 군사공동체인 이스라엘 중심에 예배의 자리인 성막을 놓으셨다. 이것은 전쟁의 핵심에 예배가 있다는 것이다.

사람들은 눈으로 보이는 싸움의 대상에만 관심을 갖지만, 하나님은 싸움의 이면에는 영적인 것이 있음을 알려 주신다. 이것이 '영적 전쟁'(Spiritual Warfare)이다. 개인이나 국가 간의 전쟁에서도 겉으로 들어난 것보다 그 내면에 핵심 가치로 인해 전쟁이 시작된다. 인간은 자신이 가장 가치 있게 생각하는 것을 예배하게 되어 있다.

어떤 사람들은 가장 중요한 가치 기준이 가족이다. 이러한 사람은 가족을 예배하게 되어 있고 가족을 위해 목숨을 걸고 싸우기도 한다. 어떤 사람은 자기의 자존심이 최고의 가치다. 이 사람은 자기가 예배의 대상이고 자신의 자존심을 위해 싸운다. 이 외에도 돈, 사랑하는 사람, 왕(지도자), 국가, 이념 등 다양한 대상이 존재할 수 있다. 결국, 사람은 겉으로 드러난 싸움보다 그 내면의 가치 기준, 즉 자신이 예배하는 것을 위해 싸우게 되어 있다.

하나님은 우리에게 혈과 육에 집중한 싸움이 아니라, 그 내면에 있는 영적인 문제와 싸울 것을 요구하신다. 이것을 분별하기 위해서는 명확한 기준이 필요하며 그것은 하나님과의 관계 속에서 형성된다. 그것은 바로 '예배'다. 예배는 영적 전쟁의 핵심이고 승리의 출발점이다.

설교 포인트

본문: 민수기 2:1-34
제목: 영적 전쟁의 핵심

이스라엘 백성의 행군 진영 중심에는 성막이 있었고 성막을 중심으로 움직였다. 이것은 이스라엘 백성이 예배공동체임과 동시에 군사공동체라는 것을 보여 준다. 교회공동체 역시 예배공동체이면서 동시에 군사공동체이다. 우리의 예배는 그 땅에 주인이 누구인지 선포하는 깃발과 같다. 그렇다면 어떻게 영적 전쟁에서 승리할 것인가?

1. 예배는 최고의 영적 무기다(민 2:1-2).
2. 기도는 최고의 영적 무기다(행 12:1-12).
3. 말씀은 최고의 영적 무기다(엡 6:17).

---

4. 레위인의 인구 조사(3:1-51)

이스라엘 백성의 행군을 위해 하나님은 20세 이상 전쟁에 나갈 만한 자들을 계수하게 하셨다. 이 조사에서 레위인은 제외되는데, 그들은 성막의 이동과 관리를 책임졌다. 이스라엘 백성의 중심에는 언제나 하나님을 만나는 성막이 있었다. 민수기 3-9장은 레위인과 관련된 내용이다. 이것은 군사공동체였던 이스라엘 백성에게 예배공동체가 얼마나 중요한지 보여 준다. 먼저 하나님은 레위인의 인구 조사를 명령하신다.

1) 제사장: 아론의 자손(3:1-4)

레위인의 인구 조사에 앞서 아론의 자손들에 대해 간략하게 설명하고 있다. 이것은 레위 지파의 출발점을 나타낸다고 해석하여 후대에 첨가한 것으로 보는 학자들도 있다. 그러나 이것은 레위인에 대한 인구 조사에서 아론의 자손, 즉 제사장 그룹은 제외되었음을 보여 준다.

하나님은 대제사장으로 아론을 세우시고 그의 자녀들에게 제사장의 직무를 맡기신다. 1절에서 아론의 자손을 "아론과 모세의 낳은 자"로 기록하고 있는데, 이것은 '아론과 모세의 가족(계보)'으로 해석해야 옳다(Allen). 아론과 모세는 형제지간이고 그 가문에서 제사장이 나왔기 때문이다.

최초의 제사장은 나답과 아비후였다. 안타깝게도 레위기 10장에서 나답과 아비후는 첫 제사에서 죽게 된다. 하나님이 주신 불이 아닌 부정한 불을 이용하여 예배를 진행했기 때문이었다. 그들을 대신해 엘르아살과 이다말이 제사장 직무를 맡게 된다.

제사장은 레위인의 계수에 속하지 않는다. 이것은 이스라엘 백성을 계수할 때 레위인이 제외된 것과 같은 그림이다. 제사장은 제사의 집례를 맡게 되고 레위인은 성막의 관리와 제사를 돕는 사역을 담당하게 된다. 제사장과 레위인의 가장 큰 차이는 성막(성소)에 들어갈 수 있는가 없는가이다. 제사장들은 성막(성소)에 들어갈 수 있었던 만큼 더 철저하게 거룩함이 요구되었다. 그뿐만 아니라 대제사장은 지성소에 들어갈 수 있었기에 더 높은 거룩한 수준이 요구되었다.

2) 레위인의 직무(3:5-8)

하나님은 모세에게 레위인의 인구 조사에 앞서 그들의 직무에 대해 먼저 언급하신다. 본 단락은 9장까지 이어지는 레위인의 직무와 규례에 대한 서론에 해당한다.

레위인의 직무는 다음과 같이 세 가지로 구분된다.

첫째, 아론 앞에 서서 시종하게 하라.
둘째, 아론과 온 회중을 위하여 회막에서 시무하라.
셋째, 회막의 모든 기구를 맡아 지키라.

레위인에게 있어서 제사를 돕고 회막의 기구를 관리하는 것은 충분히 받아드릴 수 있는 부분이었을 것이다. 하지만, 제사장 앞에서 시종드는 것은 받아드리기 어려운 상황이었을 것이다.

실제로 민수기 16장에 가면 고핫의 손자 고라가 당을 지어 모세와 아론을 대항하는 장면이 나온다. 그 이유는 '제사장 직분을 구한 것'이었다(민 16:10). 하나님은 고라의 일당을 죽음으로 징계하셨고(민 16:31-33) 아론의 지팡이에 꽃이 피고 살구 열매가 맺게 하심으로 아론의 자손에게 제사장의 직무를 위임하셨음을 확증해 주셨다(민 17:8-10).

3) 레위인이 아론에게 시종드는 이유(3:9-13)

하나님은 모세에게 레위인을 "아론과 그의 아들들에게 맡기라"고 명령하신다. 이것은 레위인이 제사장을 섬겨야 하는 가장 강력한 근거가 된다. "맡기라"는 것은 '주다'는 뜻으로 제사장이 레위인을 관리하고 책임지도록 하는 것이다(민 3:32). 한 걸음 더 나아가 하나님은 레위인을 아론에게

"온전히 맡겨진 자들"이라고 하신다. 하나님이 레위인에 대한 '소유권을 제사장에게 넘긴다'는 의미다.

하나님은 제사장이 직무를 감당할 때 '외인이 가까이하면 죽임을 당할 것'이라고 선포하신다. 하나님은 제사장의 직무에 대해 그 누구도 침범할 수 없는 영역임을 강조하신다. 웃시야가 나병에 걸려 죽게 된 것이 바로 제사장의 직무 영역을 침범했기 때문이다(대하 26:19-23). 오늘날의 시각에서는 비합리적으로 보일 수 있겠지만, 하나님의 주권 영역이다. 다른 측면으로는 하나님의 질서 영역이라 하겠다(시 33:11).

하나님이 레위인을 제사장에게 맡겨 섬기게 하신 이유는 레위인이 하나님의 소유이기 때문이다(12절). 이스라엘 백성은 애굽에 내리신 장자의 죽음이라는 열 번째 재앙으로 애굽에서 나올 수 있었다. 이때 이스라엘 백성의 장자는 '어린양의 피'라는 하나님의 은혜의 방편을 통해 죽음을 면하게 되었고, 이로 인해 이스라엘 백성의 장자의 소유권은 하나님께 있게 된다. 그리고 이들을 대신해 레위인이 하나님의 소유가 된 것이다. 하나님이 레위인을 소유로 삼으신 이유는 성막을 관리하고 예배를 돕게 하는 것인데 레위인의 관리의 주체로 제사장을 세우셨다는 것이다.

여기서 한 가지 의문이 생긴다.

그렇다면 왜 열두 지파 중에서 굳이 레위 지파를 선택하신 것인가?

여기에 몇 가지 견해가 있다.

첫째, 레위인이 시내산에서 금송아지를 만든 일에 대해 보여 준 신앙적 결단 때문이라는 견해다(출 32:26).

둘째, 모세와 아론이 레위 지파였기에 상당한 지위를 제공해 주었을 것이라는 정치적인 견해다.

셋째, 창세기 49장에 나오는 야곱의 축복을 근거하여 하나님이 선택하셨다고 보는 견해다.

넷째, 레위 지파의 숫자(22,000명)가 첫 태생의 숫자(22,273명)와 유사하여 하나님이 선택하셨다는 매우 실용적인 견해다.

이 중에서 필자는 첫 번째 견해를 지지한다.

4) 레위인 인구 조사의 조건(3:14-16)

하나님은 모세에게 레위인에 대한 인구 조사의 기준을 제시하신다. "일 개월 이상 된 남자"를 다 계수하라는 것이다. 그 결과는 22,000명이었다. 다른 지파의 경우 20세 이상만 계수했음에도 3-5만 명은 되었다. 너무나 많은 차이가 나는 숫자다. 여기서 하나님이 레위인을 선택하신 이유가 좀 더 선명해진다.

시내산에서 금송아지 사건이 있을 때 레위 자손이 여호와의 편에 서서 우상 숭배자들을 심판하게 된다. 이때 죽은 자의 숫자가 3,000명가량이었다(출 32:28). 놀랍게도 레위 자손들이 죽인 자들은 '자기 아들과 자기 형제'였다(출 32:29). 이 일에 대해 모세는 충격과 동시에 감동하며 선포한다.

> … 오늘 여호와께 헌신하게 되었느니라 그가 오늘 너희에게 복을 내리시리라 (출 32:29).

레위는 시므온과 함께 세겜의 무고한 남자들을 살육하는 자였다(창 34:25). 시므온의 후손들은 유다 지파에 흡수되며 역사 속에서 사라진다(수 19:1-19). 반면 레위 지파의 사람을 죽이던 손은 하나님을 위해 일하는 손으로 바뀌었다. 그 전환점이 시내산 금송아지 사건이다. 이로 인해 그 숫자는 심각하게 줄었지만, 하나님을 위해 쓰임받는 영광을 얻게 된다.

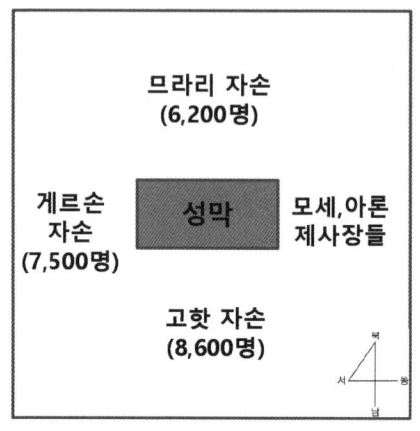

[레위 가문의 진 배치도]

5) 레위인의 인구 조사와 직무 배당(3:17-37)

하나님의 명령에 따라 일 개월 이상 되는 레위 자손의 남자들을 계수한 결과는 22,000명이었다. 레위 지파는 게르손 자손, 고핫 자손, 므라리 자손으로 구분된다.

게르손 자손은 7,500명으로 성막 뒷편 서쪽에 진을 쳤다. 고핫 자손은 8,600명으로 성막 아랫편 남쪽에 진을 쳤다. 므라리 자손은 6,200명으로 성막 윗편 북쪽에 진을 쳤다.

자손	종족	수	진의 위치	족장	직무
게르손	립니 시므이	7,500명	서쪽	엘리아삽 (라엘의 아들)	성막의 덮개, 회막 휘장 문, 뜰의 휘장, 성막과 뜰의 휘장 문, 줄
고핫	아므람 이스할 헤브론 웃시엘	8,600명	남쪽	엘리사반 (웃시엘의 아들)	증거궤, 상, 등잔대, 제단, 각종 기구
므라리	말리 무시	6,200명	북쪽	수리엘 (아비하일의 아들)	성막의 널판과 그 띠, 기둥, 받침, 그것에 쓰는 모든 기구

6) 제사장들의 진과 레위인의 인구 조사 결과(3:38-39)

레위인에 대한 인구 조사와 그에 따른 진 배치 그리고 직무 배정을 마쳤다. 모세와 아론 그리고 제사장들은 성막 동쪽에 진을 쳤다. 이들은 성막의 입구 쪽에 위치함으로 외부인이 가까이하지 못하도록 경계의 임무도 맡게 되었다. 이렇게 레위인의 인구 조사가 마무리되었는데, 그 총수가 22,000명이다. 하지만, 여기서 300명의 오차가 발생한다. 일 개월 이상 되는 레인인의 실제 총수는 22,300명이기 때문이다.

이 부분에 대해 다음과 같이 몇 가지 의견이 있다. 비평주의 학자들은 성경의 오류라고 지적을 하는데, 이것은 논의 대상에서 제외한다.

첫째, 대략 숫자로 보는 견해다.
22,300명 중에서 300명을 반내림한 것이라는 주장이다. 하지만, 이것은 두 가지의 비판을 받는다. 먼저는 이스라엘 인구 조사에 있어 1단위까지 기록한 상황을 볼 때 적절하지 않다는 것이다. 또한, 속전으로 273명의 추가 인원에 대해 지불한 것을 볼 때 22,000명의 숫자는 확실하다.
둘째, 300명은 하나님께 바쳐진 자라는 견해다.
레위인 중에서 장자 300명은 하나님께 바쳐져서 섬기는 자에 포함되지 않는다는 것이다(Bekhorot 5a:8-9, Gray, Merrill).
셋째, 숫자의 오기로 보는 견해다.
28절에 '팔천육백 명'에서 '육'을 나타내는 단어 '쉐시'(šēš)가 '삼'을 나타내는 '쇠로쉬'(šālôš) 대신 잘못 기록되었다는 것이다. 그래서 8,600명이 아니라 8,300명이 되어야 한다는 의견이다(K&D, Noordtzij, 송병현).

현재 학자들로 부터 세 번째 의견이 가장 많은 지지를 받고 있다. 필자는 두 번째 의견을 지지하면서 약간의 견해를 덧붙여 보면, 이스라엘 백성의 인구 조사 때는 전쟁에 나갈 만한 자를 계수하도록 명령을 받았다. 그러나 레위인의 경우에는 한 살 이상을 계수하도록 지시를 받았다. 이들 중에 레위인으로 섬길 수 없는 장애나 질병과 같은 상황에 있는 자들을 제외한 것으로 추론해 본다.

7) 장자 계수 명령(3:40-43)

하나님은 레위인의 인구 조사를 마친 후 이스라엘 민족 중 생후 일 개월 된 자부터 모든 남자 중 장자를 계수하도록 명령하신다. 이때 처음 태어난 가축도 계수하도록 한다. 본문에 있는 장자 계수 명령은 민수기 9장에 나오는 두 번째 유월절과 연관된다.

유월절 절기 중에 진행되는 '초실절' 규례를 따르면 가축 중 처음 난 모든 수컷과 자녀 중 장자는 하나님의 소유가 된다(출 34:18-20). 소와 양의 경우 하나님께 드리고 나귀의 경우는 어린 양으로 대속한다. 장자의 경우에는 '은 다섯 세겔'로 대속해야 했다(민 3:47; 18:16).

초실절에 하나님의 명령대로 모든 처음 태어난 자를 최초로 계수하였으며 가축의 계수 결과는 언급되어 있지 않았고, 일 개월 이상 된 장자의 수 22,273명만 기록되어 있다. 애굽에서의 장자는 어린양으로 대속했다면, 두 번째 유월절에 계수되는 장자에 대해서는 레위인으로 대속한다는 것이다.

8) 초과 인원에 대한 대속(3:44-51)

출애굽 이후 태어난 일 개월 이상 된 장자를 계수한 결과는 22,273명이었다. 이 숫자는 레위인보다 273명이 많은 것이었다. 하나님은 273명에 대해 '다섯 세겔'로 속전을 하라고 명하신다. '다섯 세겔'은 노동자의 6개월 치 임금에 해당하는 것으로 결코 적지 않은 금액이다(Wenham). 문제는 22,273명 중 누가 다섯 세겔을 내는가이다.

본문에는 그 방법과 내용을 기록하고 있지 않다. 단지 273명에 대한 1,365세겔을 아론과 그의 아들들에게 주었다고만 전하고 있다. 탈무드에 의하면 모세가 제비를 뽑아 정했다고 한다(Sanhedrin 17a:7-8).

레위 지파는 이스라엘 전체의 대속물로 바쳐져 하나님의 소유가 되었다. 어찌 보면 레위인은 버려진 존재처럼 보인다. 이것은 야곱이 레위 족속에게 전한 유언의 성취다(창 49:5-7). 그들은 기업을 얻지 못하고 흩어져 궁핍한 생활을 하게 된다. 레위 지파의 2차 인구 조사 결과를 보면 불과 1,000명이 증가한 23,000명이었다(27:62). 또한, 가나안 점령 후 불과 48개 성읍만을 얻게 된다(35:6-7).

레위 지파는 정말 버려진 자들이었을까?

그렇지 않다. 레위 지파는 하나님을 섬기는 자들이었고, 민족과 형제들을 위해 드려진 제물과 같은 존재였다. 이들의 온전한 섬김은 이스라엘 중에 진노를 면케 하는 중요한 통로가 된다(1:53). 하나님은 대속물로 드려진 레위 지파를 위해 이스라엘 백성이 십일조로 섬겨야 함을 강조하셨다(35:8).

영적 전쟁으로 푸는 민수기

이스라엘공동체는 군사공동체이면서 동시에 예배공동체였다. 하나님은 이스라엘 중심에 성막을 놓으시고 예배가 영적 전쟁의 핵심임을 보여주고 있다. 성막에서 제사를 집례하고 돕는 자들이 제사장과 레위인이다. 이들은 이스라엘과 하나님 사이에 중보자로서 부름을 받은 것이다.

중보자로 부름 받은 제사장(레위인)은 영적 전쟁의 모범을 보여야 한다. 제사장(레위인)은 이스라엘 민족의 죄를 가슴에 품고 하나님께 기도하는 직무를 감당해야 한다(대하 30:27). 동시에 눈에 보이는 연약한 이스라엘 백성의 모습이 아닌, 하나님이 완성하실 모습을 바라보며 축복하는 일을 감당해야 한다(민 6:24-26).

중보기도는 강력한 영적 전쟁이다. 사람은 누구나 눈에 보이는 것에 집중하게 되어 있다. 제사장은 이스라엘 백성이 지은 죄를 비난하고 정죄하는 것에서 멈춰서는 안 된다. 이 문제를 가슴에 품고 하나님의 보좌 앞으로 나아가야 한다. 또한, 지금은 연약해 보일지 모르지만, 하나님의 시각으로 축복해야 한다. 이 과정 자체가 영적 전쟁이다.

우리의 대제사장 되신 예수님은 진정한 중보자가 되셔서 우리의 죄악을 정죄하지 않으셨다(딤전 2:5; 히 9:15). 동시에 우리에게 하나님의 자녀가 되는 길을 열어 주셨고 우리를 왕 같은 제사장으로 부르셨다(벧전 2:9). 이것은 예수님께서 영적 전쟁에서 승리하셨기 때문에 가능한 것이다.

교회된 우리는 하나님과 열방 사이에서 중보자의 역할을 감당해야 한다. 교회는 열방의 모든 민족과 성도들을 눈에 보이는 것으로 판단하거나 정죄하지 않고 그들의 죄악을 가슴에 품고 하나님께 아뢰어야 한다. 동시에 열방을 향한 하나님의 마음을 우리의 입술로 축복해야 한다. 이것이 영적 전쟁이다.

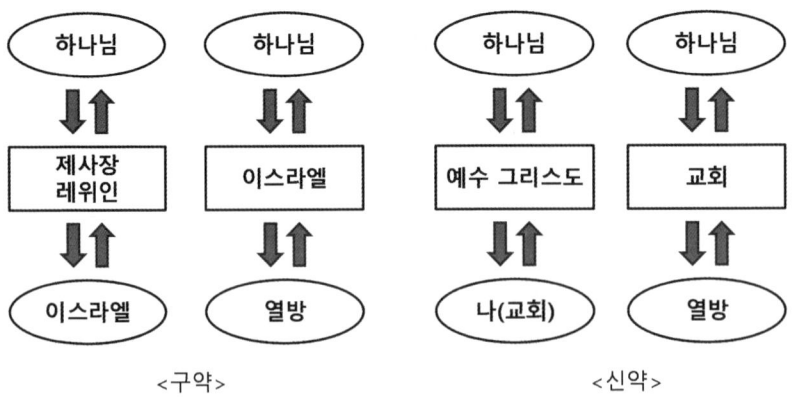

[구약과 신약에 나타난 제사장 역할]

> ### 설교 포인트
>
> 본문: 민수기 3:40-51
> 제목: 레위인은 내 것이라
>
> 수확의 십일조를 드림으로 모든 수확이 하나님의 소유임을 인정하듯, 레위인은 이스라엘 백성이 하나님의 소유임을 보여 주는 상징과 같다. 레위인이 이스라엘로 나아가는 통로이듯, 이스라엘 백성이 열방으로 향하는 통로가 된다. 또한, 교회가 모든 민족으로 향한 축복의 통로인 것이다.
>
> 1. 레위인은 이스라엘 민족 앞에 중보자로 선택되었다(민 3:45).
> 2. 이스라엘 백성은 모든 민족에게 "제사장 나라"가 되어야 한다(출 19:6; 사 43:1).
> 3. 모든 하나님의 백성은 제사장 역할을 감당해야 한다(벧전 2:9).

5. 레위인의 직무(4:1-49)

이스라엘 백성은 군사공동체임과 동시에 예배공동체로 부름을 받았다. 이스라엘 백성의 전쟁 중심에는 언제나 성막, 곧 예배가 있었다. 이 성막의 이동과 관리를 위해 레위 지파를 지정하셨다. 하나님은 레위 지파의 인구 조사를 계수하고 이스라엘 열두 지파를 대신하여 하나님께 바쳐졌음을 선언하신다. 4장에서는 이스라엘 백성이 행군할 때 레위인이 성막을 어떻게 관리하고 이동해야는지 자손별로 구체적인 설명이 나온다.

1) 성막 직무자 계수 명령(4:1-3)

3장에서 하나님은 생후 1개월 이상되는 레위인을 계수하도록 명령하셨다. 그 숫자가 22,000명이었다. 4장에서는 성막에서 실제적으로 봉사할 수 있는 레위인을 다시 계수하도록 명하신다. 그 기준은 30-50세까지다. 민수기 8장에서는 25세부터 회막 봉사에 참여하도록 했는데 5년은 수습 기간이다(8:24).

성경에 하나님께서 특별히 성막 직무의 연령을 30-50세까지로 규정하신 이유가 언급되어 있지는 않다. 그러나 하나님을 섬기는 일에 전인격적인 측면을 고려한 나이라고 보인다. 어떤 학자는 나답과 아비후의 끔찍한 죽음이 성숙한 나이인 30세 이상으로 상향하게 되었을 것이라고 이야기한다(Ashley). 하지만, 레위인의 직무 시작 나이는 유동적이라고 보는 것이 좋을 것이다(Noordtzij).

다윗 시대(대상 23:24), 히스기야 시대(대하 31:17) 그리고 포로귀환 시대(스 3:8)에는 20세 이상이 회막 일에 봉사하도록 했다. 가장 큰 이유가 성막에서 봉사할 수 있는 레위인의 숫자가 적었기 때문이다. 이 나이 규정은 후대에 영향을 미쳤는데, 유대교에서는 30세는 성인으로서 완전한 성숙과 책임을 의미하는 나이로 여겨진다. 예수님의 공생애가 30세부터라는 것도 결코 무관하지 않다(눅 3:23).

하나님은 레위인에게 "회막의 일"(4:3)을 맡기셨는데 레위인과 관련하여 성막이라는 단어보다는 '회막'이라는 단어를 주로 사용하신다. 하지만, 그 외에도 성경에는 성막에 대한 다양한 명칭을 볼 수 있다.

첫째, '성막'(tabernacle)이다.

'성막'은 가장 일반적인 명칭으로 원래 '장막'(tent)라는 뜻이며 하나님이 임재하시는 곳이기에 '거룩한 장막' 이라고도 부른다.

둘째, '증거막'(the tabernacle of testimony)이다.

'증거막'은 '증거의 장막, 증거의 성막' 등으로도 사용된다(출 38:21; 민 1:50; 17:7). 십계명 돌판이 담겨 있는 증거궤를 보관하는 장막이기에 붙여진 이름이다. 또한, '하나님이 함께하시는 증거의 장막'이라는 의미도 담고 있다.

셋째, '회막'(the tabernacle of the congregation)이다.

하나님과 백성들이 만나는 '만남의 장막'이라는 의미의 명칭이다. 레위인이 섬기는 곳에 대해 '회막'이라는 단어를 사용하신 것은 그들의 직무의 목적성을 드러내는 것으로 보인다. 레위인은 하나님과 백성들의 만남의 장소, 사귐과 교제의 장소, 예배의 장소에서 봉사하는 자이다.

2) 자손별 직무(4:4-33)

(1) 고핫 자손

고핫 자손은 성막 이동 과정에서 증거궤, 진설병, 등잔대, 금제단, 성소에서 쓰는 모든 기구와 번제단 그리고 번제단에서 쓰는 모든 기구를 맡았다(3:31). 그러나 이들이 성소 안의 기구들과 번제단의 이동을 맡았어도 포장 과정에는 참여하지 못했다. 그것은 성소에 출입할 수 있는 제사장의 직무였다. 반면 게르손과 므라리 자손은 성소의 작업이 아니기에 이다말의 지도하에 직접 포장했다(27-28).

하나님은 엘르아살을 고핫 자손의 감독자로 그리고 성막 이동의 총관리자로 세우신다. 특별히 등유, 태우는 향, 항상 드리는 소제물, 관유 등 성소 안에서 사용하는 기름을 개인적으로 관리하도록 지시하셨다.

'등유'는 감람 열매를 찧어 먼저 나오는 맑은 상품의 감람유(출 27:30 참고)이며, '태우는 향'은 소합향, 나감향, 풍자향 등을 유향에 섞어 만든 향료다. '관유'는 유질 몰약, 육계, 창포, 계피 등의 향품과 감람유로 만든 기름이다.

하나님은 고핫 자손이 옮기는 과정에서 성물을 만지거나 성소 안으로 들어가서 보는 것을 철저히 금하셨다(15, 20). 이러한 명령은 성물의 오염을 방지하고 고핫 자손의 생명을 보존하시기 위함이었다.

하나님은 모세에게 고핫 자손을 레위인 중에서 절대 끊어지지 않도록 명령하신다(18). 고핫 자손이 고의든 고의가 아니든 관계없이 성물과 성소를 더럽히면 죽게 된다. 이것은 하나님이 잔인하시기 때문이 아니다. 어둠이 빛 앞에서 소멸하듯이, 죄악된 인간이 하나님의 거룩 앞에서 죽게 되는 것이다. 하나님은 모세를 통하여 이러한 불상사가 초래되지 않도록 철저히 교육하고 관리하도록 명하셨다.

(2) 게르손 자손

게르손 자손은 성막이 이동할 때 성막 전체와 뜰까지의 모든 휘장류를 담당한다. 성막 지붕을 덮는 3개의 휘장(염소털로 만든 휘장, 붉은 물 들인 수양 가죽, 해달 가죽), 뜰의 휘장과 문장 그리고 이에 관련된 기구들(말뚝, 줄, 망치 등)이다.

(3) 므라리 자손

므라리 자손은 성막 및 성막 외부 뜰의 기둥 그리고 외벽에 관련된 집기들이었다. 성막의 외벽을 형성하고 있는 널판 48개, 기둥 9개, 그 받침으로 쓰이던 은받침 105개 그리고 널판을 연결하는 장대(띠)들이다.

3) 직무를 위한 레위인 계수 결과(4:34-49)

성막에서 일할 수 있는 레위인의 계수 결과는 고핫 자손이 2,750명, 게르손 자손이 2,630명, 므라리 자손이 3,200명으로 총합이 8,580명이었다.

지파	1개월 이상	30-50세	감독관	직무
고핫	8,600	2,750	엘르아살	성막의 덮개, 회막 휘장 문, 뜰의 휘장 성막과 뜰의 휘장 문, 줄
게르손	7,500	2,630	이다말	증거궤, 상, 등잔대, 제단, 각종 기구
므라리	6,200	3,200	이다말	성막의 널판과 그 띠, 기둥, 받침, 그것에 쓰는 모든 기구
합계	22,300 (22,000)	8,580		

레위인에 대한 언급 순서는 성막 설치와 연관이 있다. 성막 골조에 해당하는 물품을 므라리 자손이 설치하고 성막의 외형에 해당하는 휘장을 게르손 자손이 설치한다. 그리고 고핫 자손이 성물을 안치하게 된다. 레위인의 성막 이동 직무는 광야생활에서만 존재하며 가나안 입성 후에는 제한적으로 진행된다.

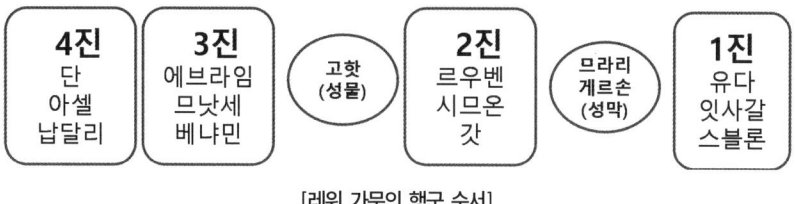

[레위 가문의 행군 순서]

영적 전쟁으로 푸는 민수기

광야로 나가는 이스라엘 백성은 전쟁으로 부름 받은 군대의 모습이다. 영적 이스라엘 백성인 그리스도인도 전쟁에 부름 받은 군사다. 이 전쟁은 혈과 육에 대한 것이 아닌 영적 전쟁이다. 영적 전쟁의 중심에는 언제나 예배가 있다. 예배는 세상 한 가운데서 하나님이 이 땅에 주인임을 선포하는 행위다. 즉, 예배는 영적 전쟁의 시작점이과 동시에 가장 중요한 핵심이다. 그리스도인은 가정과 학교에서, 직장과 일터에서 예배를 통해 하나님이 그곳에 왕이심을 선포해야 한다.

이스라엘 백성의 예배의 장소였던 성막은 하나님 임재의 증거였다. 성막이 거룩하기 때문에 임재하신 것이 아니고, 하나님이 임재하셨기 때문에 성막이 거룩한 곳이 된 것이다. 하나님이 임재하신 목적은 자기 백성들과의 만남을 사모하셨기 때문이다. 이스라엘 백성은 죄인이었고, 하나님을 만날 수 없었다. 하나님은 죄의 문제를 일시적으로 해결하는 '제사제도'를 통해 하나님을 만날 수 있는 길을 열어 주셨다.

자기 백성을 만나고 싶어하시는 하나님의 열심은 독생자를 이 땅에 보내셔서 십자가에 죽게 하시는 데까지 이르렀다(요 14:6). 이제 그리스도인들은 예수님의 대속의 은혜로 하나님을 언제나 어디서나 만날 수 있는 축복을 얻게 되었다(히 9:12). 즉, 우리는 왕 같은 제사장의 직무를 받게 된 것이다(벧전 2:9).

제사장은 하나님과 이스라엘 백성 사이에 중보 역할을 감당하는 자들이었다. 제사장 나라로 부름 받은 이스라엘 백성은 열방과 하나님 사이에 중보자 역할을 감당했어야 했다(출 19:6). 하나님은 자기의 직무를 제대로 담당하지 못하는 제사장과 레위인을 끊어 버린다고 하신 것처럼 육적 이스라엘을 멸망시키셨다.

동일하게 참된 대제사장 되신 예수님께서 하나님과 우리 사이에 중보 역할을 담당하셨다(히 8:1). 교회로 부름 받은 그리스도인은 육적 이스라엘 백성이 제대로 감당하지 못했던 왕 같은 제사장의 직무를 잘 감당해야 한다. 세상과 하나님 사이에 중보자로 서야 한다.

왕 같은 제사장으로 부름 받은 성도들이 교회공동체를 세우고 예배를 드릴 때 그 땅의 통치자가 하나님이심이 선포된다. 동시에 세상 권세를 가진 사탄과의 영적 전쟁이 치열하게 일어난다. 따라서 그리스도인은 영적 전쟁 중에 있는 군사공동체임과 예배공동체임을 반드시 기억해야 한다.

또한, 한국 교회는 교회에서 사용하는 물건을 '성구'(聖具, 거룩한 가구)라고 부른다. 교회 물건은 거룩한 물건이기에 밖으로 돌리거나 아무나 접촉하지 못하도록 한 때가 있었다. 이러한 행동 안에 '부정 탄다'는 개념이 있다면 재고해 봐야 한다. 교회에서 쓰는 물건은 구약의 개념으로 이해해서는 안 된다. 또한, 구약의 성물을 구별하는 것은 부정 타는 것을 막기 위함이라기 보다는 생명을 보존하기 위함임을 기억해야 한다.

그렇다고 교회 물건을 함부로 다루어서도 안 된다. 이것은 성도들의 헌금으로 구입된 공동 재산이기 때문이다. 성도의 눈물과 땀, 기도와 사랑이 담겨 있는 것이다. 무엇보다도 교회의 물건은 하나님께 바쳐진 것이다. 따라서 성구는 개인이 임의로 사용하거나 파손해서는 안 된다.

설교 포인트

본문: 민수기 4:1-20
제목: 우리의 성소는 어디인가?

고핫 자손은 성소에 있는 기물을 이동하는 직무를 맡지만, 만져서도 성소에 들어가서도 안 된다. 성소를 존귀히 여기라는 의미다. 지금은 성막과 성전이 없다. 그렇다면 우리의 성소는 어디일까?

1. 성소는 하나님의 영광이 임재한 곳이다(출 40:34; 시 63:2).

2. 예수님의 대속 사역으로 성도가 하나님의 성전이 되었다(고전 3:16-17).

3. 우리는 하나님의 영광이 임재하는 성도들을 존귀히 여겨야 한다(요 13:35; 요일 4:12).

제2장

전쟁을 위한 다섯 가지 준비 사항(5:1-6:27)

　민수기는 이스라엘 백성의 첫 번째 인구 조사로 시작된다. 출애굽한 후 2년 2월 1일에 명령되었고 20세 이상, 전쟁에 나갈 만한 자가 대상이었다. 이때 레위인은 인구 조사에서 제외되는데, 대신 성막 이동과 관리를 맡게 된다. 인구 조사 이후 하나님은 이스라엘 백성과 레위인의 행군 명령을 내리신다. 그 중심에는 성막이 있었다. 이것은 이스라엘 백성이 군사공동체임과 동시에 예배공동체임을 보여 준다.

　그후 열두 지파의 족장이 성막 이동을 위해 각각 수레 하나와 소 한 마리 그리고 각종 예물을 12일에 걸쳐 레위인에게 헌물했다. 2년 2월 15일 시체로 인해 부정케 된 자들과 여행 중에 있었던 자들을 위한 두 번째 유월절을 지킨 후 2년 20일, 드디어 가나안 땅으로의 행군이 시작된다.

　인구 조사와 행군 사이에 놓여 있는 5장과 6장은 그 내용이 대부분 레위기에 이미 언급된 것이다. 이 내용들이 왜 여기에 위치해 있는지 궁금증이 생긴다. 군사로 부름 받은 이스라엘 백성이 행군하기 바로 직전에 언급된 것으로 보아 전쟁과 깊은 연관성이 있음을 발견하게 된다. 그것은 바로 '거룩'이다.

1. 진의 거룩(5:1-4)

출애굽 이후 1년여 만에 성막이 완성되고 하나님의 영광이 충만했다. 하나님은 구름 기둥과 불기둥으로 신부된 이스라엘과 함께 약속의 땅 가나안으로 인도할 준비를 마치셨다. 하나님은 이스라엘 중 전쟁에 나갈 만한 20세 이상의 남자들을 계수하게 하신다. 왜냐하면, 그들이 가야 하는 길은 즐거운 여행길이 아니라 전쟁을 위한 행군이기 때문이다.

이스라엘 백성의 인구 조사와 행군 순서를 알려 주신 하나님은 출발 직전에 행군의 과정 가운데 반드시 지켜야 할 다섯 가지의 규례를 알려 주신다. 그 첫 번째가 '진의 거룩'이다.

행군을 앞둔 이스라엘 백성에게 하나님은 나병 환자, 유출 병자 그리고 주검으로 부정케 된 자들을 진 밖으로 내보내라고 명하신다. 이 내용은 레위기 11-15장의 내용을 간략하게 요약한 것으로 보인다. 레위기의 내용에 근거하면 부정한 자들이 진 밖으로 나갔다가 치유되면 다시 들어올 수 있게 된다.

하나님이 부정한 자들을 진에서 분리하신 이유가 무엇일까?

첫째, 하나님의 거룩하심 때문이다(3).
하나님은 자신의 거룩한 영광을 보호하신다(사 42:8). 하나님은 거룩하시기 때문에 죄와 함께 공존하실 수 없다.

둘째, 부정한 자들을 보호하기 위함이다.
하나님 앞에서 죄가 소멸되듯, 부정한 자들이 하나님께 가까이 오게 되면 진멸된다. 하나님은 이러한 불상사를 미연에 방지하기 위해 진 밖으로 이동시키신다. 병든 자들을 진 밖으로 내보내는 모습이 비인간적으로 보인다고 비판하는 의견도 있다. 하지만, 이 명령은 약자들을 보호하는 은혜의 구절이다.

셋째, 부정한 자들로부터 정결한 자들을 보호하기 위함이다.

나병(진성 나병 또는 악성 피부병)을 비롯한, 유출병(매독, 임질 등 모든 성병), 주검으로 부정하게 된 경우 모두 전염성이 매우 높다. 광야에서 집단생활을 하고 있는 이스라엘 백성에게 전염병은 민족의 존폐를 결정짓는 사안이다. 물이 풍족하지 않는 상황에서 위생관리는 매우 중요하다. 전염성이 높은 질병이 발병했을 때 최선의 조치는 격리다.

|||||||||||||||||||||||||| **영적 전쟁으로 푸는 민수기** ||||||||||||||||||||||||||

하나님은 이스라엘 백성을 군사로 부르셨다. 이스라엘의 전쟁은 영적 전쟁이었기 때문에 제사장과 레위인도 군사다. 영적 전쟁은 하나님의 백성에게 선택이 아닌 필수다. 많은 그리스도인이 '영적 전쟁'이라는 단어 자체에 두려움을 가지고 있다. 마치 영적 전쟁이 귀신과 싸우고 병을 고치거나 예언하는 은사로 착각하기 때문이다.

> 우리가 육신으로 행하나 육신에 따라 싸우지 아니하노니 우리의 싸우는 무기는 육신에 속한 것이 아니요 오직 어떠한 진도 무너뜨리는 하나님의 능력이라 <u>모든 이론</u>을 무너뜨리며 하나님 아는 것을 대적하여 <u>높아진 것</u>을 다 무너뜨리고 <u>모든 생각</u>을 사로잡아 그리스도에게 복종하게 하니 너희의 복종이 온전히 될 때에 모든 복종하지 않는 것을 벌하려고 준비하는 중에 있노라(고후 10:3-6).

영적 전쟁은 우리의 마음, 생각, 삶, 가정, 교회, 직장에서 일어난다. 영적 전쟁은 우리의 일상 속에서 공중 권세 잡은 악한 세력과의 끊임없는 싸움이다. 따라서 영적 전쟁은 어떤 특별한 은사나 사역이 아닌, 모든 그리스도인이 감당해야 할 싸움이다. 이 전쟁을 위해 하나님은 우리를 훈련시키시고 무장시키신다. 이때 바르게 준비된 자는 영적 전쟁에서 승리할 수 있다.

영적 전쟁을 어떻게 준비할 것인가?

그 첫 번째가 바로 '거룩'이다. 하나님은 이스라엘 백성이 행군하는 시점에 반드시 지켜야 할 원칙 중 첫 번째로 '진의 거룩'을 언급하셨다. 하나님은 거룩하신 분이기 때문에 죄와 공존할 수 없다. 하나님은 죄를 제거하신다. 구약에서 나병을 포함한 전염병들은 '죄'와 직접적으로 연결된다. 죄가 가지고 있는 강력한 전염성 때문이다. 죄를 발견했을 때에 분리하여 거룩성을 유지해야 한다. 그렇기 때문에 영적 전쟁의 첫 번째 준비 사항이 바로 '거룩'이다.

그렇다면 그리스도인은 어떻게 거룩을 유지할 것인가?

첫째, 그리스도의 피로 거룩하게 되었음을 믿어야 한다(롬 8:1).
우리는 예수 그리스도의 보혈로써 죄 사함을 받은 것을 믿음으로써 거룩하게 되었다(행 26:18; 히 13:12).

둘째, 세상과 구별된 삶을 살아야 한다(롬 12:1-2).
거룩은 '구별하다, 분리하다'는 뜻이다. 따라서 이 세상과 구별된 삶을 살아야 한다. 거룩한 삶을 사신 예수님을 깊이 생각하며 예수님을 닮아가야 한다(히 3:1).

셋째, 말씀과 기도로 거룩함을 유지해야 한다.
말씀은 우리 삶의 기준이 되고, 기도는 하나님의 뜻을 분별하는 통로가 된다. 말씀을 기준 삼고 기도로 삶에 적용하며 거룩한 삶을 살 때에 영적 전쟁에서 승리하게 된다.

2. 죄 고백과 용서(5:5-10)

광야로 행군을 앞둔 이스라엘 백성에게 하나님이 권고하신 두 번째 원칙은 회개와 용서에 관련된 것이다. 죄를 범한 경우 지은 죄를 고백하고 그 죄에 대한 값을 온전히 치르도록 했다. 손해를 입힌 것에 5분의 1에 해당하는 값을 더하여 돌려주도록 한 것이다. 만약 값을 받을 만한 친척이 없는 경우 속죄제로 드릴 숫양과 함께 제사장에게 돌리도록 명하신다.

구약의 속죄 제사는 속죄제와 속건제로 구분한다. 속죄제는 고의 없이 죄를 지은 경우와 모르고 죄를 지었는데 후에 알게 된 경우에 드리는 제사다. 반면 속건제는 하나님의 성물에 죄를 범한 경우와 고의를 가지고 이웃에게 범죄한 경우다. 속건제는 손해를 입은 것을 배상하고 흠없는 숫양을 제물로 드려야 한다. 이때 배상액은 원금액에 5분의 1을 더해야 한다.

이렇게 볼 때 본문의 내용은 속건제와 관련된 규례의 요약이다. 고의를 가진 범죄에 대하여 자백하고 배상을 명령하시는 것이다. 고의를 보여 주는 단어로 '여호와께 거역함으로 죄를 지으면'이라는 구절이다(6). 가해자가 회개와 배상을 하는 경우 피해자는 보복을 하지 않고 용서해야 한다. 본문은 속건제의 특례로 피해자가 죽었을 경우 그 친족에게 배상하게 하고 있다. 친족마저 없는 경우에는 제사장에게 귀속된다.

|||||||||||||||||||||||| **영적 전쟁으로 푸는 민수기** ||||||||||||||||||||||||

영적 전쟁의 대상은 혈과 육이 아니다(엡 6:12). 이웃, 형제 자매, 성도들은 절대 싸움의 대상이 되어서는 안 된다. 그런데도 삶의 과정에서 사람으로 인해 다툼과 갈등, 심각한 손해를 입을 수도 있다. 그리스도인들이 하나님 나라를 잃어버리고 지옥과 같은 상황에 놓이는 대부분의 경우는 관계의 어려움에 있다. 그리스도인이 광야와 같은 삶 속에서 겪게 될 수많은 관계의

어려움을 해결하는 방법을 알려 주신다. 그것이 바로 '죄 고백과 용서'다.

사람은 절대 완벽할 수 없다. 나 자신이 완벽하지 않듯 타인도 완벽하지 않음을 인정해야 한다. 여기서 요구되는 것이 '죄 고백과 용서'다. 하나님은 우리의 죄와 허물을 값없이 용서해 주셨다. 그렇다고 해서 사람에게 실수하고 손해를 입힌 경우도 값없이 용서를 받을 수 있는 것이 아니다.

관계 속에서의 실수와 죄는 반드시 죄 고백이 있어야 한다. 그리고 주님이 나를 용서해 주신 것처럼 상대방을 용서해 주어야 한다(엡 4:32; 골 3:13). 하나님은 영적 전쟁을 떠나는 이스라엘 백성에게 '죄 고백과 용서'를 두 번째 원칙으로 제시한다.

> 너희는 스스로 조심하라 만일 네 형제가 죄를 범하거든 경고하고 회개하거든 용서하라 만일 하루에 일곱 번이라도 네게 죄를 짓고 일곱 번 네게 돌아와 내가 회개하노라 하거든 너는 용서하라 하시더라(눅17:3-4).

설교 포인트

본문: 민수기 5:1-10
제목: 건강한 공동체를 만들라

지상의 교회는 영적 전쟁 중에 있다. 사탄은 우는 사자처럼 우리를 삼키려고 한다. 건강한 교회라야 전투에서 승리할 수 있다. 건강한 공동체가 되기 위해 우리는 어떻게 해야 할까?

1. 건강한 교회가 전투에서 승리할 수 있다(엡 6:10-12; 단 11:32).
2. 건강한 교회가 되기 위해서는 거룩해야 한다(벧전 1:15-16).
3. 건강한 교회가 되기 위해서는 회개와 용서가 있어야 한다(엡 4:26-27; 골 3:13).

3. 의심의 소제(5:11-31)

행군을 앞둔 하나님이 권고하시는 원칙 세 번째는 의심의 소제다. 아내의 정결함에 의심이 가는 남편은 제사장에게 아내를 데리고 가 하나님 앞에서 아내의 부정함을 입증하는 제사를 드리게 한다. 율법에는 타인의 아내와 간음한 자는 쌍방 모두 죽이라고 하셨다(레 20:1). 그러나 아내의 간음에 대한 증거를 확보하지 못했을 경우 의심의 소제를 드리게 한다.

의심의 소제는 하나님께 대한 경배나 감사 등 기존 제사 목적과 완전히 다르다. 이것은 하나님께 유무죄를 가리는 사법적인 재판의 형식이며 부정한 죄인을 진영에서 제외하는 종교적 의식이다. 다른 남자와 아내가 간음한 것에 대한 심증은 있는데 물증이나 증인이 없는 경우 진위를 밝히기 위해 하나님께 나아가는 것이다.

의심의 소제는 사실 마술적으로, 또는 미신적 종교 행위로 보일 가능성이 매우 높다. 하지만, 이 안에는 증인은 없을지라도 무소부재하신 하나님이 모든 것을 보고 계시다는 믿음이 바탕에 깔려 있다.

1) 의심의 소제 정의(5:11-15)

의심의 소제(The grain offering of jealousy)는 '죄악을 기억나게 하는 기억의 소제'라는 부제가 붙어 있다. '의심'(킨아, *qānā*)은 '몹시 마음을 쓰는 질투'를 뜻한다. 따라서 의심은 자기 아내가 다른 남자를 사랑하여 간음한 것에 대한 강력한 질투가 바탕에 있어 분노로 인해 일상생활이 불가능하게 할 수 있다. 따라서 의심의 소제는 단순히 아내에 대한 의심이나 아내를 버릴 목적으로 자행되는 편법의 수단이 아니다.

의심의 소제는 다음과 같이 두 가지 목적을 위해 사용된다.

첫째, 남편을 위해서다.
아내의 간음이 의심되지만 물증이나 증인이 없을 때 남편은 의심의 소제를 통해 부정한 아내를 처벌할 수 있다(19-22, 27-28).
둘째, 아내를 보호하기 위해서다.
남편이 무죄한 아내를 괴롭게 하는 의처증이 있을 경우, 의심의 소제는 아내의 무죄를 입증하여 보호하는 역할을 한다(12-13).

일부 여성주의 신학자들은 의심의 소제가 가부장적 제도라고 비판을 한다. 하지만, 고대 가부장적 사회 속에서 일방적인 의심을 받고 비인간적 대우를 받던 수많은 여성을 위해 의심의 소제는 정직한 여성의 인권과 신변을 보호하는 독특하고 특별한 제도라고 하겠다.

의심의 소제가 오늘날에는 매우 비현실적으로 보이는 것이 사실이다. 하지만, 고대 여러 국가에서 유사한 내용이 많이 발견된다(함무라비 131조, 132조; 앗수르 법전 17조, 18조). 특정한 시련을 주어 진실을 판정하는 방법이 고대 근동뿐만 아니라 게르만 족과 인도에서도 발견된다.

현재도 아프리카의 여러 부족이나 말레이시아의 도서 지방에서 여전히 시행되고 있다고 한다. 증인들의 증거에 근거하여 결정될 수 없는 경우에 신적 개입을 통해 무죄나 죄책을 입증하고자 하는 것이다(Noordtzij).

중세 기독교에서는 이러한 '시죄법'(시련 재판, trial by ordeal)을 통해 마녀를 판결했다. 예를 들어, 특정 약품을 먹여서 어떻게 반응을 하느냐에 따라 마녀임을 알아내는 방법을 사용하기도 하고, 인두로 몸을 지지고 손건을 올려놓고 사흘 뒤 수건을 거두어 상처가 남지 않으면 무죄, 바늘로 몸을 찔러 피가 나오지 않으면 마녀, 손발을 묶고 강물에 던져 떠오르면 마녀로 판명했다. 이와 같이 '시죄법'에 해당하는 의심의 소제는 오늘날에는 비과학적으로 보이지만 고대 사회에서는 그다지 낯설지 않은 재판의 방법이라 하겠다(Noordtzij).

의심의 소제에 대한 다른 성경에서의 기록은 찾을 수 없다. 유사한 시련에 의한 재판은 출애굽기 22:8, 민수기 16:6-7, 열왕기상 8:30-31 등에서 나타나는데, 제비뽑기 등으로 판결을 결정하기에 의심의 소제와는 상이한 차이점을 보인다. 그래서 실제적으로 실행되었는지는 의문이 제기되기는 하지만, 유대교 장로들의 전통인 미쉬나 제3권 '소타'(Sotah)에서 의심의 소제를 구체적으로 다루고 있다. 유대인의 전승에 의하면 이 법은 기원후 1세기(예루살렘 함락 이후 A.D. 70년경)에 랍비 요하난 벤 자카이(Jochana ben Zakkai)에 의하여 폐기되었다.(Gray, Noordtzij).

2) 의심의 소제 절차(5:16-18)

(1) 여호와 앞에 세우고(16)

아내의 정결함이 의심되는 남편은 보리 가루 1분의 1에바(2.2ℓ)를 제사장에게 가져가 의심의 소제를 드린다. 일반적인 소제의 경우는 밀가루에 기름과 유향을 붓어 향기로운 냄새로 드린다. 하지만, 의심의 소제의 경우에는 '거칠고 질이 떨어지는 가난한 자들의 음식인 보리 가루'에 기름과 유향도 섞지 않고 태운다. 이것은 의심받는 자나 의심하는 자 모두의 고통스럽고 답답한 처지를 대변한다고 할 수 있다(Henry).

제사장은 그 여인을 인도하여 여호와 앞에 세운다. '여호와 앞에 세운다'는 말은 문자적으로 회막 뜰, 성막 앞에 서는 것이고, 의미적으로는 하나님 앞에서 공의롭게 시험받는다는 뜻이다. 미쉬나에는 성전 동편 문인 '니카놀 문'(the Nicanor Gate)의 입구에 서도록 하고 있다(Sotah 1:5).

(2) 토기에 거룩한 물을 담고(17)

여호와 앞에 서게 된 여인에게 제사장은 토기에 거룩한 물을 담은 후, 그 안에 성막 바닥의 티끌을 넣고 손에 들게 한다. 성막에서는 토기와 유기가 사용되는데, 토기는 깨뜨리고 유기는 물에 씻어 다시 사용하게 되어 있다(레 6:28). 준비된 토기에 거룩한 물을 담도록 했는데, 이 물은 물두멍의 물로 보는 것이 일반적이다(Gray). 미쉬나에서는 2분의 1록(*a half log*, 0.16ℓ)을 넣게 한다(Sotah 2:2).

(3) 성막 바닥의 티끌을 물에 넣고(17)

준비된 토기에 거룩한 물을 넣고 성막 바닥의 티끌(흙)을 넣는다. '성막 바닥'이 어디인지 정확하게 언급되지 않고 있으나, 미쉬나에서는 제사장이 성소 안으로 들어가 티끌을 취하여 토기 안에 넣는다. 이때 물 위에 충분히 보이게 넣도록 지도하고 있다(Sotah 2:2). 의심의 소제에서 이 '티끌'이 물의 쓴 맛을 내는 원료가 된다. 티끌은 인생의 슬픔과 죽음을 상징하고(출 8:17; 욥 30:19), 흙이 인간의 죄악을 상징하기 때문이다(창 3:14, 19). 티끌이 어떤 화학적 반응을 일으키는지는 알 수 없다.

(4) 머리를 풀고 쓴 물을 들고(18)

준비된 토기에 거룩한 물과 성막 바닥의 티끌을 넣은 후, 여호와 앞에서 여인으로 머리를 풀게 하고 준비된 쓴 물을 양손에 들게 한다. 머리를 푸는 의식은 전통적으로 슬픔과 절망 그리고 수치의 표현이다(창 37:30; 욥 2:12-13; 사 15:2). 여기서 더 나아가 유대인 전통에서 이 여인에게는 검은 옷을 입혔고 금사슬이나 반지와 같은 장신구가 있을 경우 빼앗고 수치를 주도록 하고 있다(Sotah 1:6).

(5) 여인의 맹세(5:19-22)

머리를 풀고 거룩한 물과 티끌이 담긴 토기를 든 여인에게 제사장은 맹세를 시킨다. 탈선한 일이 없다면 해독을 면하게 될 것이고, 탈선하여 몸을 더럽혔다면 넓적다리가 마르고 배가 부어서 저줏거리가 된다는 내용이다. 여인은 "아멘, 아멘"으로 맹세해야 한다. 여기서 '아멘'은 기도의 응답으로 사용하는 것이 아니다. '그렇게 되소서'의 동의(승인)의 의미다.

쓴 물을 마시기 전 저주의 내용을 알려 주는데, 그 첫 번째가 '넓적다리가 마르는 것'이다. '넓적다리'(야레크, yārēk)는 개역한글판에서는 '환도뼈'로 번역되었는데 개역개정에서는 주로 '허벅지'(창 24:2; 32:25; 47:29)로 번역되었다. 그 외에도 허리(출 32:27, 시 45:3), 다리(삿 3:16, 21) 등으로 번역되었다. 따라서 본문에서 '넓적다리'는 특별히 어느 부위를 지정하는지 정확히 알 수 없지만, 생식기를 포함한 골반 부분으로 보는 것이 옳을 것이다. 이에 따라 일부 학자는 여성의 성기로 보기도 하는데, 충분히 타당하다고 본다(K&D).

'마르다'(나팔, nāpal)는 '빠지다, 변하다, 떨어지다, 습격하다' 등으로 번역된다. 본문에서는 질병의 습격을 받아 증세가 나타나는 것으로 해석하면 좋을 것이다. 이것을 여성의 생식기와 연관된 질병으로 이해해도 가능할 것이다. 미쉬나에서는 죄를 범한 부위인 생식기에 먼저 질병이 생기고, 이어서 배가 부어오른다고 한다(Sotah 1:7). 정확한 증세와 병명을 알 수 없으나 넓적다리(생식기)에 발생할 질병의 확장으로 보면 좋을 것이다.

어떤 학자들은 누가복음 14:2에 나오는 '수종병'(the dropsy)으로 본다. 이 병은 신체 조직안에서 비정상적으로 액체가 축적되어 붓는 현상이 있다. 여자의 경우 항상 임신한 것처럼 보이나 결국 말라 죽는 병이다. 또 어떤 학자는 간음으로 인해 잉태된 태아의 유산으로 인한 질병으로 추측하기도 한다(Noordtzij).

본문에서는 의심의 소제로 죄가 입증된 후 판결에 대해서는 언급이 없다. 보통 간음죄의 경우 돌로 쳐 죽이는데(신 22:22), 의심의 소제는 여인에게 나타난 증상이 죽음으로 이어질 것을 생각할 수 있다. 이 여인의 죽음은 저주 거리와 맹세 거리가 된다고 한다.

(6) 저주의 두루마리(5:23-28)

여인이 제사장이 말하는 저주에 대해 "아멘"으로 맹세하면, 제사장은 저주의 말을 두루마리에 쓰고 그 두루마리를 그 쓴 물에 빤다. 그리고 여인에게 그 '저주가 되게 하는 쓴 물'을 마시게 하는데 만약 이 여인이 부정하다면 뱃 속에 들어 가서 쓰게 될 것이라고 한다. 미쉬나에서는 이 두루마리를 파피루스가 아닌 양피지에 기록했고 씻을 수 있는 잉크를 사용했다고 한다(Sotah 2:4).

두루마리를 쓴 물에 씻은 후 준비된 의심의 소제 중 한 웅큼을 취하여 여호와께 흔들어 드리는 제사인 '요제'(wave offering)를 행한 후 제단으로 가져와 태워 드리는 '화제'로 진행한다. 일반적인 소제는 향기로 드리는 감사와 찬송의 제사다(레 2:9). 하지만, 의심의 소제는 이와는 성격이 전혀 다르다. 하나님의 공의에 대한 기대와 의심을 사라지게 하여 부부 사이에 존재하는 죄가 소멸되기를 바라는 소망이 담겨 있다.

의심의 소제를 드린 후 여호와 앞에 선 여인은 '저주가 되게 하는 쓴 물'을 마시게 된다. 긴장되는 순간이다. 어떤 학자는 이것을 '거짓말 탐지기' 역할을 한다고 말한다. 일리가 있는 말이다. 여호와 앞에 선 여인이 부정을 행했다면 냉엄한 분위기와 저주에 대한 두려움으로 쓴 물 마시기를 거부하고 자백하게 될 것이다(Sotah 3:3). 반대로 결백하다면 당당히 쓴 물을 마실 것이다. 이 결백한 여인은 남편에게 더 이상 어떠한 해를 당하지 않고 아내로써의 자격을 보장받게 된다.

3) 의심의 법(5:29-31)

하나님은 의심의 소제를 '의심의 법'이라고 칭하신다. 이것은 의심의 소제의 목적이 예배에 있지 않고 재판에 있음을 보여 준다. 이 재판을 통해 얻어지는 두 가지의 유익을 설명하신다.

첫째, 남편의 타락을 예방하는 것이다.

아내가 간음죄를 지었다면 부정한 상태다. 이런 상태에서 남편이 동침하게 되면 남편도 부정하게 된다.

둘째, 의심으로부터 해방되는 것이다.

아내의 행실이 의심될 때 의심의 소제를 통해 확인한 후, 죄를 끊고 일상으로 돌아갈 수 있게 돕는다.

||||||||||||||||||| 영적 전쟁으로 푸는 민수기 |||||||||||||||||||

전쟁으로 부름 받은 이스라엘 백성에게 하나님은 진군하기 전에 전쟁에서 승리하는 중요한 원칙들을 알려 주신다. 그 핵심은 '거룩'이다. 공동체의 거룩함을 위해서는 전염성이 강한 죄악들을 단절해야 한다. 세 번째로 언급된 것이 의심의 소제다.

사실 이것은 부부 사이에서 발생하는 성적인 죄이다. 따라서 레위기 15장에 위치하는 것이 더 적합해 보인다. 그런데 하나님은 이것을 전쟁을 앞에 둔 이스라엘 백성에게 알려 주신다. 문자적으로만 보면 부부 관계의 순결을 지키라는 율법으로 보인다. 그대로 적용해도 아무런 문제는 없다. 하지만, 이것은 이스라엘 백성의 영적 전쟁을 위한 중요한 원칙이 된다.

본문을 조금 더 확장해서 살펴보자. 의심의 소제에서 고발자는 남편이고 범죄자는 아내다. 남편이 아내의 범죄에 대해 참소하고 있다. 아내는 머리를 풀고 죄인의 모습으로 여호와 앞에 서 있다. 남편은 아내의 의심스러운 죄목들과 구체적인 정황을 나열한다. 이 모습은 하나님 앞에서 신부 된 교회를 참소하는 사탄의 모습과 일치한다(계 12:10).

사탄은 우리의 죄를 하나님께 참소하는 자다. 사탄은 우는 사자처럼 두루 다니며 범죄한 우리를 삼키려 한다(벧전 5:8). 따라서 사탄의 먹잇감이 되지 않도록 정결하고 거룩한 삶을 살아야 한다. 그런데도 우리는 실수하고 죄를 짓는 연약한 존재이다. 이때 우리의 진정한 남편 되신 예수 그리스도께서 우리를 위해 쓴 잔을 대신 마셔 주신다(막 14:36).

예수님이 예루살렘 성전에 들어가셨을 때 서기관들과 바리새인들이 음행 중에 잡힌 여자를 끌고 와 예수님에게 어떻게 해야 하는지 질문한다. 이들이 참소하는 자다.

이에 대해 예수님은 다음과 같이 말씀하셨다.

"너희 중에 죄 없는 자가 먼저 돌로 치라."

이 말에 양심에 가책을 느낀 자들이 하나둘씩 사라졌다.

예수님은 이 여인에게도 말씀하셨다.

"너를 고발하던 그들이 어디 있느냐 나도 너를 정죄하지 아니하노라."

그리고 한 말씀 더 하신다.

"가서 다시는 죄를 범하지 말라."

우리가 곧 간음하다 끌려온 여인이다. 세상의 남편은 우리의 죄악을 참소하지만, 진정한 남편은 우리의 죄를 대신하여 죽으시고 우리를 자유케 하신다. 영적 전쟁에 서 있는 그리스도인은 참소의 대상이 되지 않도록 거룩한 삶을 살아야 한다. 그런데도 우리는 연약하여 범죄하게 된다. 이때는 우리의 진정한 남편 되신 예수 그리스도를 의지해서 죄 사함을 얻고 다시 용사로 일어서야 한다.

설교 포인트

본문: 민수기 5:11-31
제목: 삼킬 자를 찾는 사탄

모든 그리스도인은 영적 전쟁의 현장에 있다. 사탄은 우리의 구원을 빼앗고 하나님의 나라에 동참하지 못하도록 우리를 유혹하여 죄를 짓게 한다.

> 우리가 죄에 걸려 넘어지면 우리를 참소하고 하나님에게서 멀어지게 한다. 우리는 할 수 있는 대로 정결한 삶을 살아야 하고 죄를 지었을 때에는 하나님께 정직하게 반응해야 한다. 이것이 영적 전쟁의 중요한 원칙이다.
>
> 1. 사탄은 우리를 유혹하여 죄를 짓게 하고 참소하는 자이다(요일 3:7; 계 12:10).
> 2. 사탄은 우리의 죄를 이용하여 하나님과의 관계를 멀어지게 한다(벧전 5:8).
> 3. 그리스도인은 정결해야 하며 끝까지 예수님의 보혈을 붙들어야 한다 (빌 4:8; 롬 8:1-2).

4. 나실인에 관한 규례(6:1-21)

이스라엘 백성의 행군을 앞에 두고 하나님께서 말씀하신 중요한 준비 사항 다섯 가지 중 네 번째는 '나실인에 관한 규례'다. 민수기 6장의 나실인 제도가 처음 제정된 것으로 보이지 않는다. 이전부터 자발적으로 특별한 목적을 가지고 구별된 삶을 살았던 사람들의 관례를 명문화하고 체계화한 것으로 보면 좋을 것이다.

1) 나실인의 서원(6:1-2)

나실인으로 번역된 히브리어 '나지르'(*nāzîr*)는 '분리시키다'를 의미하는 동사 '나자르'(*nāzar*)에서 유래했다. 따라서 나실인은 '구별된 자, 분리된 자'라는 뜻이다.

성경에 등장하는 나실인은 세 부류로 구분할 수 있다.

첫째, 왕, 선지자, 제사장과 같이 하나님이 특별한 목적을 가지고 구별한 사람이다(민 3:3; 신 33:16; 대상 23:13).

둘째, 삼손과 사무엘과 같이 평생을 하나님께 구별하여 드려진 사람들이다(삿 16:17; 삼상 1:28).

셋째, 일정 기간 특별한 서원 제목을 위해 여호와께 구별된 삶을 사는 경우인데, 민수기 6장이 이 부분을 다루고 있다.

나실인의 서원은 할례와 같이(창 17:10-14) 이스라엘에 처음 발생한 완전히 새로운 것은 아니었다. 이런 까닭에 민수기 6장에는 나실인의 서원이 무엇인지 설명하지 않는다. 성경에 등장하는 나실인은 삼손과 사무엘이 전부라 하겠다. 이후 마카비 전쟁시에 나실인의 서원이 행해졌음이 기록에 남아 있다(마카비전서 3:49). 또한, 미쉬나 3권 '나실인의 서원'(Nazir) 편에서 나실인과 관련된 내용을 자세히 언급하는 것을 보아 예수님 당시까지 나실인의 서원은 흔하게 행해지고 있었음을 알 수 있다.

2) 나실인 금지 규례(6:3-12)

나실인에게는 세 가지의 금지 규례가 제시되었다.

첫째, 포도나무 소산을 먹지 말 것
둘째, 머리에 삭도를 대지 말 것
셋째, 시체를 가까이 하지 말 것

(1) 포도나무 소산 금지

나실인의 서원에 관한 규례 중 첫 번째는 다음과 같은 포도나무 소산을 먹지 말라는 것이다.

- 포도주
- 독주(곡식과 꿀, 대추, 혹은 과실 등을 이용하여 취할 목적으로 만든 술)
- 초(발효하여 신 맛이 나는 약한 포도주로 떡을 찍어 먹는데 사용됨)
- 포도즙(발효되지 않은 즙으로 초보다 더 약한 것)
- 생포도나 건포도
- 포도나무 씨나 껍질

위에 언급된 것은 특정한 품목을 언급한다기보다는 포도에서 나오는 모든 것을 먹지 못하도록 하는 것이다. 제사장들도 포도주나 독주를 마실 수 없었으나 초나 포도즙은 먹을 수 있었다. 특별히 나실인에게는 포도의 소산물을 먹지 못하게 요구되었는데 본문은 그 이유를 정확히 언급하고 있지 않다.

우리는 술이 거룩한 삶을 파괴하는 단초가 되기 때문에 금하신 것이라고 충분히 추론할 수 있다. 고대 이교도들이 포도주와 독주의 다량 섭취로 신비적 신앙 체험을 했던 것과 연관한다면 이러한 '황홀경'(ecstasy)을 금할 목적도 있었다는 설명도 가능하다(Noordtzij).

(2) 삭도 금지

하나님은 나실인 서원을 한 사람은 머리를 자르지 못하게 하셨다. 7절 하반 절에 "하나님께 드리는 표가 그의 머리에 있음이라"고 언급하며 머리를 자르지 않고 기름이 나실인이라는 표시가 된다고 설명했다. 또한, 서원을 마친 후 나실인의 표였던 머리털을 불사르도록 명하심으로 머리를 자르지 않는 이유가 더욱 명확해진다(18). 머리를 자르지 않음이 주변 사람들에게 나실인이라는 분명한 표식이 된다.

나실인은 스스로 거룩함을 유지하기 위해 노력해야 하지만, 동시에 주변에 있는 사람들의 도움도 필요하다. 가족의 장례식이 있을 때 시체를 만지지 않도록 도와주어야 한다. 식탁에서 포도주를 권해서도 안 된다.

(3) 시체 접촉 금지

나실인의 금지 규례 중 세 번째는 시체 접촉 금지다. 일반인의 경우에도 주검에 접촉한 자는 저녁까지 부정하게 된다(레 11:40). 제사장의 경우 가족의 장례는 허용되었지만, 대제사장은 이것마저도 허용되지 않았다. 나실인은 대제사장의 수준으로 요구받고 있는 것이다.

나실인은 서원 기간 중에 어떠한 주검도 접촉해서는 안 된다. 만약 이것을 어겼을 경우에는 칠 일의 정결 기간을 지키고 마지막 날에 머리를 잘라야 한다. 여덟째 날에는 산 비둘기 두 마리나 집 비둘기 새끼 두 마리를 가지고 속죄제와 번제로 성결케 해야 한다. 그리고 일 년 된 숫양을 가져다가 속건 제물을 드리고 지난 시간은 무효로 하고 다시 서원의 날을 지켜야 한다.

3) 구별한 날이 차면(6:13-20)

나실인의 구별한 날이 다 찼을 경우에 하나님께 서원제를 드리게 된다. 본문에는 번제, 속죄제, 화목제 순으로 되어 있는데, 일반적인 제사와 미쉬나에 나오는 순서는 속죄제, 번제, 화목제다(6:16; Nazir 6:8).

(1) 속죄제(14)

구별의 날이 다 차면 제사장에게 준비된 제물을 가지고 가서 '흠 없는 일 년 된 암양'으로 속죄제를 드린다. 이것은 서원 기간에 알지 못하고 지은 죄까지도 모두 속죄하기 위함이다.

(2) 번제(14)

속죄제 다음으로 '일 년 된 흠 없는 수양'으로 번제를 드린다. 번제는 자신을 죽이고 새로운 몸으로 태어나는 것을 의미함과 동시에 새로 주신 몸을 하나님께 온전히 드리는 헌신의 제사이다. 이때 번제물에 전제(drink offering)와 소제를 함께 드린다.

(3) 화목제(17)

번제 후에 '흠 없는 수양 하나'로 화목제를 드린다. 화목제는 친교의 제사로 특정 부위는 화제로 드리고, 나머지 고기는 제사장과 가까운 친족들과 함께 먹는다. 구별의 날이 끝났음을 기뻐하고 감사하는 마음으로 화목제 식사를 함께하며 서원제는 끝을 맺는다. 이때 준비된 전제(음료)와 무교병 음식을 함께 먹는다.

(4) 머리털을 밀고(18)

화목제를 드릴 때 지금까지 구별의 표시로 기르던 머리를 자르는 의식을 진행하는데 구별의 기간이 끝났음을 의미한다. 이 잘린 머리털은 화목제를 태우던 번제단 밑 불 위에 넣어 태운다. 훗날 성전에는 나실인이 삭발하는 방이 있었다고 한다(Nazir 7:4). 이 잘린 머리털을 화제와 함께 태우는 것은 제물로써의 의미가 아니라, 거룩한 구별의 표로 기른 것이기에 여호와께 불사르는 것이다.

(5) 요제와 거제(20)

서원제의 마무리는 제사장이 삶은 숫양의 어깨와 무교병 하나, 무교전병 하나 그리고 원래 요제로 드린 후 제사장의 몫이 되는 가슴과 넓적다리에 대한 언급으로 마무리된다. 서원제를 마친 나실인은 상징적인 표현으로 "포도주를 마실 수 있느니라"라는 선언과 함께 일반인으로 돌아가

생활하게 된다.

4) 나실인의 서원 결론(6:21)

나실인의 서원은 서원 중에서 가장 엄격하다. 모든 서원이 하나님과의 약속이며 계약이지만, 나실인의 서원은 삶 전체를 규제한다. 본문뿐만 아니라 성경 어디에도 어느 때에 나실인의 서원을 해야 하는지 기준이 나와 있지는 않다.

미쉬나를 보면 30일, 60일, 100일, 많게는 7년의 나실인 서원이 등장한다. 서원 기간과 내용은 개인적으로 결정한 듯하다. 본문에도 서원제를 드릴 때에 자신의 '힘이 미치는 대로' 제물을 드리도록 권하고 있다. 하나님 앞에서 구별된 삶을 살고자 하는 개인적 결단이다.

영적 전쟁으로 푸는 민수기

하나님은 영적 전쟁 준비 사항으로 나실인의 규례를 언급하셨다. 나실인은 특정인으로 한정된 것이 아니라, 자발적으로 일정 기간 구별된 삶을 살기로 결정한 자들이다. 영적 전쟁의 승리를 위해 개인의 구별된 삶이 필요함을 보여 주시는 것이다. 나실인의 뜻은 '분리하다'이다. 세상으로부터 스스로 분리하여 하나님 앞에 거룩한 삶을 살고자 하는 사람이 바로 나실인이다.

신약에서 '교회'를 '에클레시아'(*ekklēsia*)라고 한다. '밖으로 불러내다'는 뜻이다. 교회는 세상과 구별 된 하나님 나라의 군사다. 나실인과 교회는 같은 맥락 속에 있다. 따라서 나실인에게 요구되는 것은 오늘날을 살아가고 있는 그리스도인에게 동일하게 요구되는 것이다.

나실인은 포도주를 마셔서는 안된다. 성경은 그리스도인에게 '술 취하지 말라'고 권고하고 있다(엡 5:18). 한국 교회는 술과 담배 문제가 경건생활의 중요한 기준이 되었다. 술과 담배 문제가 구원의 기준이 되지는 않지만, 세상과 구별되어 하나님의 군사로 살아가는 중요한 요건이 되는 것은 맞다. 술 취함은 술의 지배를 받는 것이다. 나실인이 포도나무와 관련된 모든 것을 멀리한 것처럼, 그리스도인은 우리를 지배하려는 모든 중독적 요소를 멀리할 필요가 있다.

나실인은 머리털을 깎지 말아야 한다. 머리털은 나실인의 표식이다.

그렇다면 그리스도인도 머리털을 자르지 말아야 할 것인가?

이 부분은 삼손을 통해 답을 찾을 수 있다. 삼손은 자신의 힘이 머리털에 있다고 여겼다(삿 16:17). 들릴라에 미혹에 넘어가 머리털이 깎인 삼손은 실제로 힘을 잃었다.

정말 머리털에서 힘이 나왔을까?

아니다. 그의 힘은 '여호와의 영'에 있었다(삿 14:6). 즉, 성령이다. 그리스도인은 술 취하지 말고 '성령 충만함'을 받아야 한다(엡 5:18).

나실인은 시체를 멀리해야 한다. 시체는 쉽게 썩어져 질병의 온상이 된다. 그리스도인이 멀리해야 할 것이 있다면, 그것은 이 세상에 썩어질 것들이다(벧전 1:4). 이 땅에 우상, 정욕, 부와 명예를 멀리하고 하나님의 나라와 의를 위해 달려가야 한다.

설교 포인트

본문: 민수기 6:1-21
제목: 구별된 그리스도인의 삶

나실인은 하나님을 위해 자기의 삶을 구별한 자들이다. 교회는 이 세상에서 구별되어 하나님의 자녀로 선택받은 자들의 모임이다. 영적 전쟁에 임하는 자들은 구별된 삶을 살아야 한다. 병사로 부름을 받은 자들은 자기 생활에 매이지 말아야 한다.

1. 하나님은 우리를 이 세상에서 구별하여 부르셨다(벧전 2:9).
2. 그리스도인은 술취하지 말고 성령으로 충만해야 한다(엡 5:18).
3. 그리스도인은 향락과 썩어질 것들을 멀리해야 한다(벧전 2:11-12).

5. 제사장의 축복(6:22-27)

행군을 앞둔 이스라엘 백성에게 알려 주시는 다섯 번째 준비 사항은 '제사장의 축복'이다. 민수기의 흐름 속에서 '제사장의 축복'은 매우 어색하다. 그래서 학자들은 민수기 기자의 의도에 따라 편집되었다고 주장하며 첫 제사가 마무리되는 레위기 9:22-23 이후에 있는 것이 적절하다고 제시한다. 하지만, 전쟁을 향해 행군을 시작하는 이스라엘 백성에게 '제사장의 축복'이 어떤 의미인지 생각해 볼 필요가 있다.

1) 아론과 그의 아들들에게(6:22-23)

행군을 앞에 둔 이스라엘 백성을 위해 하나님은 아론과 그의 아들들, 즉 제사장들에게 축복하는 방법을 알려 주신다. 이 축복권은 제사장에게만 부여된 것이다. 제사장은 하나님과 백성 사이 중보자의 위치에 있다. 하나님이 제사장들에게 이스라엘 백성을 축복하라는 것에는 하나님이 복 주고 싶으신 마음이 담겨 있다.

동일하게 하나님은 이스라엘을 제사장 나라로 부르셨다(출 19:6). 하나님이 온 세상에 복 주시길 원하시는 것이다. 하나님의 복이 열방 가운데 흘러갈 수 있는 통로는 하나님을 아는 이스라엘 백성밖에 없다. 제사장이 잠잠하면 이스라엘 백성이 복을 받지 못하고, 이스라엘 백성이 축복하지 않으면 열방이 복을 받지 못하게 되는 것이다.

2) 여호와는 네게 복을 주시고(6:24)

제사장의 축복문은 3행으로 구성되어 있고 매행마다 '여호와'가 나온다. 본 축복문을 숫자적인 의미를 부여하는데 성경에서 완전수에 해당하는 '3'과 '4'가 반복적으로 나오기 때문이다. 하나님이 전쟁에 출정하는 이스라엘을 향한 사랑의 마음을 느낄 수 있다.

첫 번째 제사장의 축복은 '여호와께서 네게 복을 주시기를 원한다'는 내용이다. 이스라엘을 비롯한 고대 근동 지방 사람들은 극단적인 이원론적 세계관을 가지고 있었다. 하나님과 사탄, 복과 저주로 세계가 나누어진다. 더불어 복은 하나님에게서 나오고 저주는 사탄에게서 나온다고 보았다.

이스라엘 백성에게 복은 하나님께로부터 나오는 것이다. 그 하나님이 직접 '복'을 주시겠다는 선포는 단순한 감정적 위로가 아니라 실제가 되는 것이다. 특별히 정복을 위해 떠나는 군사공동체인 이스라엘 백성에게

'복'은 자손의 번성과 풍요로운 땅으로 인식되었을 것이다(Cole).

3) 너를 지키시기를 원하며(6:24)

'너를 지키시기를 원하며'는 복 주시기를 원하는 내용과 연결되어 이원론적 세계관을 바탕으로 하고 있다. 하나님은 복을, 사탄은 악을 가져다 준다. 하나님을 복을 주실뿐만 아니라, 악한 것들로부터 지켜 주심에 대한 약속이다. 이것은 단순한 외적으로부터의 보호 개념이 아닌 삶 전 영역에서의 흉작, 빈곤, 질병, 전쟁 등이 포함된다. 구약 전체에 이스라엘을 지키시는 하나님이심이 여러 곳에서 나타나고 있다. 특히, 시편 121편에서는 여섯 번의 반복적 표현으로 돌보시는 하나님과 그의 백성 된 이스라엘 백성의 관계를 예술적으로 묘사하고 있다.

4) 은혜 베푸시기를 원하며(6:25)

성경에서 은혜는 하나님께서 인간에게 주시는 총체적인 선물과 복을 망라한 명칭이며, 평안과 평강의 대명사이기도 하다. 본문에서 여호와의 얼굴을 비추어 은혜를 베푸시길 기원하고 있는데 고대로부터 지금까지 '얼굴'은 친밀함과 호의의 상징이다(시 67:1). 반대로 얼굴을 피하고 가리는 것은 분노와 관계의 단절을 의미한다(창 3:9; 신 31:18; 시 30:7). 당시 이스라엘 백성에게 궁극적 은혜의 귀결점은 가나안 땅 입성이다.

5) 평강 주시기를 원하노라(6:26)

'평강'(샬롬, šālôm)은 이스라엘의 인사말로 외침이 많던 그들에게 안전과 평화를 기원하는 인사다. 본문의 평강은 단순한 평화의 안전에 그치는 것이 아니라 영적인 평화, 즉 하나님이 함께하시는 평화(레 26:12; 민 14:9; 롬 8:31), 어떠한 상황에서도 하나님은 결코 떠나지 않으시는 진정한 평화가 임하는 복을 의미한다.

6) 내가 그들에게 복을 주리라(6:27)

'복'(바라크, bārak)은 '하나님께서 주신 번영과 행복'이란 뜻으로 지상에서의 행복(왕상 10:8)과 하나님 은혜의 결과로서 나타난 가시적인 복을 의미한다. 즉, 구약 시대에서는 장수, 다산, 현숙한 아내, 많은 재산, 존경과 신임 등이 복으로 여겨졌다. 하나님은 이스라엘 백성에게 복 주시길 원하셨다. 이 복을 주시기 위해서는 반드시 선포가 필요하다. 이것이 제사장의 축복이었다.

하나님이 일하실 때는 순서가 있는데 '계시-선포-실행'이다. 하나님은 어떤 일을 하시기 전에 반드시 하나님의 사람들에게 무슨 일을 하실지 계시하신다. 그 계시를 받은 자들은 입술로 선포하게 되고, 일이 실행되면 하나님이 행하셨음을 알게 된다. 하나님은 제사장들에게 이스라엘 백성을 향해 축복을 선포하게 하신다. 이 선포한 내용이 실행될 때 하나님이 복 주셨음을 깨닫게 된다.

||||||||||||||||||||||| **영적 전쟁으로 푸는 민수기** |||||||||||||||||||||||

전쟁을 향해 진군하는 이스라엘 백성을 위해 하나님은 복 주시길 원하셨다. '너희가 믿는 여호와는 너희에게 복을 주고, 지키고, 은혜를 베풀고, 평강을 주시는 분'이시라는 것이다.

전쟁 길에 오르는 이스라엘 백성에게 얼마나 위로와 격려가 되겠는가?

하나님과 이스라엘 백성 사이에는 제사장이 있었다. 제사장은 이스라엘 백성의 죄악을 가슴에 품고 하나님께 나아가 중보자의 역할을 감당하며 하나님을 대리해서 이스라엘을 축복하는 역할을 한다. 이스라엘 백성은 열방을 향한 제사장 나라로 부름을 받았다. 이스라엘 백성이 밟는 땅을 하나님의 이름으로 축복할 때 그 땅이 회복하고 복을 얻게 된다.

성경에서 말하는 '정복'은 파괴적 개념이 아니다. 이것은 잃어버렸던 원래의 모습을 되찾는 '회복'을 의미한다. 사탄에게 빼앗긴 영역 속으로 들어가 하나님의 이름으로 축복하는 것이 '영적 전쟁'이다. 우리의 선포를 통해 그 땅을 향한 하나님의 계획이 실행된다.

사탄에게 빼앗긴 영역은 부부관계, 자녀와 부모관계, 교우관계, 직장, 일터, 학교, 정치, 경제, 문화 등 수없이 많다. 하나님이 계획하셨던 원형의 모습을 잃고 풍성함을 잃어버린 곳이다. 그리스도인은 이런 곳으로 들어가도록 부름 받은 군사다. 우리는 그 영역들을 위해 왕 같은 제사장의 역할을 감당해야 한다. 우리가 선포할 때 하나님의 역사가 시작된다.

설교 포인트

본문: 민수기 6:22-27
제목: 복의 통로로 부름 받은 그리스도인

우리의 영적 전쟁의 목적은 결코 정복과 파괴가 아니다. 사탄에게 빼앗긴 땅을 하나님의 나라로 회복하는 것이다. 우리가 하나님의 나라를 구하며 그 땅을 축복할 때 하나님이 친히 복을 내려 주신나.

1. 사탄에게 빼앗긴 영역을 살펴야 한다(엡 2:2).
2. 우리는 왕 같은 제사장으로 부름을 받았기에 이 땅을 축복해야 한다(벧전 2:9).
3. 우리가 축복할 때 하나님이 이 땅을 회복하신다(대하 7:14; 벧전 3:8-9).

제3장

광야 행군 준비(7:1-10:36)

출애굽 후 2년 2월 1일에 하나님은 20세 이상 전쟁에 나갈 만한 남자를 계수하도록 명령하신다. 하나님이 이스라엘을 군사공동체로 부르신 것이다. 이 인구 조사에 레위인은 제외되는데 성막의 이동과 관리를 위함이었다. 이스라엘 백성이 이동을 하거나 진을 칠때 성막은 언제나 그 중심에 있었다. 성막은 하나님을 만나는 곳, 예배하는 곳이다. 하나님은 이스라엘 백성이 군사공동체이며 예배공동체임을 알려 주신다.

이스라엘 백성의 전쟁은 혈과 육에 대한 것이 아니라 '영적 전쟁'이다. 영적 전쟁의 핵심에는 언제나 예배가 있어야 한다. 군대의 사령관 되시는 하나님과의 친밀한 관계 속에서 명령에 순종할 때 전쟁에서 승리하게 된다.

하나님은 전쟁을 위한 행군에 앞서 중요한 준비 사항을 알려 주신다. 그것은 바로 '거룩'이었다. 죄는 사탄이 틈타고 들어오는 통로다(엡 4:26-27). 공동체 안에서, 인간관계 안에서, 부부관계 안에서, 구별된 개인의 삶에서 거룩은 영적 전쟁을 위한 중요한 요소가 된다. 이렇게 거룩함을 유지할 때 하나님이 임재하시게 되고 그 공동체와 개인은 복을 누리게 된다.

영적 전쟁을 위한 당부의 말을 들은 이스라엘 백성은 가나안 땅으로 향하는 행군을 시작한다. 7-10장은 행군을 위한 본격적인 준비부터 나팔 소리와 함께 힘차게 출발하는 장면을 담고 있다.

1. 지휘관들이 드린 헌물(7:1-89)

출애굽 2년 2월 1일, 이스라엘 민족은 인구 조사를 마치고 행군 준비를 하는 과정에 있다. 그런데 7장은 모세가 장막을 세우고 제사장들과 모든 성물에 기름을 바른 '거룩히 구별한 날'인 출애굽 2년 1월 1일로 회귀한다(레 8:10). 지휘관들이 헌물을 드리는 내용은 인구 조사 전에 있었던 일이다. 대부분의 성경이 그러하듯, 모세는 명확한 메시지 전달을 위해 사건을 재구성한 것이다.

1) 성막 이동에 쓰이는 헌물(7:1-9)

이스라엘 백성의 지휘관들, 곧 각 지파의 감독자가 여호와께 헌물을 드린다. 지휘관들의 헌물은 두 종류였는데, 성막 이동에 쓰이는 예물(2-9)과 성막 봉헌 예물(10-88)이다. 성경에 지휘관들에게 이러한 예물을 드리라는 명령이 없다. 이 부분에 대해 미드라쉬(Midrash)에서는 지휘관들이 자발적으로 참여한 것이라고 한다.

성막 건축을 할 때 백성들이 너무 많은 예물을 가져와 중지 명령이 내려졌다. 이 일을 관리하던 열두 지파의 지휘관들이 정작 자신들은 예물을 드리지 못한 것에 대해 아쉬워하며 무엇을 봉헌할까 고민하다가 성막 이동에 쓰일 수 있는 수레와 소를 드리기로 결정했다는 것이다(Bamidbar Rabbah 12:16).

열두 지파의 지휘관들로부터 받은 예물은 수레 여섯 대와 소 열두 마리였다. 덮개가 있는 수레 하나를 두 마리의 소가 끌었다. 지휘관들이 예물을 드렸을 때 하나님은 모세에게 말씀하셨다.

그것을 그들에게서 받아 레위인에게 주어 각기 직임대로 회막 봉사에 쓰게 할지니라 (민 7:5).

모세는 게르손 자손들에게는 그들의 직임대로 수레 두 대와 소 네 마리를 주었고, 므라리 자손들에게는 그들의 직임대로 수레 네 대와 소 여덟 마리를 주었다. 성물을 직접 어깨에 메고 옮겨야 하는 고핫 자손에게는 배분하지 않았다.

지파	직임 수단	감독	운반 물품
게르손	수레 2, 소 4	이다말	성막 덮개, 회막 문장, 뜰 휘장
므라리	수레 4, 소 8		성막의 널판, 띠, 기둥, 받침
고핫	어깨로 메어 이동	엘르아살	증거궤, 떡상, 등대, 분향단

2) 봉헌을 위한 헌물(7:10-11)

지휘관들이 지파별로 가져온 성막 봉헌을 위한 예물에 대해 하나님은 하루 한 사람씩 지파별로 드리게 하셨다(10-11). 지휘관들이 하나님께 자원하여 예물을 드렸을 때 하나님이 기뻐 받으신다. 예배의 주체는 하나님이시다. 하나님은 우리의 예배를 받으실 수도 있고 거절하실 수도 있다(삿 1:11; 호 6:6).

지휘관들은 하나님의 명령을 따라 12일 동안 한 지파씩 예물을 가져온다. 이때가 '제단에 기름을 바르던 날'이었다. 성막 세운 후 제사장의 정결 기간을 마치고 첫 제사는 1월 8일에 진행된다(레 9:1). 이때 제단과 성막 기물에 기름을 발라 정결케 했다(레 8:10). 성막의 첫 제사부터 12일 동안 지휘관들이 봉헌 예물을 드린 것이다.

예물의 단위는 성소 세겔(약 11.4g)이었으며 은 130세겔의 은반 하나와 은 70세겔의 은 바리(대접)에 소제를 위한 기름 섞은 고운 가루를 채워 드렸다. 또한, 금 10세겔의 그릇 하나에는 향을 채워 드렸다. '은반'은 은으로 만든 규모가 있는 큰 쟁반이고 '은 바리'는 은으로 만든 대접이다(출 27:3). '금 그릇'은 손잡이가 달린 작은 컵이다(출 25:29).

번제물로는 수송아지 한 마리, 숫양 한 마리 그리고 일 년 된 어린 숫양 한 마리였다. 속죄제물로는 숫염소 한 마리, 화목제물로 소 두 마리, 숫양 다섯 마리, 숫염소 다섯 마리 그리고 일 년 된 어린 숫양 다섯 마리를 드렸다.

종류	내용
소제물	기름 섞은 고운 가루를 담은 130세겔 무게의 은으로 만든 쟁반 1개 70세겔 무게의 은으로 만든 대접 1개
향	향품을 담은 10세겔 무게의 금으로 만든 잔 1개
번제물	수송아지 1마리 수양 1마리 1년 된 어린 수양 1마리
속죄제물	숫염소 1마리
화목제물	소 2마리 수양 5마리 수염소 5마리 1년 된 어린 수양 5마리

3) 하루에 한 사람씩(7:12-83)

하나님은 지파별로 하루씩 예물을 드리도록 지시하셨고 그대로 진행된다. 본문은 동일한 제물을 반복적으로 자세히 기록하고 있다. 이것은 당시 관습과 관련 있다. 고대 이스라엘 및 근동 지방에서는 왕의 직위식이나 결혼식 때 예물을 가져온 사람들의 이름을 일일이 호명하고 그들의 선물의 목록도 공개한다. 또한, 고대 근동 사람들은 정확한 것을 중요하게 여겼으며 긴 목록을 싫어하지 않았다고 한다(Noordtzij).

지파별로 자세히 기록한 데에는 모든 족장의 헌물에 대하여 하나님께서 동일하게 기뻐하신다는 것과 족장들이 예물을 드린 귀한 일을 모든 사람 앞에서 모범으로 보이시려는데 목적이 있다고 볼 수 있다(Wenham). 예물을 드리는 순서는 진 이동 순서를 따랐다.

날짜	지파	이름	날짜	지파	이름
1일	유다	암미나답의 아들 나손	7일	에브라임	암미훗의 아들 엘리사마
2일	잇사갈	수알의 아들 느나넬	8일	므낫세	브다술의 아들 가말리엘
3일	스블론	헬론의 아들 엘리압	9일	베냐민	기드오니의 아들 아비단
4일	르우벤	스데울의 아들 엘리술	10일	단	암미삿대의 아들 아히에셀
5일	시므온	수리삿대의 아들 슬루미엘	11일	아셀	오그란의 아들 바기엘
6일	갓	드우엘의 아들 엘리아삽	12일	납달	에난의 아들 아히라

4) 모세가 회막에 들어가서 (7:84-89)

12일 동안 이스라엘 열두 지파의 지휘관들이 자원하여 하나님께 예물을 드렸다.

종류	총합
소제물	130세겔 무게의 은쟁반 12개 70세겔 무게의 은대접 12개
향	10세겔 무게의 금으로 만든 잔 12개

번제물	수송아지 12마리, 수양 12마리 1년 된 어린 수양 12마리
속죄제물	숫염소 12마리
화목제물	소 24마리, 수양 60마리, 수염소 60마리 1년 된 어린 수양 60마리

　모세는 성막의 봉헌식과 12일 간의 연속된 헌물을 위한 제사를 마치고 '회막'에 들어갔다. 그 이유는 여호와 하나님과 대화하기 위해서였다. 이 장면은 성막이 완성된 후 하나님과의 첫 대화였다. 성막이 세워지기 전에 하나님은 모세의 장막을 취하여 진영 밖에 '회막'을 만들도록 했다(출 33:7). 성막이 만들어지기 전까지 그곳에서 하나님을 만나는 장소로 활용했다(출 33:9). 이제 모세가 하나님을 만나는 새로운 장소가 만들어진 것이다. 그곳이 바로 '성막'이다. 하나님은 약속하신대로 증거궤 위 속죄소 위의 두 그룹 사이에서 말씀하신다.

영적 전쟁으로 푸는 민수기

　이스라엘 백성은 가나안 땅을 향한 행군을 앞에 두고 있다. 모세는 이스라엘 백성의 중심에 있는 성막을 어떻게 운반할 수 있는지에 관한 그 내용을 우리에게 보여 주고 있다. 열두 지파의 지휘관이 성막 봉헌을 위해 12일 동안 예물을 드리는 모습 또한 매우 감동적이다. 모세는 이러한 이스라엘 백성의 헌신을 가슴에 품고 성막에 들어가 하나님을 만나 대화한 것이다.
　우리의 전쟁은 혈과 육이 아닌 영적인 것이다. 그리고 영적 전쟁의 중심에는 예배가 있다. 이 예배에 있어 사모하는 마음, 자원하는 마음은 매우 중요하다. 예배의 핵심은 하나님을 사모하는 마음이다. 예배를 통해 하나님을 조종하고 이용하는 것이 아니라, 마음과 뜻과 힘을 다해 하나님을 사랑하는 것이 핵심이다.

군대로 부름을 받은 자가 죽음의 두려움을 뚫고 적진을 향해 나아갈 수 있는 이유는 사랑 때문이다. 조국을 사랑하는 마음, 가족을 사랑하는 마음, 전우를 사랑하는 마음이 두려움을 이기게 한다. 사랑 안에 두려움이 없고 온전한 사랑이 두려움을 내쫓는다(요일 4:18).

바울은 하나님께 예배드릴 때 '인색함으로나 억지로 하지 말라'고 권하고 있다(고후 9:7). 또한, 베드로는 교회를 이끌어가는 지도자들(장로들)에게 하나님의 양 무리를 치되 '억지로 하지 말고, 자원함으로 하며, 더러운 이득을 위하여 하지 말고 본을 보이라'고 한다(벧전 5:1-5).

하나님은 당신의 나라를 이루어가시는 일에 우리를 로봇이나 노예로 부르시지 않았다. 우리는 그분의 동역자다(고전 3:9). 우리는 하나님의 꿈에 감동되어 자발적이고 능동적으로 동참하는 것이다. 하나님은 성막을 짓는 일과 물품을 드리는 것에 자원하는 자들을 모으셨다(출 35:21, 29). 절기 때 하나님께 드리는 예물 역시 자원하여 드리도록 명하셨다(신 16:10).

다윗이 성전 건축을 위해 재료를 준비할 때도 자원하는 자들이 동참하여 "심히 기뻐하니라"(대상 29:9)라고 했다 고레스가 유대인들로 예루살렘 복귀를 명령했을 때 자원하는 자들이 돌아왔다(느 11:2). 영적 전쟁의 승리는 하나님을 사랑하여 자원하는 마음에서 시작된다.

설교 포인트

본문: 민수기 7:1-89
제목: 모범을 보이는 영적 지도자, 순종하는 성도

성막 이동을 위한 수레는 이스라엘 백성의 지휘관들이 자원하여 드린 예물로 준비되었다. 하나님 나라는 이와 같이 자원하는 자들로 확장된다.

1. 성막과 성전은 자원하는 자들에 의해 만들어졌다(출 35:21; 대상 29:9).

2. 바벨론 포로에서 귀환한 자들은 자원하는 자들이었다(느 11:2).

3. 하나님 나라는 주님을 사모하여 자원하는 자들을 통해 이루어진다
(벧후 3:12-13).

2. 출정을 위한 최종 준비(8:1-26)

하나님은 출애굽한 이스라엘 백성에게 20세 이상 전쟁에 나갈만 한 자를 조사하라고 명령하시며 그들이 군사공동체임을 알려 주셨다. 또한, 하나님을 만나는 장소인 성막을 중심으로 이동해야 함을 통해 예배공동체임을 알려 주셨다.

이제 두 번째 유월절을 지키고 나면 가나안 땅을 향한 행군이 시작된다. 마지막 준비 사항들을 점검한다. 성막의 이동을 위한 수레가 지휘관들의 자원함으로 준비되었다. 8장에서는 전쟁을 위해 출전하는 이스라엘 백성이 준비해야 할 추가적 내용을 알려 주고 있다.

1) 아론의 등대 관리(8:1-4)

가나안 땅을 향해 전진해야 하는 이스라엘 백성에게 하나님은 등잔대에 관한 이야기를 꺼내신다. 사실 이 본문은 등잔대에 관해 언급하고 있는 출애굽기 25:31-40이나 37:17-24에 있어야 할 것처럼 보인다. 그런데도 본문은 이스라엘 백성의 출전과 관련하여 언급되고 있다. 앞서 말한 바와 같이, 대부분의 성경이 사건 순서가 아닌 분명한 주제와 목적을 가지고 재구성되었음을 기억할 필요가 있다.

그렇다면 하나님이 아론에게 등잔대 관리를 명령하신 내용은 전쟁을 위해 떠나는 이스라엘 백성들에게 꼭 필요한 준비 사항이라는 의미인 것이다. 미드라쉬(Midrash)에서는 등잔대 관리 명령이 지휘관들이 예물을 드린 후에 있는 것으로 보아 아론을 위로하기 위한 목적이라고 설명한다(Bamidbar Rabbah 15:6).

아론은 금송아지 사건의 핵심 인물이었고(출 32:4) 첫 제사에서 나답과 아비후를 잃었다. 반면 열두 지파의 지휘관들이 자원하여 드린 헌물을 하나님은 기뻐 받으셨다. 아론은 금송아지 사건으로 인해 죄책감을 느꼈고(출 32:4) 첫 제사에서 두 아들 나답과 아비후를 잃는 아픔을 겪었다. 하지만 같은 시기에 이스라엘 열두 지파의 지휘관들이 자원하여 드린 헌물을 하나님께서 기쁘게 받으셨다. 이러한 상황에서 하나님께서 아론에게 성막의 등잔대를 관리하라는 명령을 주신 것은 그를 위로하시고 다시 사명을 맡기신 것으로 이해한 것이다.

반면 많은 학자는 등잔대 관리 명령은 헌물을 드린 이스라엘 열두 지파를 하나님이 돌보신다는 의미로 해석한다. 등잔대는 진설병 상과 마주 놓여 진설병 상 위에 있는 열두 지파를 상징하는 열두 개의 떡을 비춘다. 빛 되신 하나님께서 이스라엘을 지켜보고 돌보신다는 의미다. 전쟁에 나가는 이들의 앞 길을 하나님이 눈동자처럼 지켜 보호하신다는 의미다.

성막 안에는 등잔대 외에 다른 빛이 존재하지 않는다. 진설병으로 비유되는 이스라엘 민족 앞에 하나님의 빛이 비추이고 이 빛을 따라 이동해야 하는 것이 이스라엘 군대다.

등잔대에 관한 업무를 대제사장인 아론에게 맡긴 것도 의미가 있다. 대제사장은 제사장에게, 제사장은 레위인에게, 레위인은 이스라엘 백성에게 빛과 같은 존재다. 제사장은 아론을 보고 따르는 것이고 이스라엘 백성은 레위인을 보고 따르는 것이다.

이 빛이 예수 그리스도로 이 땅에 오셔서 우리를 인도하신다(요 8:12; 9:5). 또한, 우리는 빛의 자녀로 이 세상에서 빛을 밝히는 등잔대와 같은 역할을 해야 한다(마 5:14). 우리는 빛 되신 예수 그리스도를 바라보며 살아야 한다(요 11:9). 동시에 세상에 빛과 같은 존재가 되어 모범을 보여야 한다(빌 2:15).

2) 레위인의 정결식(8:5-22)

등잔대 관리의 내용에 이어 레위인의 정결식이 등장한다. 제사장을 통해 레위인이 하나님의 빛을 보듯이 레위인을 통해 이스라엘 백성이 하나님의 빛을 보게 된다. 그러므로 이스라엘 백성보다는 레위인이, 레위인보다는 제사장이, 제사장보다는 대제사장이 더욱 성결한 삶이 요구된다.

레위인은 회막 일을 돕는 자들로 이스라엘 백성을 대신하여 구별된 자들이다. 이들은 제사장을 돕고 성막 관리와 이동의 임무를 맡는다. 이들은 25-50세까지 성막에서 봉사하는데, 5년의 견습 기간을 거쳐 30세부터 본격적인 직무를 수행한다. 50세 이후에는 관리 업무를 담당한다. 출전을 앞에 둔 이스라엘 백성에게 하나님은 레위인의 정결식을 명령하신다.

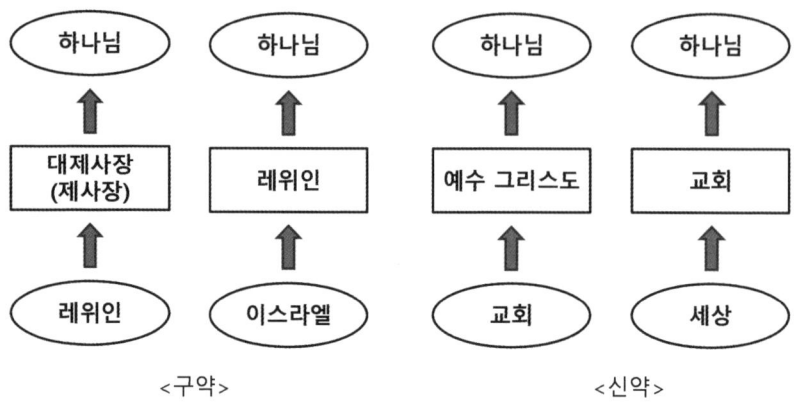

[구약과 신약에 나타난 모델링 구조]

	제사장(레위기 8장)	레위인(민수기 8장)
대상	아론과 그의 아들들(2)	25-50세의 레위인 남자(24)
예물	의복, 관유, 속죄물(2)	번제물, 소제물, 속죄물(8)
정결의식	물로 씻음(6)	물을 뿌림(7)
의복	에봇, 제사장 예복 (7-9)	평상복을 빨아 정결케 함(7)
삭도	해당 사항 없음	전신에 삭도
안수	모세가 관유를 부음(13)	이스라엘 온 회중이 회막 앞에서 레위인에게 안수(9-10)
속죄제	수송아지(아론과 아들들 안수)	수송아지(레위인 안수)
번제	수양(아론과 아들들 안수)	수송아지(레위인 안수)
위임 예물	수양(우편 윗다리 요제로 드림(22-29)	예물 없이 레위인을 요제로 삼음(11)
의미	거룩하게 만듦	정결하게 만듦

(1) 정결식 준비(8:5-8)

정결식을 위해 레위인은 사전 준비를 명령받는데 속죄의 물을 뿌리고, 전신을 삭도로 밀고, 의복을 빨아야 한다.

① 속죄의 물로 뿌림

속죄의 물은 '죄를 씻어 제거하는 물'이란 뜻이다. 이 물이 정확히 어떤 것인지 규정되어 있지는 않다. 가장 직관적으로 떠올릴 수 있는 것은 성막 물두멍의 물이다(Harrison). 어떤 학자들은 민수기 19장에 나오는 붉은 암송아지를 화제로 드린 그 재와 흐르는 물로 만든 것을 뜻한다고 한다(Gray; Milgrom).

하지만, 여기에는 '부정을 씻어 내는 물'이라고 달리 이름이 붙여졌기에 다른 것으로 보는 것이 옳을 것이다(19:9). 어떤 학자는 정결식을 위해 특별히 준비된 물이 있었다고 주장하기도 한다(Levine).

속죄의 물은 물 자체에 능력이 있지 않고 이것을 명령하신 하나님께 있음을 기억해야 한다. 속죄의 물 뿌림은 제사장의 목욕보다는 간소화된 것이지만, 그 의미와 효력에는 큰 차이가 없다. 목욕과 물 뿌림으로 제사장과 레위인을 계급의 구조로 보아서는 안 된다.

② 전신을 삭도로 밀게 함

속죄의 물로 뿌림을 받은 후 전신의 털을 깎아야 한다. 털을 깎는 것은 세상에 태어났을 때의 어린이와 같은 모습으로 돌아가는 것이다. 영적으로는 하나님 앞에서 이전 것에 부정한 모든 습관과 죄악을 잘라버리고 정결한 삶을 살겠노라는 결단의 의미라 하겠다. 이것은 나실인의 경우와 동일하다(6:9). 애굽에서는 제사장들이 격일로 온몸에서 털을 밀어야 했다고 한다(Herodotus II. 37. 2).

③ 의복을 빨게 함

의복을 빠는 행위는 정결법에서 항상 요구되는 것으로(출 19:10; 레 14:9; 15:5, 11, 22; 16:28) 죄를 씻는 행위임과 동시에 질병과 위생에 목적을 둔 공동생활의 생활 규범이기도 하다. 레위인의 정결례에서 옷을 빨게 함은 레위인 개개인에게는 평상인의 삶에 대한 종결과 함께 새로운 삶을 알리는 의미가 담겨 있다.

제사장은 에봇과 함께 제사장 예복을 입게 한 반면, 레위인은 옷을 빨아서 입게 했다고 해서 차별이나 계급으로 이해할 필요가 없다. 모두가 하나님 앞에서 정결한 표시다. 신약에서는 구습을 버리고 그리스도로 옷 입는 것이 바로 이것이다(롬 13:14).

④ 정결식 제물 준비

제물은 세 가지 제사를 위해 준비해야 했다. 번제를 위한 수송아지 하나, 번제와 함께 드리는 소제를 위한 기름 섞은 고운 가루 그리고 속죄제를 위한 수송아지 하나이다. 레위인 중 30-50세까지 성막에서 봉사할 수 있는 레위인이 8,590명이었다(4:48). 이들 모두가 제물을 준비했는지, 아니면 대표자들만 준비했는지는 성경에 언급되어 있지 않다. 인원수가 너무 많기 때문에 대표자들만 참석하는 것으로 추측하기도 한다(Merrill).

하지만, 정결하지 못한 자는 성막에서 봉사할 수 없기 때문에 성막에서 봉사하게 될 모든 레위인에게 정결식이 필수적이다. 어떤 형태로든 모두가 참여했을 것이다.

(2) 정결식 진행(8:9-13)

정결식은 레위인에 대한 안수, 하나님께 드리는 요제, 본제사(속죄제, 번제, 소제) 그리고 하나님께 받는 요제로 마무리된다.

① 레위인에 대한 안수

레위인이 여호와 앞, 즉 성막으로 나오면 이스라엘 온 회중이 그들에게 안수를 한다. 죄를 전가할 목적으로 짐승에게 하는 안수와는 다르다. 이스라엘 온 회중은 자신을 대신하여 성막에서 봉사하는 레위인에게 권한을 위임하는 안수다. 더불어 이스라엘 온 회중을 대신하여 하나님께 바쳐지는 대속물로서의 개념으로 이해할 수 있다.

② 레위인을 요제로 드림

안수 이후 모세는 아론으로 하여금 레위인을 요제로 드리도록 지시한다. 요제(wave offering)는 하나님과 사람 사이의 관계를 회복시켜 연결해 주는 제식이다. 레위인이 하나님과 백성들 사이에 중보자의 역할을 감당함을 보여 준다. 제사장의 정결식의 경우 수양의 우편 뒷다리를 성소 쪽과 회막문 쪽을 향하여 물결치듯 흔들었다(레 8:22-29).

하나님은 요제의 의미를 '그들로 여호와를 봉사하게 하기 위함이라'고 특별히 언급하신다. 이것으로 요제의 의미는 더욱 확실해 진다. 본문에서 제물 대신 레위인 자체가 요제물로 사용한 것은 이스라엘 자손의 장자를 대속하는 대속물이기 때문이다. 레위인을 흔드는 방법은 기록되어 있지 않은데, 제사장이 레위인을 성소 쪽으로 밀었다가 백성 쪽으로 다시 당기는 방법과 레위인의 머리를 흔드는 방법을 제시한다(K&D, Gray).

③ 속죄제, 번제, 소제

요제 이후 속죄제가 진행된다. 먼저 안수를 하여 레위인의 죄를 전가시킨다. 속죄제로 죄의 문제를 해결한다. 이어서 번제를 드리는데 역시 안수를 진행한다. 이 안수는 제물에 속죄된 자신을 담아 하나님께 온전한 헌신으로 드리는 것이다. 이때 소제와 함께 제사를 드리는데 올리브유를 섞은 고운 가루에 소금과 유향을 더하여 향기로운 냄새로 주님께 드리는 제사다. 이것은 하나님께 자신을 드림에 대한 감사의 찬송을 의미한다.

④ 레위인을 요제로 받음

제사가 끝나면 다시 한번 레위인을 요제로 드린다. 이것은 11절의 요제와는 성격이 다르다. 앞선 요제의 목적은 이스라엘 중에 레위인이 하나님께 봉사하기 위해 드려진 존재임을 명확히 하고 있다. 13절의 요제는 하나님께 드려졌던 레위인이 하나님과 이스라엘 사이를 화목하게 하는 중보자의 역할을 위해 돌려받는 것을 의미한다(8:1-4 참고).

(3) 레위인의 목적: 회막 봉사(8:14-19)

정결식을 마친 후, 하나님은 레위인이 회막에 들어가 봉사할 수 있다고 선포하신다. 정결식의 목적, 즉 레위인을 선택한 목적이 바로 '회막 봉사'에 있었던 것이다. 레위인 가운데 25-50세의 남자들이 봉사하도록 한다.

레위인이 하나님이 봉사의 일에 활용할 수 있는 이유는 다음과 같다.

첫째, '온전히 드린 바 된 자'들이기 때문이었다(8:16).
출애굽 과정에서 애굽의 장자는 모두 죽었지만, 이스라엘 백성의 장자는 어린양의 피로 살았다.

둘째, '모든 처음 난 자의 대신'이기 때문이다(8:16, 18).
출애굽 과정에서 이스라엘 백성의 장자는 구원 받았다. 그러므로 그 목숨이 하나님의 소유가 된다(출 19:5). 이들을 대신하여 성막을 섬기는 일에 레위인을 활용하시는 것이다.

셋째, 아론과 그의 아들들에게 주어졌기 때문이다(8:19).
레위인의 주요 업무는 제사장을 섬기는 일과 회막을 돌보는 일이다(19). 레위인은 제사장의 지도를 받는다. 이것은 계급이 아니고 직무이다. 각자의 직무에 충성하면 하나님이 '착하고 충성된 종'이라 동일하게 칭찬해 주신다(마 25:21, 23).

넷째, 재앙이 없게 하기 위해서다(19).

이스라엘 백성이 부주의하여 또는 고의로 성막을 해할 경우 그들에게 진노가 임하게 된다. 이것을 방지하는 역할을 레위인이 하게 된다. 이를 위해 레위인은 일반 백성들보다 높은 거룩성이 요구되었다. 하나님이 백성들의 헛된 죽음을 방지하시는 긍휼과 사랑의 방편이라 하겠다.

(4) 레위인의 정결식 실행(8:20-22)

레위인은 출애굽 때의 죽었어야 할 장자들을 대신하여 하나님께 속한 자들, 곧 온전히 하나님께 드려진 자들이다. 레위인은 제사장을 섬기고 성막을 돌보는 일을 해야 했기에 일반인보다 높은 거룩성이 요구되었다. 레위인은 성막에서 봉사하기 위해 정결식의 과정을 거친 후 성막 안에서 봉사를 시작한다.

본문에는 첫 번째 정결식의 시기가 정확히 언급되어 있지 않다. 출애굽 2년 1월 1일에 성막이 세워지고 1월 8일에 첫 제사가 진행되었다. 따라서 그 사이에 레위인의 정결식도 진행되었을 것으로 보인다.

3) 레위인의 봉사기간(8:23-26)

성막에서 봉사하는 레위인은 25-50세로 나이에 제한이 있다(24).

4장에서 여러 차례 30세부터 봉사가 시작된다고 했는데(4:3, 23, 30) 왜 25세부터 나이가 변경되었을까?

전통적인 해석은 5년 동안은 견습의 기간이고 30세부터 본격적인 사역이 시작된 것으로 본다. 50세 이상 되면 중요 직무에서 배제되는데 연로함으로 인해 실수했을 때 제사에 방해가 되고 본인에게 진노가 임할 수 있기 때문이다. 50세 이후 완전히 배제되는 것은 아니고 성막에서 사소한 일과 후배들을 돕는 직무를 감당하게 된다(26).

이 나이는 탄력적으로 적용되는데 훗날 레위인의 숫자가 부족할 때는 20세부터 봉사했던 기록도 있다(대하 31:17).

영적 전쟁으로 푸는 민수기

군대로 부름 받은 이스라엘 백성은 전쟁을 위해 행군을 시작해야 한다. 행군을 위해 하나님은 다음과 같이 몇 가지의 준비 사항을 점검하신다.

첫째, 성막 이동을 위한 수레다(7:1-9).
이스라엘 행군의 중심에는 성막이 있었다. 이것은 이스라엘 백성의 전쟁이 영적 전쟁임을 보여 주는 증거다. 성막이 움직여야 이스라엘도 움직일 수 있었다.

둘째, 등잔대가 앞을 비추고 있는 것이었다(8:1-4).
이스라엘 백성을 상징하는 진설병을 비추고 있는 등잔대는 하나님의 돌보심과 지키심을 보여 준다.

셋째, 성막 관리와 예배를 돕는 레위인의 정결식이다(8:5-22).
성막이 움직여야 이스라엘 백성이 움직일 수 있었고, 영적 전쟁의 핵심에 예배가 있었기에 레위인이 준비되어야 행군을 시작할 수 있었다.

모든 그리스도인은 전쟁에 부름 받은 군사다. 우리가 전쟁에 나가기 위해서는 다음과 같이 하나님이 요구하시는 준비 사항이 있다.

첫째, 우리 중심에 하나님의 임재가 있어야 한다(고전 3:16-17).
하나님과 동행하지 않으면 그 어떤 전쟁에서도 승리할 수 없다.

둘째, 하나님이 우리를 지켜보고 계시며 인도하심을 신뢰해야 한다(마 28:20).

주님은 우리를 고아처럼 버려 두지 않고 성령님을 보내셔서 우리와 영원히 함께하신다.

셋째, 모든 그리스도인이 성막에서 봉사하는 레위인이다.

우리는 대제사장 되신 예수님을 섬기고 예배드리는 것을 최우선으로 여겨야 한다.

설교 포인트

본문: 민수기 8:1-26
제목: 예배는 영적 전쟁의 핵심이다

영적 전쟁은 사탄이 지배하고 있는 곳에 하나님의 통치와 다스림이 임하게 하는 것이다. 성막은 하나님의 임재의 장소이며 예배의 장소다. 이곳을 운영하는 사람들이 레위인이다. 레위인은 직접 전쟁에는 참여하지 않고 성막을 관리하는 자들이다. 그 이유는 영적 전쟁의 핵심이 예배에 있기 때문이다.

1. 하나님은 이스라엘 백성의 군대에서 레위인을 구별하여 성막에서 봉사하는 일을 하게 하셨다(민 8:14-15).
2. 영적 전쟁의 핵심에는 예배가 있다(대하 20:17-19).
3. 영과 진리로 예배하는 곳에 하나님이 임재하신다. 그곳은 하나님의 통치와 다스림이 있는 하나님의 나라가 된다(요 4:23-24).

3. 두 번째 유월절(9:1-14)

　민수기는 20세 이상 전쟁에 나갈 만한 자에 대한 인구 조사로 시작한다. 하나님은 인구 조사에 레위인은 제외했는데 성막의 관리와 이동을 위해 구별한 것이었다. 이스라엘 행군과 진영 중앙에는 언제나 성막이 있었고, 또 그 중심에는 하나님의 법궤가 있었다. 이것은 이스라엘 백성의 전쟁이 영적 전쟁임을 보여 준다. 하나님과의 관계가 잘 이뤄질 때 영적 전쟁에서 승리하고 관계가 멀어질 때 패배하게 되는 구조다.

　본 단락에서는 하나님이 광야 행군을 바로 앞에 둔 이스라엘 백성에게 유월절 준수를 명령하시는 장면이 나온다. 유월절은 1월 14일 해 질 무렵부터 시작한다. 하지만, 민수기의 시간표는 출애굽 2년 2월 1일에서 시작했다. 반복되는 상황인데, 민수기의 내용은 시간 순서대로 기록한 것이 아니고, 분명한 목적을 가지고 정교하게 편집되었음을 알 수 있다.

　그렇다면 이스라엘 백성의 행군, 즉 영적 전쟁과 유월절은 어떤 연관이 있는 것인가?

1) 유월절 준수 명령(9:1-5)

　성막이 세워진 것은 출애굽 2년 1월 1일이다. 출애굽 후 첫 유월절 준수는 2년 1월 14일 해 질 무렵이다. 그 사이에 제사장을 세우는 위임식이 있었고 1월 8일에 첫 제사도 진행되었다. 순서적으로 따진다면, 유월절 준수 명령은 레위기 9장 이후에 등장하는 것이 어울릴 것이다. 그런데 유월절 준수 명령이 광야 행군을 바로 앞에 둔 상황에서 언급되고 있다.

　하나님은 모세에게 다음과 같이 두 가지의 명령을 내리신다.

첫째, 정한 기일에 지키라는 것이다.

유월절은 이스라엘 백성이 지켜야 할 가장 중요한 절기다. 애굽에서 종살이하던 그들이 하나님의 은혜로 구원을 얻은 날이기 때문이다(출 12:25-27). 그 날짜는 1월 14일 해 질 무렵이다. 이스라엘 백성은 저녁부터 새로운 날이 시작됨으로 15일로 사용하기도 한다.

둘째, 모든 율례와 모든 규례대로 지키라는 것이다.

광야생활이라 할지라도 절대 유월절 절기를 간소화해서는 안 된다는 것이다. 고기를 삶으면 안 되고, 해 뜨기 전에 남기지 말아야 하고, 7일간은 무교절을 지키며 무교병과 쓴 나물을 먹어야 한다.

2) 시체로 말미암아 부정하게 된 자들(9:6-8)

출애굽 후 첫 번째 유월절이 진행되는 정결 기간에 시체로 부정하게 된 자들은 예배에 참여할 수 없다(민 19:11-16). 이들은 유월절에 참여하지 못함에 대해 안타까워하며 모세와 아론을 찾아와 자신의 상황을 설명한다. 이들의 정체는 알 수 없지만 예배에 대한 열심이 특별함은 분명하다. 어떤 사람들은 나답과 아비후가 첫 제사인 1월 8일에 죽었으므로 그들의 가족이라고 보기도 한다. 미드라쉬에서는 '요셉의 해골'을 운반하는 자들이라고 한다(Aggadat Bereshit 61:3).

3) 유월절 특례법(9:9-13)

하나님은 시체로 인해 부정하게 된 자들이나 먼 여행으로 인해 유월절에 참여하지 못한 자들을 위해 2월 14일 해 질 무렵에 유월절을 지킬 수 있도록 허락하신다. 레위기 11-22장은 정결에 관한 규례를 설명한다. 핵심은 정결하지 못한 자는 예배에 참여하지 못한다는 것이다. 다른 절기와는 다르게 유월절은 특별히 한 번 더 지킬 수 있는 기회를 주신다. 이 절기만큼은 모든 사람이 참여하게 하시기 위함이다.

시체로 부정하게 된 자들이나 먼 여행으로 1월의 유월절에 참여하지 못한 사람들은 한 달의 기한을 두고 정결의 기간을 갖거나 일정을 잘 조정하여 반드시 유월절에 참여하도록 했다. 보통 주검으로 부정하게 된 경우는 저녁까지 부정하다(레 11:24-28).

그러나 시체로 인한 경우는 성경에 정확히 정결 기간이 언급되어 있지 않다. 유대 랍비들은 시체로 인해 부정하게 된 자들 외에도 나병(악성 피부병)이나 유출병으로 인해 부정케 된 자 그리고 그들과 접촉한 자들도 2월의 유월절에 참여할 수 있다고 설명한다(Tosefta Pesachim 8:2).

먼 여행으로 1월의 유월절에 참여하지 못한 자들은 2월의 유월절에 참여해야 한다. 광야생활을 하는 이스라엘 백성에게 '여행'이라는 말이 적절하지 않다고 하여 비평주의 학자들은 국제 무역이 발달하기 시작한 솔로몬 이후에 첨가된 것으로 본다.

하지만, 본문에는 유월절에 동참하지 못한 사람들이 찾아와 질문한 것으로 그 배경을 설명하고 있는 것을 보아 비평주의 학자들의 의견은 옳지 않다. 따라서 2월의 유월절 광야생활뿐만 아니라, 가나안 정착 이후까지도 염두한 하나님의 말씀이라고 보는 것이 옳다(Budd).

더불어 하나님은 2월의 유월절이라는 특별한 혜택을 주었음에도 규정대로 진행하지 않거나 고의로 참여하지 않은 경우 백성 중에서 끊어질 것을 선언하신다. 시내산의 언약은 하나님과 이스라엘 백성의 관계성 회복이다(레 26:12). 반대로 인간 최고의 형벌은 하나님과 관계의 단절이다. 유월절 준수는 타국인이나 거류민, 본토인에게 허용되었다. 이들은 여호와를 하나님으로 섬기기로 결단하고 할례를 받은 자들이어야 한다(출 12:48).

영적 전쟁으로 푸는 민수기

하나님은 전쟁을 위해 출정하는 이스라엘 백성이 반드시 유월절을 준수하라고 명령하신다. 출애굽기 12장에는 최초의 유월절을 통해 다음과 같이 그 의미를 명확히 알려 준다.

첫째, "애굽의 신을 내가 심판하리라"(출 12:12).
둘째, "재앙이 너희에게 내려 멸하지 아니하리라"(출 12:13).

유월절은 여호와가 참 신이심이 입증한다. 그 여호와를 자신의 하나님으로 믿는 자들은 하나님이 보호하신다는 의미다. 하나님은 유월절 규례를 통해 이스라엘과의 관계성을 명확히 하셨다. 영적 전쟁의 승리는 바로 하나님과의 관계성을 바탕으로 한다. 영적 전쟁에 부름을 받은 군사들은 유월절의 피를 통과할 때 하나님의 승리와 보호하심을 경험할 수 있다.

구약의 유월절 양은 예수 그리스도의 그림자다(고전 5:7). 참된 그리스도인은 예수와 함께 십자가에 죽은 자다(롬 6:6). 참된 그리스도인은 삶의 현장에서 일어나는 치열한 영적 전쟁을 분별하고 싸우는 군사다(엡 6:12). 이 전쟁의 승리는 어린양의 보혈을 의지할 때 가능하다. 예수님의 피를 바른 자(뿌린 자)는 하나님이 구원하시고 보호하신다(히 11:28; 12:24). 예수님의 피가 없으면 영적 전쟁에서 승리할 수 없다(요일 1:7).

설교 포인트

본문: 민수기 9:1-14
제목: 주의 보혈에 능력 있도다

영적 전쟁에 참여하는 자는 보혈의 능력을 의지해야 한다. 첫 번째 유월절은 어린양의 피의 능력으로 애굽에서 나왔다면, 두 번째 유월절부터는 어린양의 피를 기억하며 일상의 삶에서 승리해야 한다. 그리스도인은 예수 그리스도의 십자가 보혈을 의지하여 하나님께 나아갈 담력을 얻었고 이 땅을 승리할 능력을 얻게 된다.

1. 첫 번째 유월절은 이스라엘을 애굽에서 구원했다. 예수 그리스도의 십자가 사역은 우리를 죄악된 세상에서 구했다(고전 5:7).
2. 예수님의 보혈은 우리를 악한 것들로부터 보호하신다(히 11:28; 12:24).
3. 예수님의 보혈은 세상을 이기는 능력을 준다(요일 1:7).

4. 이스라엘을 인도한 구름(9:15-23)

이스라엘 백성은 행군을 시작하기 위한 최종 점검을 마쳤다. 모세는 군사로 부름 받은 이스라엘 백성이 군대 대장 되신 하나님으로부터 어떻게 인도함을 받았는지 설명해 준다. 군사로 부름 받은 이스라엘 백성은 당연히 군사로 부르신 군대 대장의 명령을 따라야 한다. 그것이 바로 성막을 덮은 구름이었다.

출애굽 때부터 가나안 입성까지 이스라엘 백성의 길을 인도한 것은 하나님의 구름 기둥과 불 기둥이었다(출 13:21-22). 하나님의 인도하심과 함께하심의 표시였다(Allen). 구름 기둥은 이스라엘 백성이 시내산에 도착했을 때 산 위에 있었다(출 19:16). 이 구름이 성막이 세워지자, 그 위로 임하게 된다(출 40:34-35).

이후로 이스라엘 백성은 구름이 떠오를 때 행진을 했고 구름이 성막 위에 머물면 그들도 멈추었다. 이 구름이 기둥의 형태를 하고 있었기에 이스라엘 백성은 "구름 기둥"이라고 불렀고 밤 중에는 구름 안에 불이 비춰 "불 기둥"이라고 불렀다(14:14).

이스라엘 백성이 40년 동안 구름 기둥이나 불 기둥의 인도함을 받았다는 것은 초자연적인 현상이다. 구름은 상징적인 수단으로 본문에서 제일 중요한 것은 '여호와의 명령'이다. 하나님이 이스라엘 백성에게 명령하시는 수단으로 구름을 사용한 것일 뿐 구름에 집중해서는 안 된다.

하나님은 구름이 아니어도 충분히 다양한 방편으로 명령하실 수 있는 분이시다. 거대한 이스라엘 민족을 광야를 지나 가나안 땅까지 인도하는 데 있어 가장 적합한 의사소통의 방편이 구름이었다.

'여호와의 명령'(the commandment of the Lord)은 문자적으로 해석하면 '여호와의 입'(the mouth of the Lord)이다. 9:15-23에는 '여호와의 명령'이 여덟 번 반복된다. 이스라엘 백성이 군대 대장 되신 하나님의 명령에 따라 잘 움직였다는 것을 보여 준다.

이스라엘 백성의 행군은 성막을 덮은 구름에 의해 결정되었다. 모세는 40여 년의 광야생활을 회고하며 구름이 어떻게 인도했는지 간략하게 정리한다. 어느 때는 이틀, 어느 때는 한 달, 어느 때는 일 년이었다. 저녁에 구름이 머물렀다가 다음 날 아침에 다시 떠오르기도 했다. 행군에는 이스라엘 백성이나 모세의 의사가 전혀 반영되지 않았다. 온전히 하나님 명령의 상징인 구름에 의해 결정되었다.

영적 전쟁으로 푸는 민수기

본문은 사실 출애굽기 40:30-38에 이미 언급된 내용이다. 이것을 모세가 광야 행군을 앞에 둔 이스라엘 백성과 연관하여 기록하고 있다. 또한, 영적인 전쟁터로 향하는 성도들에게 매우 중요한 메시지를 전달하고 있다. 즉, '하나님의 인도하심을 받는 삶'이다.

구름은 하나님이 이스라엘 백성과 함께하심의 상징이었다. 예수님께서 제자들을 떠나실 때 하나님이 우리와 함께하심의 증거로 '성령'을 보내주셨다(요 20:22; 행 1:18). 구름은 하나님이 말씀하시는 표시였다.

성령님이 바로 하나님이 우리에게 말씀하시는 것을 생각나고 깨닫게 하시는 지혜의 영이시다(요 14:26). 구름이 이스라엘 백성을 가나안 땅까지 인도했듯이 성령님이 우리를 진리 가운데로 인도하고 장래 일을 알려 주신다(요 16:13).

영적 전쟁터로 나가는 그리스도인은 성령의 인도하심을 받아야 한다. 모세가 광야로 행군하는 이스라엘 백성과 관련하여 마지막으로 유월절 준수와 인도하는 구름에 대해 언급한 것은 명확한 메시지를 담고 있다. 예수 그리스도의 보혈과 성령의 충만이다. 이것이 영적 전쟁터로 나가는 그리스도인에게 가장 중요한 준비 사항이다.

설교 포인트

본문: 민수기 9:15-23
제목: 성령 충만한 그리스도인

모든 그리스도인은 광야와 같은 세상에 살고 있다. 어디로 가야 할지 모르고 무슨 일이 벌어질지 모르는 두려움의 연속이다. 이런 상황에서 사탄은 우리를 하나님과 단절시키기 위해 끊임없이 시험하고 미혹한다. 그렇지만 우리가 두려워하지 않아도 될 것은 성령께서 우리와 함께하시며 우리를 보호하시고 인도하시기 때문이다.

1. 예수님은 우리를 위해 성령 하나님을 보내 주셨다(요 14:16-18).
2. 성령 하나님은 우리를 보호해 주신다(시 121:7; 마 28:20).
3. 성령 하나님은 우리를 인도해 주신다(요 10:3; 롬 8:14).

5. 나팔 신호(10:1-10)

인구 조사를 마친 이스라엘 백성은 행군을 위한 준비를 마쳤다. 출애굽 이후 1년여간 시내 광야에서 생활하던 이스라엘 백성이 약속의 땅으로 드디어 출발한다. 성막에서 구름이 떠오를 때 출정을 알리는 신호가 있었으니, 바로 '나팔'이었다.

1) 은 나팔(10:1-2)

하나님은 모세에게 은 나팔 제작을 명령하신다. 은 나팔은 언제 그리고 누가 만들었는지 알 수 없다. 성막 기구의 제작자로 브살렐과 오홀리압의 이름이 기록된 반면(출 31:2, 6), 은 나팔의 경우는 언급이 전혀 없다. 요세푸스는 모세가 직접 은 나팔을 제작했다고 한다(Josephus 3.12.6). 은 나팔 둘을 만들라는 명령이 이인칭으로 되어 있는 것도 근거가 될 수 있다.

하나님은 나팔의 재료로 은을 지목하신다. 당시 나팔은 숫양이나 다른 짐승의 뿔을 이용하여 만들었다. 하나님은 특별히 이스라엘 백성의 이동을 알리는 나팔은 은을 두들겨 제작하도록 하셨다. 성경에서 은은 금과 함께 불순물이 없고 정결하며 순결한 것의 상징물로 자주 사용된다(시 12:6).

은 나팔의 재원에 대해서도 성경은 언급하고 있지 않다. 요세푸스는 은 나팔에 대해 다음과 같이 설명한다.

> 길이는 1규빗보다 조금 작았다. 피리(flute)보다는 다소 두꺼웠지만, 사람의 입으로 불기에는 충분한 폭을 가진 좁은 관으로 구성되어 있었다. 그것은 일반적인 나팔과 같이 끝부분이 종의 형태였다(Josephus I, 3.12.6).

요세푸스가 설명하는 모양의 나팔은 로마에 있는 디도 황제의 개선문 아치에 새겨진 나팔의 모습과 일치한다. 또한, 이 은 나팔은 '바르 코크바'(Bar Kokhbar, 로마에 대항하여 독립 국가를 선포한 유대인)의 동전에도 새겨져 있다.

은 나팔은 제사장들만 불 수 있었다(8). 은 나팔을 부는 것은 민족 전체가 움직이는 매우 중대한 일이었다. 제사장은 민족의 이동, 전쟁을 향한 진군, 하나님을 향한 예배 등에 나팔을 불어야 한다. 제사장의 나팔에 민족의 방향성이 결정된다.

2) 나팔 신호의 종류(10:3-10)

은 나팔은 다음과 같이 세 가지 목적으로 활용된다.

첫째, 회중을 회막 앞으로 모을 때(3-4)
둘째, 행군을 알릴 때(5-6)
셋째, 희락의 날과 절기 때(10)

(1) 회중을 모으는 신호

은 나팔은 회중을 모을 때 사용한다. 이 회중은 두 종류로 구분된다. 두 개의 나팔을 불면 온 회중이 회막 문 앞으로 모이고, 한 개를 불면 이스라엘 백성의 천부장 지휘관이 모인다. 회중을 모을 때의 나팔 소리는 이스라엘 백성의 이동을 알리는 나팔 소리에 비해 크지 않게 불어 구분하게 하신다(7).

(2) 행군을 알리는 신호

은 나팔 소리를 크게 불 때는 이스라엘 백성이 행군을 시작한다. 처음 큰 나팔 소리는 동쪽 진영에 있는 유다, 잇사갈, 스블론 지파가 움직인다. 두 번째 큰 나팔 소리가 나면 남쪽 진영에 있는 르우벤, 시므온, 갓 지파가 움직인다. 그 사이에는 게르손 자손과 므라리 자손이 성막의 외형들을 메고 이동한다. 본문에는 언급되어 있지 않지만, 요세푸스는 세 번째 나팔을 불면 서쪽 진영이, 네 번째 나팔을 불면 북쪽 진영이 이동했다고 한다(Josephus I, 3.12.6).

나팔을 크게 부는 방법에 대해 미드라쉬는 '테루아'(*teruah*)라는 말로 설명한다. '테루아'는 트레몰로(tremolo) 형식으로 세 번 연속 빠르게 부는 강력한 '폭발음'(blast)이다(Sifrei Bamidbar 73:2). 그래서 KJV, ESV, NRSV는 '경보를 불다'(blow an alarm)로, NIV는 '폭발음을 내다'(a trumpet blast)로 각각 의역한다.

이스라엘 백성의 행군과 관련하여 '대적을 치러 나갈 때'에도 나팔을 크게 불라고 명하신다(9). 하나님께서 이 나팔 소리를 듣고 이스라엘을 기억하고 그 대적에서 구원하신다고 약속하신다. 이 나팔 소리는 이스라엘 백성의 진군을 알림과 동시에 하나님이 이 전쟁의 군대 대장 되심을 알린다.

(3) 희락의 날, 정한 절기, 초하루를 알리는 신호

하나님은 은 나팔을 희락의 날과 정한 절기, 초하루 번제와 화목제 드릴 때 불라고 하신다. 이 나팔 소리를 들으면 하나님은 이스라엘 백성의 여호와 하나님이라는 사실을 기억하시겠다고 하신다.

희락의 날은 특정한 절기가 아니고 이스라엘 전체가 기뻐하고 즐거워할 만한 날을 의미한다. 예를 들어, 다윗이 법궤를 옮긴 일(대상 15:24; 16:6), 솔로몬이 성전을 봉헌한 일(대하 5:12), 이스라엘에 성전을 재건한 일(스 3:10; 느 12:35, 41), 페르시아에서 유다 민족이 목숨을 건진 부림절(에 9:17-19)과 같은 민족적 축제와 전쟁 승리의 날을 의미한다(K&D).

정한 절기는 레위기 23장에 기록된 이스라엘 백성의 절기들을 말한다. 특별히 나팔절은 나팔을 불어 새해가 되었음을 알린다. 매달 1일 초하루에 부는 나팔은 하나님과 함께 시작하는 새로운 한 달을 알린다.

|||||||||||||||||||||||||| **영적 전쟁으로 푸는 민수기** ||||||||||||||||||||||||||

성막에서 구름이 떠오르면 제사장은 은 나팔을 불어 출발을 알린다. 모세가 은 나팔에 관한 이야기를 이 부분에 위치시킨 것은 나팔이 이스라엘 백성의 행군에 중요한 역할을 했기 때문이다. 나팔은 전쟁을 향해 행군을 명령하는 신호다.

이 나팔 소리가 울릴 때 우리의 전쟁이 하나님의 전쟁이 된다(대하 13:12). 나팔 소리는 하나님을 깨우는 성도의 기도 소리다(시 3:7). 우리가 기도할 때 하나님이 일하심을 우리는 잘 알고 있다. 기도는 하나님이 우리의 삶에 구체적으로 개입하시는 통로가 되며 영적 전쟁을 승리로 이끄는 무기가 된다.

은 나팔은 다음과 같이 중요한 세 가지 역할을 한다.

첫째, 회중을 모으는 것
둘째, 전쟁을 향해 행군을 명령하는 것
셋째, 승리의 축제 날을 알리는 것

모든 그리스도인은 전쟁에 부름 받은 군사다. 우리 역시 하나님의 나팔 소리에 의해 움직인다. 마지막 때에 큰 나팔 소리와 함께 주님의 택한 백성이 다 주님 앞으로 모이게 된다(마 24:31). 나팔 소리와 함께 죽음을 이기고 성도들이 일어난다(고전 15:51-52). 또한, 나팔 소리와 함께 성도들은 구름 속으로 들려 영원히 주님과 함께 천국 잔치를 누리게 된다(살전 4:16-18).

설교 포인트

본문: 민수기 10:1-10
제목: 승리를 선포하시는 하나님

전쟁에서는 사기가 매우 중요하다. 고대 전쟁은 장수들끼리 먼저 싸움을 하고 전면전에 돌입한다. 이때 어느 장수가 이겼느냐에 의해 전쟁의 승패가 결정된다. 이스라엘 백성은 하나님의 나팔 소리와 함께 전쟁에 참여했는데 이 나팔 소리는 승리의 약속을 담고 있다.

1. 우리의 대장 예수님은 이미 세상을 이기셨다(요 16:33).
2. 우리의 전쟁은 승리로 결정되어 있다(살전 4:16-18).
3. 우리는 담대함으로 영적 전쟁에 참여해야 한다(딤후 1:7).

6. 시내광야에서 출발(10:11-28)

성막을 덮은 구름이 떠오르고 제사장들은 은 나팔을 크게 분다. 1년여 머물던 시내광야를 떠나 젖과 꿀이 흐르는 가나안 땅으로 향한다. 이들의 여정은 결코 즐거운 소풍이 아니다. 하나님은 이들을 군사로 부르셨기에 전투를 위한 출정이었다. 이스라엘 백성 행군의 중앙에는 고핫 자손이 들고 가는 '법궤'가 있다. 이는 마치 군대 장관을 중앙이 위치하고 적진을 향해 나아가는 군대의 모습이다.

1) 첫 번째 출발(10:11)

성막 완성 이후 이스라엘 백성의 첫 번째 출발은 출애굽 2년 2월 20일이었다. 출애굽부터 첫 번째 출발까지의 여정을 정리해 보자.

- 1년 1월 15일　　　　유월절, 출애굽(출 12:6, 31)
- 1년 2월 15일　　　　신광야 도착(출 16:1)
- 1년 3월 1일 또는 15일　시내산 도착(출 19:1)
- 2년 1월 1일　　　　성막 건축(출 40:2), 제사장 위임식(출 40:12-13)
- 2년 1월 8일　　　　아론의 첫 제사(레 9:1)
- 2년 1월 15일　　　　두 번째 유월절(민 9:1)
- 2년 2월 1일　　　　첫 번째 인구 조사(민 1:1)
- 2년 2월 15일　　　　2월의 유월절(민 9:11)
- 2년 2월 20일　　　　시내광야에서 출발(민 10:1)

시내산에 도착한 후 11개월 만에 출발하는 감격적인 순간이다. 출애굽 당시에는 어수선하고 당황했다면 이제 진정 약속의 땅 가나안으로의 행진이다. 출애굽 다음으로 가슴 벅찬 순간이라 하겠다.

시내광야에서의 11개월의 시간은 이스라엘 백성에게 군사 교육을 받는 훈련소와 같다. 11개월의 내용은 출애굽기 19장에서 레위기 전체를 걸쳐 민수기 10장에 이른다. 모세오경 중에 3분의 1에 해당한다. 성막 건축, 율법 제정, 행정 조직 개편, 제사 제도와 제사장 위임 등 오합지졸 이스라엘 백성이 군대의 모습으로 거듭나는 시간이었다.

2) 시내광야에서 바란광야로(10:12-13)

시내광야에서 출발한 이스라엘 백성의 도착지는 바란광야였다. 바란광야(Wilderness of Paran)은 시내반도의 북부, '가데스 바네아'가 있는 곳이다(13:26). 가데스 바네아는 12명의 정탐꾼을 보낸 곳으로 가나안 땅으로 들어가는 입구이다.

바란광야는 이스라엘 백성의 두 번째 도착 지점이 아니라 종착지다. 민수기 33장에는 이스라엘 백성의 광야 여정을 정리해 주는데, 시내광야 다음 진을 친 곳이 '기브롯핫다아와'이고(33:16) 그 다음이 '하세롯'이다(33:17). 여기서 알 수 있는 것은 하나님은 바란광야에 도착해서 가데스 바네아를 지나 가나안 땅으로 들어갈 계획이셨던 것이다.

하지만, 이스라엘 백성의 두려움과 불순종이 40년의 광야생활을 자초하게 했다(14:33). 바란광야는 이스라엘 백성이 40년간 유랑한 곳으로 모세는 이런 까닭에 '크고 두려운 광야'(신 1:19; 2:7; 8:15)라 부른다.

3) 행군 시작(10:14-28)

나팔 소리와 함께 이스라엘 백성의 행군이 시작된다. 민수기 2장에서는 레위 지파의 게르손, 므라리, 고핫의 위치에 대해 특별한 구분이 없었는데, 본 구절에서는 므라리 자손과 게르손 자손이 성막을 메고 1진과 2진 사이에 위치했다고 설명한다. 이것은 법궤를 비롯한 성물을 메고 오는 고핫 자손이 도착하기 전에 미리 성막이 설치되어야 하기 때문이다(21).

이스라엘 백성의 행군 중심에는 하나님의 임재의 증거인 '법궤'(증거궤)가 있다. 고대 군대 행렬 중앙에 왕이나 군대 장관이 높은 가마를 타고 이동하는 장면이 연상된다.

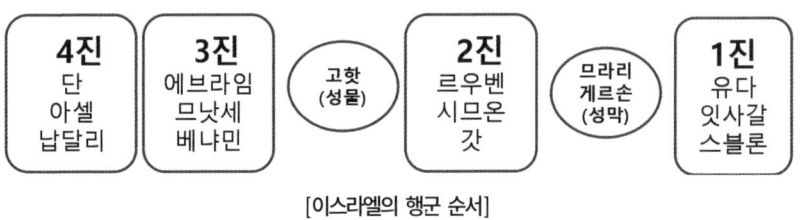

[이스라엘의 행군 순서]

4) 이스라엘 백성의 눈이 되어 준 호밥(10:29-36)

모세는 이스라엘 백성의 첫 번째 출발과 더불어 '호밥'을 등장시킨다. 모세는 광야 행군에 있어서 미디안 출신의 '호밥'의 도움을 많이 받았다고 말한다. '호밥'은 본문에서 처음 등장하는데 모세의 장인 르우엘의 아들로 소개된다(출 2:18). 즉, 모세의 처남인 것이다. 그런데 사사기 4:11에서는 호밥이 모세의 장인으로 기록되어 있다. 반면 출애굽기에서는 모세의 장인이 '이드로'로 소개된다(출 3:1; 18:1). 르우엘, 이드로, 호밥. 세 이름을 어떻게 이해해야 할지 큰 어려움을 겪고 있다.

(1) 호밥은 누구인가?

'호밥' 이름의 의미와 관계 속에서 다음과 같이 호밥이 누구인지 유추해 볼 수 있다.

첫째, 르우엘과 이드로는 동일인으로 '호밥'은 모세의 처남으로 보는 견해다(K&D, Allen, Cole). 르우엘은 '하나님의 벗'이란 뜻이고, 이드로는 장관이라는 뜻이다. 이것에서 볼 수 있는 것은 르우엘은 사람의 이름이지만, 이드로는 직위를 나타내는 명칭으로 봐야 한다.

'호밥'은 '사랑하는 자'라는 뜻으로 르우엘의 아들, 즉 모세의 처남으로 보는 것이다. 그런데 사사기 4:11에 '호밥'을 모세의 장인으로 표현한 부분이 문제가 된다. 장인으로 번역된 히브리어 '하탄'(ḥātan)은 사위로도 번역될 수 있다(창 19:12, 14; 삿 15:6; 19:5). '하탄'은 획일적으로 장인을 의미하는 것이 아니고, 결혼에 의해 맺어진 관계를 지칭하는 용어다. 이렇게 볼 때, 호밥은 모세가 십보라와 결혼함으로 맺어진 인척 관계라는 결론을 얻게 된다.

둘째, 이드로와 '호밥'은 동일인이고 르우엘은 그의 아버지로 보는 견해다(유대 랍비들). 모세가 십보라와 결혼할 때 장인이 르우엘이었는데(출 2:18), 40년의 세월을 지내며 르우엘은 사망하고, 모세가 80세가 되었을 때 언급된 이드로는 르우엘의 아들로 보는 것이다(출 3:1). 그 이드로의 다른 이름이 '호밥'이라는 주장이다.

셋째, 르우엘은 조부, 이드로는 장인, 호밥은 처남으로 보는 견해다. 이것은 첫째와 둘째를 종합한 의견으로 르우엘은 이드로의 아버지이고, 이드로는 모세의 장인으로 보는 것이다. 이것은 이드로와 '호밥'을 동일인으로 볼 수 없는 것이 핵심이다. 왜냐하면, 출애굽기 18장에서 모세를 만난 이드로가 다시 미디안으로 돌아가는 장면이 있기 때문이다(출 18:27).

결론적으로, 이드로와 '호밥'은 동일인이 아니다. 이드로는 장인이고 '호밥'은 처남이다(NIV). 사사기에서 '호밥'을 모세의 장인으로 칭한 것은 히브리어 하탄을 결혼으로 맺어진 친족관계로 해석하면 무리가 없을 것이다.

(2) 우리와 동행하자

종합적으로 볼 때 호밥은 모세의 처남이다. 모세는 시내광야에서 출발할 때 호밥을 함께 데려가려고 한다. 이것은 모세의 개인적인 관계성 때문이 아니라, 광야를 잘 알고 있는 호밥의 도움이 필요했기 때문이다.

모세의 요청에 호밥은 "내 고향 내 친족에게로 가리라"고 대답한다. 그러자 모세는 "우리의 눈이 되어 달라"는 부탁을 한다. 모세가 호밥에게 눈이 되어 달라는 것은 단순히 광야에서 길잡이가 되어 달라는 의미만은 아니다. 이드로가 행정 조직에 대한 지혜를 준 것처럼 호밥이 가지고 있는 지혜가 필요했던 것이다(Olson).

더불어 "여호와께서 우리에게 복을 내리시는 대로 우리도 당신에게 행하리이다"라고 약속한다. 이 말은 호밥에게 이스라엘 백성과 동일한 지위를 주겠다는 것이다. 이스라엘 백성으로서 하나님의 자녀가 되고 가나안 땅도 기업으로 받게 된다는 것이다(Allen).

본문에는 호밥이 모세의 청을 들어줬는지 언급되어 있지 않다. 하지만, 대부분의 학자는 호밥이 이스라엘과 동행했다고 판단한다. 그 이유는 사사기 4:11에 '호밥의 자손 중 겐 사람 헤벨'이 등장하기 때문이다.

(3) 호밥이 기록된 이유

성경에는 이방인 출신 중에 구속사에 편입된 인물들을 자세히 설명하는 곳이 여러 군데 있다. 대표적으로 유다의 며느리 다말은 가나안 여인이지만 구속사에 들어오게 된다(창 38:12-30; 마 1:3). 여리고성에 살던 기생 라합도 구속사에 기록된다(수 6:24; 마 1:5).

또한, 룻기의 주인공 모압 여인 룻은 다윗의 조상이 되고 구속사에 참여하게 된다(룻 4:13-22; 마 1:5) 호밥 역시 미디안 출신의 겐 사람인데, 호밥의 결단으로 말미암아 그의 후손들이 이스라엘 백성이 되고 구속의 역사에 동참하게 됨을 기록하고 있는 것이다.

호밥의 자손 겐 사람 헤벨은 가나안 정복 이후 사사 시대 때 두각을 나타냈으며 게데스 근처에 거주하며 이스라엘공동체의 일원으로 살아가게 된다(삿 4:11). 유다 지파에서 유력한 서기관 종족이 있었는데, 디랏 종족, 시므앗 종족, 수갓 종족이었다. 이들은 모두 겐 종족 출신의 레갑 가문이었다(대상 2:55).

이스라엘 백성이 남과 북으로 나뉘었을 때 겐 사람의 후손인 레갑 자손이 북이스라엘에서 다시 등장한다. 아합으로 인해 우상 숭배가 가득했던 북이스라엘을 개혁하기 위해 예후가 반란을 일으키는데, 이때 레갑 자손 여호나답(요나답)과 힘을 합해 개혁을 성공시킨다(왕상 10:15-24).

안타깝게도 북이스라엘의 개혁에 앞장섰던 예후는 우상 숭배의 길로 가게 되었고 이것에 실망한 여호나답과 레갑 자손들은 스스로 포도주를 금하고, 집을 짓지 않고, 파종도 하지 않고, 포도원도 소유하지 않고 평생 장막에 살면서 하나님의 나라가 회복되길 갈망하며 살아간다(렘 35:5-7). 모세가 호밥에게 "우리의 눈이 되리이다"라는 선포는 실제가 되었다. 호밥의 후손인 레갑 자손은 이스라엘 패망 이후에 하나님의 나라를 꿈꾸며 살아가는 신앙인의 모범이 된 것이다(렘 35:18-19).

5) 언약궤 중심의 행군(10:33-36)

모세는 이스라엘 백성의 행군과 관련하여 또 하나의 정보를 제공해 주는데, '여호와의 언약궤'와 관련된 것이다. 이스라엘 행군의 중심에는 하나님의 법궤가 있었다. 이 법궤는 하나님의 보좌(Mercy Seat)를 의미한다. 보좌에 앉으신 하나님은 이스라엘 백성의 군대 장관이다. 즉, 이스라엘 백성은 군대 장관이신 하나님의 명령대로 움직인 것이다.

모세는 첫 번째 여정이 삼 일 길이었다고 기록하고 있다. 시내광야를 떠나 '기브롯 핫다아와'에 도착하기까지가 삼 일 길이었다는 것이다. 삼

일 길이 밤낮 없이 삼 일 동안 이동했다는 시간적 개념이 아니라, 거리의 개념이다. 고대 근동에서는 보통 하룻길을 15마일(24km)로 계산을 했다(Cole). 따라서 '삼 일 길'은 약 35-45마일(약 70km) 정도였다는 의미다.

첫 여정 중에 모세가 발견한 것이 있었는데, 여호와의 언약궤를 앞세워 행군할 때 놀랍게도 하나님은 구름을 통해 이스라엘 백성이 쉴만한 가장 적절한 곳으로 인도하셨다. 모세는 '궤가 떠날 때'와 '궤가 쉴 때'라는 말로 궤를 의인화하고 있다. 이것은 군대 장관 되시는 하나님이 함께하심을 의미한다.

모세는 궤가 떠날 때 "여호와여 일어나사 주의 대적들을 흩으시고 주를 미워하는 자가 주 앞에서 도망하게 하소서"라고, 궤가 멈출 때는 "여호와여 이스라엘 종족들에게로 돌아오소서"라고 선포했다. 이것은 전쟁에 나가는 왕이나 군대 장관이 행차할 때, 전쟁에서 돌아올 때 신하들과 백성이 외치는 소리를 연상케 한다. 즉, 이스라엘 백성은 하나님을 왕으로 모신 군대였다.

∥∥∥∥∥∥∥∥∥∥∥∥∥∥∥ 영적 전쟁으로 푸는 민수기 ∥∥∥∥∥∥∥∥∥∥∥∥∥∥∥

영토 전쟁은 땅의 통치자를 바꾸는 것이다. 영적 전쟁 역시 이 영역에 통치자가 누구인지 선포하는 것이다. 사탄에게 빼앗긴 각 영역의 통치권을 하나님께 다시 돌려드리는 것이다. 이 전쟁의 주관자는 하나님이시다. 우리는 그 전쟁에 부름 받은 군사다. 우리 앞에는 군대 대장되신 주님께서 앞서 싸우신다. 우리는 그 주님의 명령을 좇아 따라가는 것이다.

한 영역의 주인이 하나님이심을 알리는 가장 강력한 선포는 '예배'다. 예배는 하나님이 온 세상의 왕이심을 선포하는 영적 전쟁이다. 사탄에게 빼앗긴 가정 안에 예배를 통해 진정한 통치자가 하나님이심을 선포해야 한다. 무너진 교회에 예배를 회복함으로, 황무한 직장에 예배를 세움으로,

차가워진 캠퍼스에 다시 예배함으로 우리의 대장되신 주님의 이름을 불러야 한다.

"여호와여 일어나사 주의 대적들을 흩으시고 주님이 이 땅에 주인 되심을 보이소서."

설교 포인트

본문: 민수기 10:11-36
제목: 이스라엘 백성의 행군은 영적 전쟁이었다

성경이 이야기하는 영적 전쟁은 하나님의 통치가 없는 곳에 하나님의 통치가 임하게 하는 것이다. 이 세상은 사탄에 의해 지배당하고 있다. 그리스도인의 예배공동체가 있는 곳에 하나님이 임재하신다. 그곳에 하나님의 통치가 시작된다.

1. 모세는 성막이 움직일 때 '여호와여 일어나소서'라고 외쳤다(민 10:35).
2. 모세는 여호와께서 일어나셔서 대적들을 흩으시길 외쳤다(출 14:14).
3. 모세는 성막이 멈출 때 하나님의 보호하심을 간구했다(민 10:36).

제2부

영적 전쟁 현장: 광야(11:1-25:18)

제1장 기본적 영적 전쟁(11:1-14:45)

제2장 영적 전쟁의 기본기(15:1-41)

제3장 진보된 영적 전쟁(16:1-21:35)

제4장 영적 전쟁의 승리(21:1-25:18)

* * *

　출애굽 2년 2월 1일에 인구 조사가 시작된다. 20세 이상 전쟁에 나갈 만한 자를 계수했는데 이것은 이스라엘 백성이 군사공동체임을 보여 준다. 이때 레위인은 제외된다. 레위인은 성막의 이동과 관리하는 일을 맡기 때문이었다. 이스라엘 진영과 행군 중심에는 언제나 성막이 있었다. 이것은 이스라엘 백성이 예배공동체라는 것을 보여 주는 증거다.
　이스라엘 백성의 전쟁과 예배는 긴밀한 관계를 갖고 있다. 예배를 통해 하나님과 친밀한 만남이 이뤄질 때 이스라엘 백성은 승리하지만, 반대의 경우는 패배한다. 이것은 이스라엘 백성의 전쟁이 영적 전쟁이기 때문이다.
　하나님은 시내산에서 11개월 동안 지내며 오합지졸의 이스라엘을 하나님의 군대로 준비하셨다. 이제 하나님의 명령을 따라 모든 준비를 마쳤다. 나팔 소리는 크게 울렸고 약속의 땅 가나안을 정복하기 위해 행군을 시작한다.
　그들을 기다리는 전쟁은 어떤 것일까?
　2부에서는 이스라엘 백성이 치른 영적 전쟁의 현장을 생생하게 보여 준다.

제1장

기본적 영적 전쟁(11:1-14:45)

하나님의 군사로 부름 받은 이스라엘 백성이 나팔 소리와 함께 가나안 땅 정복을 위해 출정했다.

그들을 기다리던 전쟁은 무엇이었을까?

민수기는 오늘날 그리스도인, 아니 모든 역사 속에 하나님의 사람들이 만나게 되는 영적 전쟁을 보여 준다.

사탄은 이스라엘공동체를 흔들고 파괴하여 하나님 나라가 이뤄지지 못하게 하는 목적을 가지고 있다. 이를 위해 엄청난 전쟁을 요하지 않는다. 그리스도인의 영적 전쟁은 아주 사소하지만, 우리를 송두리째 흔드는 마음 안에서 시작된다. 출애굽 1세대가 만난 영적 전쟁은 모든 그리스도인이 기본적으로 겪게 되는 것이기에 '기본적 영적 전쟁'(the basic spiritual warfare)이라고 칭하고자 한다.

1. 불평과 불만(11:1-35)

출애굽 2년 2월 20일 나팔 소리와 함께 이스라엘 백성의 행군이 시작되었다. 시내광야를 출발한 이스라엘 백성은 바란광야로 향하게 된다. 군사공동체인 이스라엘 백성이 처음으로 만난 전쟁은 거대한 적들이 아닌 '불평과 불만'이었다.

1) 불평의 시작(11:1-3)

시내광야를 출발하여 가나안 땅으로 향하는 이스라엘 백성이 처음으로 만난 영적 전쟁은 '불평과 불만'이었다. 다베라에서 백성들이 악한 말로 원망(불평)한 것이다. 다베라는 '불타는 장소'라는 뜻인데, 민수기 33장에서 모세가 정리한 광야의 여정 중에는 언급이 없다. 그래서 이곳이 정확히 어디인지 그리고 언제 이 일이 발생했는지 알 수 없다. 하지만, 모세가 이 사건을 행군의 첫 사건으로 기록한 데에는 분명한 메시지를 담고 있다.

백성들이 어떤 이유로 원망했는지 기록하고 있지 않다.

11개월 동안 시내산에 머물다가 다시 광야 길을 걷는다는 것이 얼마나 불편했겠는가?

충분히 예상되는 불평이 육체적 힘듦, 목마름, 배고픔 등이다. 4절을 보면 "다시 울며 이르되"라는 말로 불평이 반복되었음을 보여 준다. 즉, 다베라에서의 원망 내용은 일 년 동안 먹은 '만나'로 추측된다.

백성들이 불평하자 하나님은 불을 내려 진 끝부분을 태우셨다. 이 불의 실체는 정확하지 않지만, 광야에서 일반적으로 일어날 수 있는 낙뢰나 태양열로 인한 발화로 보인다.

불이 나자 백성들은 모세에게 보고했고 모세가 기도하자 불이 꺼졌다. 모세가 기도했다는 것은 단순한 화재나 인간의 힘으로는 해결할 수 있는 상황이 아님을 보여 준다. 분명히 여러 장막이 불탔을 것이고 인명 피해도 있었을 것이다(Merrill). 불이 어떻게 진화되었는지도 기록하고 있지 않다.

하나님은 피해를 최소화할 수 있는 방편으로 진영 끝을 선택하셨고 모세가 기도하자, 불이 바로 꺼졌다. 본문은 불이 어떻게 발생하고 진화되었는지에 초점을 맞추고 있지 않다. 불평과 불만이 이스라엘을 불태운 원인임을 보여 준다.

공동체를 흔들고 하나님 나라를 파괴하는 불평불만의 내용은 사실 대단한 것들이 아닌 매우 사소하고 부수적인 것들이다. 하나님의 심판이 진영 끝을 사른 것이나 뒤에 이어지는 만나에 대한 불평이 이스라엘 중에 섞여 사는 '다른 인종들'로부터 시작되었음을 통해 알 수 있다.

2) 불평의 폭발(11:4-9)

다베라에서의 불의 심판을 경험한 지 얼마 되지 않아 이스라엘 백성은 "이 만나 외에는 아무것도 없도다"라고 또다시 불평한다. 만나에 대한 불평은 이스라엘 백성의 주변에 해당하는 '다른 인종들의 탐욕'으로부터 시작되었다. 이들은 출애굽 당시 이스라엘과 함께 나온 족속이었다(출 12:38). 이들의 불평은 곧 이스라엘 자손에게 전염되었고 울며 소리친다.

"누가 우리에게 고기를 주어 먹게 하랴!"

출애굽 1년 2월 15일에 신광야에서 이스라엘 백성은 양식이 없다고 애굽을 그리워하며 모세와 아론에게 불평했다. 이때 하나님이 '만나'를 내려 주셨다(출 16:31). 만나는 깟씨 모양에 희고 맛은 꿀 섞은 과자 같았다. 아침마다 내려 뜨거운 햇볕을 받으면 녹았고, 다음 날에는 벌레가 생겨 먹을 수 없게 되었다(출 16:20-21). 만나는 40년 광야생활 내내 변함없이 내렸고 가나안 입성 후 멈췄다(수 5:12).

만나는 이스라엘 백성이 광야에서 먹을 수 있는 유일한 양식이었다. 이 것은 하나님의 은혜와 공급하심의 종합체라고 하겠다. 메마른 광야에서 만나를 얻는 것은 엄청난 축복임에도 이스라엘 백성의 불평이 확장된 이유는 '비교'에 있었다. 그들은 애굽에서 종살이와 광야생활을 비교하며 생선, 오이, 참외, 부추, 파, 마늘 등을 그리워했다.

3) 불평의 전염(11:10-15)

만나로 촉발된 광야생활에 대한 불평불만은 이스라엘 온 종족에게 확산되었고 각기 자기 장막 문에서 울고 있었다. 이 상황은 하나님을 매우 화나게 했다. 모세 역시 불쾌하고 괴로워서 하나님께 불평을 쏟아낸다.

"어찌하여 주께서 종을 괴롭게 하시나이까?

나 혼자는 이 모든 백성을 감당할 수 없나이다. 나를 죽여 주옵소서."

모세는 이스라엘 백성을 "젖 먹는 아이"로 표현하고 자신을 "양육하는 아버지"로 묘사하며 이스라엘을 돌보는 책임자로서 혼자 감당하기에는 너무 힘들다고 불평한다.

모세라고 왜 힘들지 않겠는가?

왜 불평이 없겠는가?

불평은 엄청난 전염성을 가지고 있다. 이스라엘 중에 섞여 살던 다른 인종들, 즉 변두리에서 시작된 불평은 이스라엘 자손들에게 그리고 온 종족들로 전염되어 모세가 감당할 수 없는 상황이 되어버린 것이다.

하지만, 백성들의 불평과 모세의 불평에는 차이가 있다. 백성들은 서로 불평하고 감정을 폭발시킨 반면, 모세는 불평과 불만의 내용을 가지고 하나님께 나아와 물었다(11). 사람들끼리 불평을 하면 허물이 되지만, 하나님께 불평을 이야기하면 기도가 된다는 사실을 기억할 필요가 있다(약 5:13).

4) 70인 장로를 세움(11:16-30)

모세의 불평은 참 보기 드문 일이었다. 모세가 하나님께 이야기한 불평의 내용은 두 가지다.

첫째, 불평하는 백성들에 대한 괴로움(12)
둘째, 혼자서 백성들을 감당하는 것에 대한 부담(14)

모세의 첫 번째 불평에 하나님의 응답은 70인의 장로를 세우는 것이었다. 70인 장로의 행정 조직을 통해 백성들의 불평불만을 수렴하여 개선하기 위함이었다.

사람들이 모이면 자연스럽게 불평불만이 나오게 되어 있다. 다양한 사람이 모이기 때문이다. 이 불만이 쌓이면 공동체는 와해된다. 이를 위해 조직은 반드시 필요하다. 조직의 가장 중요한 목적은 공동체 안에 발생하는 불평과 불만을 잘 수렴하여 해결하는 것이다.

(1) 70인 장로 선정

70명의 장로는 노인(연장자) 중에서 지도자가 될 만한 자를 선택하도록 하신다. 지도자(쇼테르, šāṭar)로 번역된 단어는 백성들을 관리할 수 있는 행정적 능력을 갖춘자를 뜻한다.

장로에 대한 언급은 출애굽기 4:29에 처음 등장한다. 이미 애굽에서 지파별로 연장자들이 대표성을 가지고 있었던 것으로 보인다. 70인의 장로들은 이스라엘 백성이 시내산에서 하나님과 언약을 맺을 때 백성의 대표로 하나님 앞에 서기도 했다(출 24:1).

그런데 하나님은 왜 다시 70인의 장로를 선출하게 하신 것일까?

출애굽기 18장에서 모세의 장인 이드로에 의해 행정 조직(천부장, 백부장, 오십부장, 십부장)이 세워졌다(출 18:25). 또한, 민수기에 들어와서 행군을 위한 군대 조직으로 각 지파별로 지도자가 선정되었다(민 1:1-5). 이런 상황에서 애굽에서부터 존재했던 장로들의 영향력은 점점 약화되었을 것이며 유명무실한 상태로 전락했을 가능성이 높다.

이로 인해 하나님은 모세의 업무를 함께 해결해 나갈 실제적 동역자로서의 70인 장로를 새롭게 뽑으라는 것으로 보인다(Allen). 미드라쉬는 이전 70인 장로가 다베라에서 여호와의 불이 진영 끝을 사를 때 죽임을 당했다고 설명한다(Bamidbar Rabbah 15:24).

모세가 선택한 70인의 장로가 성막 앞에 모였다. 이때 하나님의 영이 장로들에게 임했고 그들은 예언하기 시작했다. 이 예언은 일시적이었으나 백성들 앞에서 하나님이 70인의 장로들을 인정하여 세웠다는 표증이 되었다(Noordtzij).

(2) 엘닷과 메닷

70인 장로가 하나님의 영으로 예언할 때 회막에 모이지 않고 진영 안에 머물러 있던 엘닷과 메닷이 예언하는 놀라운 일이 벌어졌다. 성경은 엘닷(하나님께서 사랑하셨다)과 메닷(사랑하는)이 왜 성막에 오지 않고 진영에 머물러 있었는지 설명하지 않는다. 질병이나 개인적 사정 때문이었을 수도 있다.

이 부분에 대해 미드라쉬는 재미있는 설명을 해 준다. 하나님께 70명의 장로를 선출하라는 명령을 받은 모세는 어떻게 70명의 숫자를 맞춰야 할지 묻는다. 지파별로 5명씩 뽑으면 60명이고, 7명씩 뽑으면 72명이 된다. 이때 모세는 70개의 제비에 '장로'라고 기록하여 2명을 제외했다고 한다. 그 제외된 사람이 엘닷과 메닷이라는 것이다(Bamidbar Rabbah 15:19).

엘닷과 메닷이 진중에서 예언한다는 보고를 들은 여호수아는 모세에게 그들을 말려달라고 요청한다. 이때 모세는 "여호와께서 그의 영을 그의 모든 백성에게 주사 다 선지자가 되게 하시기를 원한다"라고 하며 허용한다. 모세는 여호수아의 마음에 '시기'가 있다고 평가한다.

(3) 다 선지자 되게 하시기를 원하노라

모세는 진중에서 예언하는 엘닷과 메닷을 존중해 주었다. 왜냐하면, 이것은 하나님이 하신 일이기 때문이다. 또한, 모세의 마음에는 모든 백성들이 하나님의 영이 임하여 선지자가 되길 소망하고 있다.

이 구절에서 중요한 것은 엘닷과 메닷이 누구이며 어떻게 하나님의 영을 받았는지에 있지 않다. 엘닷과 메닷이 아닌 그 누구라도 하나님의 영이 임하실 수 있고 하나님의 영이 임하시면 예언하는 선지자가 될 수 있다는 것이 중요하다.

본문은 성령의 은혜가 성막에만 국한된 것이 아님을 보여 준다. 성령은 일정한 지도자의 범위에 들지 않더라도 누구에게나 역사하실 수 있다. 또한, 하나님의 영이 임하는 자라면 그 누구라도 선지자가 될 수 있음을 보여 준다(Noordtzij).

성령이 행하시는 가장 위대한 사역은 어떤 상황을 인간의 눈이 아닌 하나님의 관점을 바라보고 해석할 수 있게 한다는 것이다. 성령으로 충만한 자는 불평불만의 상황에서도 하나님이 하실 일을 믿음의 눈으로 바라보며 선포하게 된다. 모세의 이러한 소망은 예수님의 승천 이후 성령 강림으로 남자, 여자, 자녀, 젊은이, 늙은이 모든 육체가 성령으로 충만해져서 예언하며 환상을 보고 꿈을 꾸게 되었다(행 2:17-18).

5) 메추라기 이적(11:31-35)

만나에 대해 불평과 애굽에 대한 그리움으로 하나님을 원망하는 이스라엘 백성을 위해 하나님은 70인의 장로를 세워 문제 해결을 위한 조직을 정비했다. 또 하나의 문제 해결 방법은 실제적인 백성들의 요구를 해결해 주는 것이다. 그것이 '메추라기'였다.

하나님은 바람을 일으켜 메추라기를 몰고 오셨는데, 이 '바람'(루아흐, *rûaḥ*)과 70인 장로가 예언한 '하나님의 영'(루아흐, *rûaḥ*)은 같은 단어다. 이것은 하나님의 초자연적인 역사를 보여 준다(Olson).

(1) 메추라기

본문에 언급된 메추라기는 꿩과의 큰 메추라기로 길이가 20센티미터 정도 된다. 아프리카 내지에 사는 철새로 봄 3-4월에는 아라비아 광야를 거쳐 지중해를 지나 유럽까지 이동했다가 9월 말경 다시 남쪽으로 돌아온다. 오늘날에도 아라비아 광야에서는 이동하는 메추라기 떼를 어렵지 않게 발견한다. 날개가 약한 메추라기는 큰 무리를 지어 날다가 자주 땅에 내려앉는다. 이 과정에서 어린아이들도 막대기로 저공으로 나는 메추라기를 잡을 수 있다.

하나님이 바람을 일으켜 바다로부터 몰고 온 메추라기는 진영 사방 하룻길(약24km) 되는 지면 위 두 규빗(약 1m)쯤에 내리게 하셨다. 오랜만에 고기를 만난 백성들은 이틀 동안이나 보이는 대로 잡기 시작하여 못 잡은 자가 10호멜이나 모았다. 1호멜은 당나귀가 한 번에 나를 수 있는 짐의 무게(약 2.2kℓ)다. 하나님은 한 달 동안 먹을 수 있는 양을 주시겠다고 하셨고(20) 얼마나 모았는지에 대해서는 언급이 없다.

메추라기를 잡아 온 백성들은 진영 사면에 펴 두었다. 이것은 메추라기를 말려서 오랫동안 보관하기 위한 것으로 애굽에서 하던 방법으로 보인다. 헤로도투스(Herodotus)는 이집트인들의 생활상을 기록했는데 메추라기를 포함한 조류나 물고기를 날것으로 먹든가, 햇볕에 말리거나 소금에 저려서 먹었다고 한다(Herodotus II. 77. 4-5).

(2) 메추라기 재앙

메추라기를 배부르게 먹는 과정에서 고기가 아직 이 사이에 있어 씹히기 전에 하나님은 백성들에게 진노하셨고 심히 큰 재앙이 임하게 된다. 어떤 재앙인지 성경에는 기록이 없다. 한 가지 힌트가 있다면 그것은 재앙이 임한 곳의 이름을 탐욕의 무덤이라는 뜻을 가지고 있는 '기브롯 핫다아와'라고 한 것이다. 이스라엘 백성에게 재앙이 임한 것이 '탐욕' 때문임을 알 수 있다.

하나님이 이스라엘 백성에게 고기를 한 달 동안 먹게 하시겠다(20)고 약속하셨는데 메추라기를 한 달 이상 보관했다가 먹은 자들이 죽은 것이 아닌가 추측해 본다. 본문에 '고기가 아직 이 사이에 있어'라는 말은 고기가 아직 남아 있었음을 보여 주며 한 달 이후에도 먹기 위해 저축해 놓은 탐욕이 재앙의 원인이라고 보인다. 만나가 하루가 지나면 심히 상해서 먹지 못하는 것과 같이 한 달 이후에는 상하여 독성이 생긴 것으로 보인다.

이스라엘 백성은 기브롯 핫다아와를 거쳐 하세롯으로 향하게 된다. 이 두 곳의 위치는 정확히 알 수 없다.

|||||||||||||||||||||||| **영적 전쟁으로 푸는 민수기** ||||||||||||||||||||||||

전쟁 준비를 마치고 출정한 이스라엘 백성이 처음으로 만난 전투는 '불평불만'이었다. '이 만나 외에는 없도다'라는 말 한마디로 시작한 불평불만은 온 백성을 낙심하게 했고 애굽을 그리워하며 슬피 울게 만들었다. 이들의 사기는 완전히 땅에 떨어졌다. '불평불만'은 그리스도인이 싸워야 할 영적 전쟁의 대상이다. 이런 이유로 성경은 반복적으로 '불평하지 말라'고 명령한다(시 37:7-8).

우리의 인생은 죄로 인해 가시덤불과 엉겅퀴가 나게 되어 있다. 이것을 우리는 불편하게 느끼고 불평불만을 하게 된다. 하나님이 죄로 인해 오염된 세상에 가시덤불과 엉겅퀴를 주시는 데에는 분명한 목적이 있다. 고난은 우리를 정결케 하고 성장시키며 하나님을 찾는 통로가 된다.

훌륭한 농부는 가시덤불과 엉겅퀴에 대해 불평과 불만을 쏟아내기 보다는 그것들을 제거하고 개선하여 열매를 많이 맺게 한다. 이런 어려움에도 많은 열매를 맺은 농부는 기쁨과 영광을 얻게 된다. 동일하게 우리가 삶에서 만나는 고난은 해결하고 발전시켜야 할 사항이지 불평불만의 대상이 되어서는 안 된다.

성경은 그리스도인을 농부에 많이 비유한다. 농부와 같이 그리스도인은 많은 열매를 맺기 위해 어려운 상황을 개선해 나가야 한다. 때로는 인내하는 시간이 필요하다. 내 힘으로 해결할 수 없을 때는 다른 사람의 도움을 받아야 하고 그것도 힘들면 더 높은 관리 조직에게 건의하여 해결해야 한다.

교회생활도 동일하다. 교회는 다양한 사람이 모여 신앙생활을 하는 공동체다. 사탄은 교회공동체를 파괴하기 위해 아주 사소한 일을 통해 변두리에서부터 불평을 일으켜 흔들기 시작한다. 이 불평은 비교를 통해 폭발하고 전혀 불만을 갖지 않는 사람들에게까지 전염되어 교회 전체를 뒤흔든다. 이러한 갈등 속에 있으면 문제의 본질은 망각되고 나의 의견에 반대하는 사람과 싸우게 되며 결국 누적된 갈등으로 교회는 파괴된다.

불만에도 건설적인 기능이 있습니다. 불만이 있다고 하는 것은 우리 안에 실현되지 않은 가능성이 있다는 것을 의미합니다. - 어거스틴 -

> ### 설교 포인트
>
> **본문: 민수기 11:1-15**
> **제목: 영적 전쟁의 시작, 불평과 불만**
>
> 군사공동체로 부름받은 이스라엘 백성이 광야로 나와 처음 만난 전쟁은 '불평불만'이었다. 불평과 불만은 급속히 백성들에게 퍼졌고 모세의 마음을 낙심하게 했으며 모세는 결국 하나님께 죽여 달라고 기도하게 된다.
>
> 1. 불평은 사소한 것에서부터 시작된다(민 11:4).
> 2. 불평은 전염될수록 강력해진다(민 11:10).
> 3. 불평은 지도자를 무너뜨린다(민 11:14-15).

2. 시기, 질투, 경쟁(12:1-16)

출애굽 2년 2월 20일 나팔 소리와 함께 이스라엘 백성은 전쟁을 향해 나아간다. 시내광야를 출발하여 바란광야로 향하던 이스라엘 백성이 처음 만난 전쟁은 '불평불만'이었다. 그들은 슬피 울며 애굽에서 먹던 음식들과 만나를 비교하며 하나님을 원망했다. 이에 하나님은 70인의 장로를 세워 백성들의 불만을 해소할 수 있는 행정 조직을 제시하신다. 또한, 한 달 동안 메추라기로 그들의 욕구를 채워 주신다.

행군 중인 이스라엘 백성이 만난 두 번째 영적 전쟁은 무엇일까?

그것은 바로 '시기, 질투, 경쟁'이었다.

1) 미리암과 아론의 비방(12:1-3)

모세의 누나와 형인 미리암과 아론이 모세를 비방한다. '비방하다'(다바르, dābar)는 '말하다, 위협하다, 가르치다, 경고하다'라는 뜻을 가지고 있다. 풀어서 말하면 '강하게 가르치듯 명령하다'라는 의미다. 그 원인은 모세가 구스 여인을 아내로 얻었기 때문이었다.

구스 여인에 대한 의견은 몇 가지로 나뉜다.

첫째, 에티오피아 여인으로 보는 견해다(LXX, KJV). '구스'는 애굽어 '코쉬'를 히브리어화 한 것으로 현재의 에티오피아 북부지역을 의미하는 것이 일반적인 해석이다. 이 지역은 BC 2,200년경부터 아프리카 문화를 가진 누비아 종족이 거주해 왔다. 이 구스 여인은 출애굽 당시 함께 나온 이방 여인 중의 하나로 보는 견해다.

둘째, 십보라로 보는 견해다(Calvin, Cole). 이것은 구약에서 남단 아라비아가 '구스'라 불린다는 사실에 근거한 것이다(대하14:9; 21:16). 뒤늦게 십보라와의 결혼을 문제 삼은 것은 명분 찾기라는 해석이다.

셋째, 출애굽 이전에 에티오피아의 공주 '테르비스'(*Tharbis*)로 보는 견해다(Josephus II. 10. 2). 모세가 애굽 왕자 시절 애굽 땅을 침략하던 에티오피아를 물리쳤을 때 에티오피아 공주 '테르비스'(*Tharbis*)가 모세를 흠모하여 도시를 넘겨주는 조건으로 결혼했다는 내용이다.

본문은 모세가 구스 여인과의 결혼 배경을 자세히 설명하고 있지 않다. 그 이유는 본문의 핵심이 모세의 결혼에 있지 않기 때문이다. 사실 구스 여인이 누구이고 이 상황에서 십보라는 어떻게 되었는지 궁금하지만, 본문은 우리를 미리암과 아론의 비방에 집중시킨다. 탈무드에서는 모세가 십보라와 이혼하고 구스 여인과 재혼했다고 설명한다(Shabbat 87a:4). 미리암과 아론이 모세의 결혼 문제를 언급했지만, 이것은 명분일 뿐 실제는 모세의 지도력에 대한 '시기와 질투'의 문제였다(Allen).

미리암과 아론의 원망은 모세의 독보적인 '리더십'에 대한 시기심이었다.

'여호와께서 모세와만 말씀하셨느냐?

우리와도 말씀하지 아니하셨느냐?'

모세는 출애굽 이후부터 부동의 리더였다. 하나님께서 지명하여 세우셨기 때문에 누구도 침범할 수 없는 리더였다. 대제사장이었던 아론과 여선지자였던 미리암이 동생 모세의 지도력에 시기심, 질투심, 경쟁심이 들어간 것이다(Olson).

미리암과 아론의 공격에 모세는 온유함으로 대응했다. 성경은 모세의 온유함을 "지면의 모든 사람보다 더하더라"라고 칭찬하고 있다. '온유'(아나브, ʿānāv)는 마음이 '부드러운, 겸손한, 가난한'이라는 뜻을 가지고 있다. 이 단어는 후에 예수님께서 자신을 소개할 때 사용된다(마 11:29).

'온유'(프라오스, praos)는 '잘 길들여진 소'를 의미한다. 농부의 명령을 잘 따르는 순종적인 소를 뜻한다. 모세가 온유하다는 것은 미리암과 아론의 공격에 대해 감정적으로 대응하지 않고 하나님의 명령을 기다리는 순종적인 사람이라는 의미다.

2) 하나님의 변호(12:4-8)

미리암과 아론이 모세를 공격할 때 듣고 계시던 하나님이 갑자기 말씀하신다.

"너희 세 사람은 회막으로 나아오라."

하나님이 자신을 찾기 전에 먼저 말씀하시는 경우가 흔치 않다. 하나님이 사람을 부르시는 경우(창 6:13; 12:1-3; 출 3:4), 혹은 매우 급한 상황(창 22:11; 수 1:1)에서 그러하다. 본문에서 하나님이 먼저 말씀하신 것은 위급한 상황에 놓인 모세를 보호하기 위함이다.

세 사람이 진영에서 이야기를 나누고 있었는데, 회막으로 부르신 것이다. 세 사람이 성막에 도착하자, 하나님은 구름 기둥 가운데로부터 강림하셔서 '아론과 미리암'을 부르신다. 모세를 공격할 때는 미리암이 앞에 기록되어 있었는데 미리암이 주도적이었기 때문이다. 반면 하나님 앞에 설 때는 영적 권위의 순서에 따라 아론이 앞에 언급된다.

하나님은 성막 앞에 선 아론과 미리암을 꾸중하신다. 두 사람과는 다른 모세의 탁월성을 제시하신다.

첫째, "그는 내 온 집에 충성함이라"
잘 길들여진 소를 연상시키는 말로 주인이 원하는 것에 대해 겸손하고 가난한 마음으로 하나님과 백성 사이에서 충성을 다하고 있다는 칭찬이다.

둘째, "내가 대면하여 명백히 말하고 은밀한 말로 하지 아니하며"
아론과 미리암과 같이 일반적인 선지자의 경우에는 하나님이 환상이나 꿈으로 말씀하시지만, 모세는 하나님과 직접 얼굴을 대면하며 이야기를 나눌 수 있는 자였다.

셋째, "여호와의 형상을 보거늘"
사람은 죄가 있어서 하나님의 형상을 볼 수 없지만, 모세는 시내산에서 하나님의 형상을 보는 특권을 누렸다(출 33:18-23).

3) 미리암의 나병(12:9-12)

하나님이 모세에 대해 변호를 마치시고 성막을 떠나실 때 갑자기 미리암에게 나병 증세가 나타났다. 피부가 눈처럼 희어지더니 살이 반쯤 썩어 버린 것이다.

하나님은 왜 미리암에게 나병의 징계를 내리셨는가?

그 이유는 "우리가 어리석은 일을 하여 죄를 지었으나"라는 아론의 고백에서 알 수 있다. 아론과 미리암은 하나님이 세우신 권위에 대항하는 어리석은 짓을 했다.

하나님은 자기가 세우신 권위자를 보호하신다. 그것이 곧 하나님 자신의 권위를 보호하는 것이기 때문이다. 일부 목회자는 자기의 권위에 도전하는 성도들에게 본문의 사건을 인용하기도 한다. 하지만, 이것은 부적절하다. 왜냐하면, 모세의 권위는 스스로 보호한 것이 아니라, 하나님이 보호해 주신 것이기 때문이다. 목회자가 혹시 권위에 도전을 받는다면 하나님이 보호해 주실 때까지 온유함으로 기다릴 필요가 있다.

미리암이 나병에 걸리자 아론이 모세에게 죄를 고백하며 고쳐줄 것을 요청한다. 하나님이 미리암에게만 징계를 하신 이유는 그녀가 주동자였음을 보여 주는 명확한 증거다. 아론은 미리암의 나병을 보고 놀라 모세에게 '내 주여'라고 외치며 고쳐 줄 것을 간청한다.

아론은 지금까지 모세에게 '주여'라고 외친 적이 없었다. 이것은 아론 역시 미리암이 어떤 이유에서 나병에 걸렸는지 알았음의 증거다. 아론은 모세에게 미리암의 "살이 반이나 썩어서 모태로부터 죽어서 나온 자 같이 되지 않게 하소서"라고 요청한다. 여기서 '모태'를 언급한 것은 모세로 형제애를 일으키는 것으로 보인다(Noordtzij).

4) 모세의 간구(12:13-16)

아론이 미리암의 나병을 위해 간구하자, 모세는 이 문제를 가지고 하나님께 울며 기도한다. 자의 권위에 질투로 대항하던 미리암을 위해 울며 기도하는 모세는 참으로 온 지면에 온유한 자라 할 수 있다. 모세의 기도에 하나님이 응답하시는데, 즉각적인 용서가 아니라 칠 일간의 정결 기간을 거쳐야 한다고 하신다.

하나님은 근신의 이유에 대해 "아버지가 그의 얼굴에 침을 뱉었을지라도 그가 이레 동안 부끄러워하지 않겠느냐"라는 구절을 언급하신다. 침뱉음을 당하는 것은 당시 큰 수치였다(신 25:9; 욥 30:10; 시 50:6). 아버지에게 침뱉음을 당한 자식도 수치스러워서 칠 일 동안 근신을 해야 하는데, 이보다 더 심한 나병의 경우는 예외일 수 없다는 것이다.

미리암은 칠 일 동안 진영 밖에 갇혀 있었다. 보통의 경우 진영 밖에서 '거하다'라는 단어를 사용하는데, 미리암의 경우는 '갇히다'는 단어를 사용한다. 이것은 미리암의 격리 기간에 형벌의 의미가 있었다는 것이다. 백성들은 격리 기간 동안 행진하지 않았기 때문에 미리암의 형벌을 인지하게 되었다. 그 후 백성들은 하세롯을 떠나 바란광야에 진을 치게 된다.

영적 전쟁으로 푸는 민수기

이스라엘 백성이 만난 두 번째 영적 전쟁은 '시기, 질투, 경쟁'이었다. 시기심은 인류 최초의 살인 사건의 동기이기도 하다. 가인과 아벨이 함께 예배를 드렸는데 하나님은 아벨의 제사만 받으셨다. 질투와 경쟁심에 사로잡힌 가인은 아벨을 쳐죽이게 된다. 또한, 사울을 미치게 한 것 역시 다윗을 향한 질투심이었다.

시기심은 하나님을 보지 않고 사람과 비교할 때 생기게 된다. 이 시기심은 자신을 파괴할 뿐만 아니라 공동체를 파괴한다. 영화 〈아마데우스〉에 나오는 살리에르(Antonio Salieri)는 멋진 궁중 음악을 남긴 훌륭한 작곡가였지만, 천재적인 소질을 가진 모짜르트(Wolfgang Amadeus Mozart)를 만난 후로 시기 질투심에 사로잡혀 자신도 망치고 모짜르트도 죽음에 이르게 하는 악마로 변하게 된다.

예수님의 달란트 비유에도 1달란트 받은 자는 5달란트와 2달란트 받은 자에 비해 적다는 이유로 시기하여 달란트를 땅에 파묻어 '악하고 게으른 종'이라는 평가를 받게 된다. 시기심은 모든 그리스도인이 싸워야 하는 영적 전쟁의 대상이다.

시기심을 해결하기 위해서는 무엇보다 모세와 예수님이 소유했던 '온유함'을 가져야 한다. 주인이 부리기 좋은 종이 되어야 한다. 하나님은 각각의 그리스도인을 목적대로 활용하신다. 절대 비교할 필요가 없다. 그리스도는 머리이고, 우리는 지체다. 그리고 '충성'해야 한다. 하나님을 사랑하는 마음은 충성으로 나타난다. 우리 주님은 그 일의 종류나 양에 관계없이 동일하게 칭찬하신다.

> 착하고 충성된 종아 네가 적은 일에 충성하였으매 내가 많은 것을 네게 맡기리니 네 주인의 즐거움에 참여할지어다(마 25:21).

설교 포인트

본문: 민수기 12:1-16
제목: 오직 사랑이 시기를 이긴다

영적 전쟁이 가장 치열하게 일어나는 곳은 바로 우리의 마음이다. 그중 시기, 질투, 경쟁은 자신을 파괴하고 공동체를 파괴한다. 성경적인 지체의식이 없으면 끊임없는 다툼이 일어난다.

1. 하나님을 보지 않고 사람과 비교하면 시기가 생긴다(롬 1:28-29).
2. 시기는 공동체를 파괴한다(약 3:16).
3. 오직 사랑이 시기를 이긴다(고전 13:4).

3. 두려움(13:1-14:38)

출애굽 2년 2월 20일 나팔 소리와 함께 이스라엘 백성은 시내광야를 출발한다. 기브롯 핫다아와와 하세롯을 거쳐 3개월 정도 되었을 때 가나안의 진입로가 있는 바란광야에 도착한다. 그들이 행군 과정에서 만난 전쟁은 '불평불만', '시기, 질투, 경쟁'이었다.

이스라엘 백성은 영적 전쟁에 패배했고 큰 재앙을 만나게 되었다. 그래도 세 번째 전쟁에 비하면 별것 아니었다. 세 번째 영적 전쟁에 패배한 이스라엘 백성은 가나안 땅을 얻지 못하고 광야에서 죽게 된다. 그 이유는 바로 '두려움' 때문이었다.

1) 가나안 정탐(13:1-24)

시내광야를 출발한 이스라엘 백성은 가나안 땅의 최남단인 네게브의 문턱인 가데스 바네아에 도착했다. 이제 하나님에 약속하신 젖과 꿀이 흐르는 가나안 땅을 눈앞에 둔 것이다. 그러나 이스라엘 백성은 두려움에 가나안 땅을 향해 전진하지 못하고 정탐꾼을 보냈다.

(1) 가나안 정탐꾼 파송(13:1-20)

가데스 바네아에 도착한 이스라엘 백성은 꿈에 그리던 가나안 땅을 눈앞에 두고 있다. 이때 하나님은 정탐꾼을 각 지파별로 한 명씩 뽑아 보내도록 지시하신다.

왜 정탐꾼을 보내라고 하셨을까?

그 이유는 이스라엘 백성이 두려워 정탐꾼을 먼저 보내자고 제안하였기 때문이다.

… 우리가 사람을 우리보다 먼저 보내어 우리를 위하여 그 땅을 정탐하고 어느 길로 올라가야 할 것과 어느 성읍으로 들어가야 할 것을 우리에게 알리게 하자 … (신 1:22).

하나님은 두려워하는 이스라엘 백성을 긍휼히 여기셔서 허락하신 것이다. 정탐꾼은 각 지파에서 대표자(수령)를 선택했는데 그 선택권은 모세에게 있었던 것으로 보인다(2). 각 지파의 지도자는 인구 조사 과정에서 이미 언급된바 있다(1:4). 하지만, 인구 조사에서의 지도자들과 정탐꾼들과 동일인은 하나도 없다. 이것은 정탐을 위해 각 지파를 대표하는 사람을 새롭게 뽑았다는 것을 보여 준다. 본문에는 나와 있지 않지만, 모세는 체력이나 지도력 등을 고려하여 정탐꾼으로 적합한 자들을 뽑았을 것이다.

지파	아비	정탐꾼	지파	아비	정탐꾼
르우벤	삭굴	삼무아(들은 자)	스불론	소리	갓디엘(하나님의 소리)
시므온	호리	사밧(재판자)	므낫세	수시	갓디(나의 행복)
유다	여분네	갈렙(수탉의 울음소리)	단	그말리	암미엘(하나님의 백성)
잇사갈	요셉	이갈(무더기)	아셀	미가엘	스둘(두는자)
에브라임	눈	호세아(그가 구원하였다)	납달리	웝시	나비(어리석은 말)
베냐민	라부	발디(해방)	갓	마기	그우엘(하나님의 골짜기)

모세는 정탐꾼들에게 다음과 같이 언제(시기) 어디로 가서(경로) 무엇(목적)을 정탐해야 할 지를 알려 준다.

첫째, 정탐의 시기는 포도가 처음 익을 즈음이었기에 정탐꾼들은 포도송이를 가져오게 된다(23). 가나안 땅 포도의 첫 소출기는 유대력으로 5월(압월)으로 태양력으로 7-8월이다. 시내광야를 출발한 것이 유대력 2월

20일이니 가데스 바네아까지 약 3개월 정도 소요된 것이다.

둘째, 정탐 경로는 가나안 남쪽 네겝(Negeb)광야를 지나 북쪽을 향해 올라가도록 명했으며 신광야(wilderness of zin)를 지난 후에는 산지를 따라 올라가 주변을 살피도록 했다.

셋째, 정탐 목적은 원주민들의 전투 능력과 숫자, 성읍의 상태를 살피고 그 땅의 경작 능력과 토질의 상태를 확인하도록 했다. 이때 그 땅의 상태를 눈으로 확인할 수 있도록 땅의 소출을 가져오게 했다.

(2) 정탐꾼의 여정(13:21-24)

12명의 정탐꾼은 신광야에서부터 하맛 어귀 르홉까지 40일 동안 정탐했다. 모든 여정을 다 기록하지는 않았고 출발지와 제일 북단 반환점을 언급하고 있다. 특별히 헤브론에 대해 언급한다.

헤브론은 애굽의 소안(시 78:12; 사 19:11; 겔 30:14 참고)보다 7년 전에 세워진 곳으로 특이 사항은 '아낙 자손'이 살고 있다는 것이었다. 아낙 자손은 '아나킴의 자손들'(신 1:28; 9:2) 또는 '아낙의 자손들'(수 15:14)이라고 불렸던 헤브론의 거주민들이었다. 이들은 신장이 장대한 네피림의 후손들이었다(32-33). '아낙 자손'은 헤브론에 살고 있던 특정한 부족의 이름이라기보다는 거인족의 총칭으로 보인다. 본문에는 아낙 자손의 대표자로 보이는 '아히만, 세새, 달매'가 언급된다.

헤브론에 거인족이 살고 있었던 주된 이유 중에 하나는 그곳에 풍족한 과실이 맺혔기 때문이었다. 그곳의 이름은 에스골 골짜기로 표현한다. '에스골 골짜기'는 '포도송이의 골짜기'란 뜻으로 그 의미에서도 알 수 있듯이 포도가 많이 수확되었다. 현재도 이곳에서는 포도 경작이 왕성하게 이루어지고 있다.

2) 정탐꾼의 보고(13:25-33)

정탐꾼들은 40일의 여정을 마치고 돌아왔다. 가데스에서 헤브론까지 약 130킬로미터, 헤브론에서 르홉까지 약 180킬로미터, 도합 310킬로미터의 길을 왕복한 것이다. 정탐꾼들이 포도송이를 어깨에 메고 양손에는 탐스러운 석류와 무화과를 들고 오는 것을 보았을 때 모든 백성은 흥분했을 것이다. 이때 정탐꾼들은 한 목소리로 가나안 땅에 대해 보고하기 시작했다.

첫째, 젖과 꿀이 흐르는 땅이다.
그것은 하나님이 이스라엘 백성에게 주기로 약속한 가나안 땅에 대한 수식어로 풍성함을 의미한다(출 3:8, 17; 13:5; 33:3; 레 20:24; 민 14:9; 신 6:3; 11:9). 젖은 가축의 젖(우유)를 의미하고 꿀은 대추야자(종려나무) 꿀이다. 정탐꾼들이 본 가나안 땅은 하나님이 약속하신 바와 같다는 것이다.
둘째, 거주민이 강하고 성읍은 견고하고 심히 크다.
정탐꾼들은 거주민이 강하고 성읍은 견고하고 심히 클 뿐 아니라 거기서 아낙 자손을 보았으며 남방 땅에는 아말렉 족속이, 산지에는 헷 족속과 여부스 족속과 아모리 족속이, 해변과 요단 가에는 가나안 족속이 거주하고 있다고 한다. 땅은 좋은데 그곳에 사람들을 이길 수 없다는 내용이다.

정탐꾼들의 부정적인 보고에 갈렙이 "우리가 능히 이기리라"고 독려했음에도 정탐꾼들은 백성들 앞에서 "그들은 우리보다 강하니라 … 우리는 스스로 보기에도 메뚜기 같으니라"고 포기하는 발언을 쏟아낸다. 아낙 자손과 비교하여 자신들을 메뚜기에 비유한 것은 과장이다. 두려움은 정탐꾼들의 판단력을 흐리게 만들었고 곧 백성들에게 전염된다.

3) 백성의 원망(14:1-9)

2명을 제외한 열 명의 정탐꾼들의 비관적인 소식을 들은 온 회중은 두려움에 휩싸이게 된다. 이 두려움은 모세와 아론에 대한 원망으로 나타나고 나아가 하나님에 대한 불신으로 이어진다. 두려움으로 인해 이스라엘 백성은 다음과 같이 반응한다.

- **극심한 불안과 공포**: "밤새도록 통곡"(1)
- **현실 부정**: "우리가 애굽 땅에서 죽었거나 이 광야에서 죽었으면 좋았을 것을"(2)
- **죽음에 대한 공포**: "여호와가 우리를 그 땅으로 인도하여 칼에 쓰러지게 하려 하는가"(3)
- **탈출에 대한 강렬한 욕구**: "우리 처자가 사로잡히리니 애굽으로 돌아가는 것이 낫지 아니하랴"(3)
- **판단력 상실**: "우리가 한 지휘관을 세우고 애굽으로 돌아가자"(4)

가나안 땅을 코앞에 둔 이스라엘 백성이 두려움에 휩싸여 통곡하며 원망하는 모습을 본 모세와 아론은 백성들 앞에서 엎드리고 만다. 성경은 모세와 아론이 어떤 이유에서 엎드렸는지 언급이 없다. '엎드리다'(나팔, *nāpal*)는 '떨어지다, 넘어지다, 내동댕이 치다'는 뜻을 가지고 있다. 모세와 아론은 백성들의 두려움에 휩싸인 반응을 보고 맥이 풀려 엎드러진 것이다. 모세의 엎드러짐은 곧 기도로 바뀌게 된다(14:11-19).

백성들은 울며 원망하고 모세와 아론은 엎드러진 상황에서 여호수아와 갈렙이 백성들을 독려한다.

> 여호와께서 우리를 기뻐하시면 우리를 그 땅으로 인도하여 들이시고 그 땅을 우리에게 주시리라 … 두려워하지 말라 그들은 우리의 먹이라(민 14:8-9).

여호수아와 갈렙은 가나안 땅을 얻기 위해서 반드시 필요한 것이 있는데, '다만, 여호와를 거역하지 말라'는 것이었다. '거역하다'(마라드, mārad)는 '배반하다, 반항하다'는 뜻이다. 여호수아와 갈렙은 애굽에서부터 지금까지 인도하신 하나님의 은혜에 대해 배신하지 말라고, 끝까지 신뢰하자고 독려한 것이다.

4) 여호와의 진노(14:10-12)

두려움에 휩싸여 판단이 상실된 백성들은 모세와 아론 그리고 여호수아와 갈렙에게 돌을 들어 치려는 급박한 상황이 벌어졌다. 이때 하나님이 영광 중에 나타나시며 전염병으로 진멸하고 더 크고 강한 나라를 새롭게 만들겠다고 선포하신다. 이스라엘 백성이 진멸 당하는 이유는 하나님을 '멸시'했기 때문이다. '멸시'(나아쯔, nā'aṣ)는 '거부하다, 업신여기다, 신성모독을 유발하다'는 의미다. 하나님을 하나님으로 인정하지 않을 때 사용하는 말이다. 하나님은 분명 가나안 땅으로 인도하시겠다고 하셨는데, 이것을 신뢰하지 못하는 모습이 하나님을 멸시하고 무시하는 일이 된 것이다.

하나님 나라는 믿음으로 들어가는 곳이다. 아브라함은 믿음으로 가나안 땅으로 나아갔고(히 11:8) 이스라엘 백성은 믿음으로 홍해를 건넜다(히 11:29). 출애굽 1세대가 가나안 땅에 들어가기 위해서 하나님에 대한 믿음이 요구된 것이다. 이스라엘 백성에게 요구된 믿음은 하나님이 이스라엘 백성을 가나안 땅으로 인도하겠다는 약속의 말씀이다. 막연한 믿음이 아니라, 명확한 하나님의 말씀을 믿어야 하는 것이다. 그리스도인이 하나님 나라에 들어가는 것은 바로 '믿음'이다(갈 3:26). 이 믿음은 언약의 말씀이 육신을 입고 오신 예수 그리스도를 믿는 것이다(갈 2:16).

5) 모세의 중보(14:13-19)

하나님께서 이스라엘 백성을 진멸하겠노라고 진노하시자, 모세가 중보자로 나선다. 이 모습은 금송아지를 만든 이스라엘을 위해 기도했던 것을 연상시킨다(출 32:10; 25-35). 중보자로 선 모세는 이스라엘을 진멸하지 말아야 할 두 가지의 이유를 제시한다.

첫째, 하나님의 명성 때문이다(13-16).
하나님께서 놀라운 능력으로 출애굽시킨 이스라엘 백성을 구름 기둥과 불 기둥으로 인도하여 이곳까지 와서 죽이면, 이방인들이 인도할 능력이 없어서 하나님이 자기 백성을 광야에서 죽게 했다는 불명예를 얻게 된다는 것이다. 이것은 금송아지 사건 때도 동일하게 언급되었다(출 32:11-12).
둘째, 하나님의 성품 때문이다(17-19).
금송아지 사건에서는 아브라함으로 자손을 번성케 하겠다는 언약의 말씀을 근거로 진멸치 말아달라고 했다(출 32:13). 본 단락에서 모세는 노하기를 더디하시고 인자하신 하나님의 성품, 애굽에서부터 지금까지 용서하신 변함없으신 하나님의 성품에 근거하여 용서를 구하고 있다.

6) 여호와의 용서와 처벌(14:20-38)

두려움에 휩싸여 가나안 땅으로 들어가지 못하는 이스라엘 백성을 진멸하고 새로운 민족을 만드시려 했던 하나님은 모세의 중보로 용서를 결정하신다. 하나님은 모세의 중보가 끝나자마자 즉시 용서하신다. 하나님은 모세의 기도를 기다리신 것이다. 이러한 장면은 성경 곳곳에 등장한다. 하나님은 우리를 심판하시는 분이 아니시고 구원하길 원하시는 분이다(요 3:16-17). 우리에게 필요한 것은 우리의 죄를 위해 기도해 줄 참된 중보자다(히 8:6).

하나님은 모세의 중보로 민족을 진멸하는 것은 철회하셨지만, 이스라엘 백성이 하나님을 멸시한 것에 대해서는 징계하시겠다고 한다. 하나님은 이번 사건만을 가지고 징계하시는 것이 아니고 누적된 죄악, 즉 출애굽 여정 속에서 열 번에 걸쳐 하나님을 신뢰하지 못한 일 때문이다. 하나님은 두려움에 휩싸여 하나님을 멸시한 자들은 모두 가나안 땅을 보지 못하고 40년 동안 방황하다가 "광야에서 소멸되어 거기서 죽으리라"고 말씀하셨다.

그러나 하나님의 처벌 대상에서 제외된 사람들이 있었다. 정탐꾼 중에 갈렙과 여호수아 그리고 첫 번째 인구 조사에 해당하지 않은 출애굽 1.5세대와 2세대다. 출애굽 1세대는 가나안 땅으로 진군해 들어가면 가나안 족속이 처자를 사로잡아 갈 것이라고 미리 염려했다(14:3). 하나님은 그들이 걱정하던 후손들만 데리고 가나안 땅에 들어가겠다고 하신 것이다.

출애굽 1세대는 두려움에 휩싸여 하나님을 멸시한 결과 광야에서 40년 동안 방황하다 죽음을 맞이하게 될 것이다. 나아가 백성들에게 두려움을 조장한 정탐꾼들은 갈렙과 여호수아를 제외하고 모두 여호와 앞에서 재앙으로 죽었다. 이 재앙의 종류는 언급되어 있지 않지만, 12절에 언급된 전염병일 가능성이 높아 보인다.

|||||||||||||||||||||||| **영적 전쟁으로 푸는 민수기** ||||||||||||||||||||||||

이스라엘 백성이 만난 세 번째 영적 전쟁은 '두려움'이었다. 두려움은 강력한 영적 전쟁의 대상이다. 성경에는 '두려워하지 말라'는 명령이 직간접적으로 300회 이상 나온다. 이스라엘 백성은 두려움으로 인해 하나님이 약속하신 가나안 땅을 얻지 못했다. 또한, 광야에서 생명을 잃게 되었다. 두려움은 우리 안에 있는 생명과 풍성한 삶을 파괴하는 강력한 영적 전쟁의 대상이다.

우리의 두려움의 근원은 하나님과의 단절에 있다. 아이들이 부모와 단절되었을 때 나타나는 것과 같은 본질적인 두려움이다. 이 두려움은 어떤 방법으로도 해결할 수 없다. 오직 한 가지 하나님께로 돌아갈 때 두려움을 이길 수 있다.

두려움은 크게 두 가지로 나눌 수 있다.

첫째, 미래/미지에 대한 두려움이다.
둘째, 실패/상실/거절에 대한 두려움이다.

이스라엘 백성은 가나안이라는 미지의 땅에 대한 두려움이 있었다. 또한, 전쟁을 해도 실패할 것이라는 두려움에 사로잡혀 있었다.

두려움을 어떻게 극복할 수 있을까?

오늘 본문에서 두려워하지 않은 두 사람이 있는데 갈렙과 여호수아다. 그들도 아낙자손을 보았고 두려웠을 것이다. 하지만, 그들이 두려움에 의해 장악되지 않았던 것은 하나님에 대한 신뢰였다(14:7-9).

두려움이 몰려올 때 어떻게 해야 할지 성경에 나와 있는 몇 가지 지침을 살펴보자.

첫째, 기도하라.

아무것도 염려하지 말고 오직 모든 일에 기도와 간구로, 너희 구할 것을 감사함으로 하나님께 아뢰라 그리하면 모든 지각에 뛰어난 하나님의 평강이 그리스도 예수 안에서 너희 마음과 생각을 지키시리라(빌 4:6-7).

둘째, 성경을 읽으라.

오직 강하고 극히 담대하여 나의 종 모세가 네게 명령한 그 율법을 다 지켜 행하고 우로나 좌로나 치우치지 말라 그리하면 어디로 가든지 형통하리니 이 율법책을 네 입에서 떠나지 말게 하며 주야로 그것을 묵상하여 그 안에 기록된 대로 다 지켜 행하라 그리하면 네 길이 평탄하게 될 것이며 네가 형통하리라(수 1:7-8).

셋째, 은사를 개발하라.

하나님이 우리에게 주신 것은 두려워하는 마음이 아니요 오직 능력과 사랑과 절제하는 마음이니(딤후 1:7).

넷째, 하나님을 신뢰하라.

너희는 강하고 담대하라 두려워하지 말라 그들 앞에서 떨지 말라 이는 네 하나님 여호와 그가 너와 함께 가시며 결코 너를 떠나지 아니하시며 버리지 아니하실 것임이라(신 31:6).

> ## 설교 포인트
>
> **본문: 민수기 14:1-38**
> **제목: 하나님에 대한 신뢰가 두려움을 이긴다**
>
> 이스라엘 백성은 정탐꾼의 보고를 듣고 하나님의 말씀을 신뢰하지 못하고 두려워한다. 그 결과 40년의 광야생활을 거치며 출애굽 1세대는 가나안 땅에 들어가지 못하고 모두 죽게 된다. 즉, 하나님 나라를 누리지 못한 것이다. 두려움은 하나님 나라를 빼앗고 누리지 못하게 하는 영적 전쟁의 대상이다. 두려움을 이기는 방법은 하나님 말씀을 근거한 믿음뿐이다.
>
> 1. 하나님은 우리를 향한 목적과 계획을 반드시 성취하신다(엡 1:5-6).
> 2. 하나님은 우리의 실수와 연약한 까지도 합력하여 선으로 바꾸신다(롬 8:28).
> 3. 우리가 하나님의 목적 안에 있으면 우리를 반드시 보호해 주신다(살전 5:23-24).

4. 불순종(14:39-45)

출애굽 2년 2월 20일 나팔 소리와 함께 시내광야를 출발한 이스라엘 백성은 3개월 정도가 지나 가나안 땅 입구가 있는 가데스 바네아에 도착했다. 이제 꿈에도 그리던 가나안 땅에 들어가면 된다. 하지만, 이스라엘 백성은 두려움에 휩싸여 모세와 아론을 원망하고 하나님의 능력과 언약을 멸시하는 죄를 범하게 된다.

그 결과 출애굽 1세대는 광야에서 40년 동안 방황하며 죽게 되는 형벌을 받게 된다. 하나님의 약속 말씀을 신뢰하지 못하고 두려워했던 이스라엘 백성은 뒤늦은 후회를 하며 또다시 엄청난 죄를 범하게 된다. 그것은 바로 네 번째 영적 전쟁인 '불순종'이다.

하나님의 징계 소식을 들은 백성들은 크게 슬퍼한다. 열 명의 정탐꾼의 갑작스러운 죽음은 하나님 진노의 명확한 증거가 되었다. 40년 동안 광야 생활을 하다 죽으리라는 이야기에 이스라엘 백성은 뒤늦은 후회를 하며 가나안 땅으로 전진하겠다고 한다.

백성들은 아침 일찍이 일어나 산꼭대기에 올라 모세를 향해 소리친다.
"보소서. 우리가 여기 있나이다!
우리가 범죄하였음이니이다!"

모세는 백성들의 행동이 '여호와의 명령을 범하는 것'이라고 질책한다. 불순종이라는 것이다. 이와 같은 불순종을 했을 때 하나님은 전쟁에 함께 하시지 않을 것이고 전쟁에서 패배할 것을 예고했다.

그런데도 이스라엘 백성은 가나안으로 향해 나아갔고 아말렉 족속과 가나안 족속에 의해 무참히 패하게 된다. 그들은 이스라엘을 물리치고 그 곳의 이름을 '호르마'라고 했는데 그 뜻이 '완전히 멸함'이다. 훗날 유다 지파의 영토가 되어 가나안 땅 최남단 지역으로 불린다(신 1:44; 삿 1:17).

요세푸스는 이후에 일에 관해 설명하는데, 이스라엘 백성은 패배한 원인이 모세의 지시를 따르지 않았기 때문이라고 판단하여 다시 모세의 말을 잘 들었다고 한다(Josephus I. 4. 1. 3).

영적 전쟁으로 푸는 민수기

그리스도인들이 만나는 기본적인 영적 전쟁의 네 번째는 '불순종'이다. 성경에서 말하는 순종은 '여호와의 말씀을 따르는 것'이다. 하나님이 우리에게 말씀에 순종할 것을 요구하시는 것은 우리의 생명과 풍성한 삶을 위함이다. 이스라엘 백성은 불순종하여 전쟁에 임의로 나갔다가 완전한 패배를 맛보게 되었다. 그들의 패배는 부실한 군사력이나 무기 때문이 아닌 하나님 앞에서의 불순종이 초래한 것이었다.

불순종은 강력한 영적 전쟁이다. 사탄은 우리로 하나님의 말씀에 불순종하게 하여 하나님의 나라를 파괴하고 누리지 못하게 한다. 불순종은 사탄의 유혹으로부터 시작된다. 인류 최초의 불순종은 아담과 하와의 불순종이었다(롬 5:19; 고후 11:3). 아담과 하와는 불순종으로 인해 생명과 풍성한 삶을 잃어버렸다. 불순종하게 하는 악한 영은 지금도 그리스도인들을 미혹한다(엡 2:2). 불순종의 결과는 하나님의 진노이다(엡 5:6).

불순종은 믿음의 문제다(요 3:36). 믿음은 교회생활을 잘하는 것으로 평가될 수 없다. 믿음은 하나님에 대한 신뢰다. 행함이 없는 믿음은 죽은 믿음이라고 했다. 다시 말해 순종이 없는 믿음은 죽은 믿음이다. 순종의 모범자이신 예수님은 하나님을 신뢰하고 십자가의 죽음에 복종하셨다(빌 2:5-8).

하나님께 대한 순종은 또한 하나님이 세우신 권위에 대한 순종으로 이어진다. 보이지 않는 하나님께 순종하기 위해서는 먼저 보이는 권위에 순종해야 한다. 이스라엘 백성 역시 하나님의 명령에 불순종함과 동시에 모세의 권위에도 불순종하는 모습을 보인다.

보이는 권위에 순종할 수 있는 사람이 보이지 않는 하나님께도 순종할 수 있다. 사탄은 끊임없이 권위에 도전하고 불순종하도록 미혹한다. 성경은 하나님을 포함하여 우리가 순종해야 할 권위를 다음과 같이 제시한다.

- 부모에 대한 순종(엡 6:1; 골 3:20)
- 남편에 대한 순종(골 3:18; 벧전 3:1)
- 상전에 대한 순종(골 3:22; 벧전 2:18-19)
- 교회의 권위에 대한 순종(벧전 5:5)
- 국가권력과 법에 대한 순종(롬 13:6-7; 딛 3:1; 벧전 2:13-14)

- 모든 위에 있는 것에 대한 순종(롬 13:1-2)
- 하나님에 대한 순종(고전 15:28; 약 4:7)

설교 포인트

본문: 민수기 14:39-45
제목: 믿음의 반대말은 불순종이다

출애굽 1세대는 두려움으로 가나안 땅에 들어가지 못하고 광야에서 모두 죽는 징계를 받았다. 이 이야기를 들은 이스라엘 백성은 그제야 가나안 땅으로 전쟁하기 위해 올라가려고 했다. 모세는 하나님이 허락하지 않은 전쟁임으로 반대하지만, 그들은 임의대로 전쟁을 일으키고 큰 패배를 맛보게 되었다. 불신앙은 형벌로 이어진다.

1. 우리의 순종은 하나님의 말씀에 근거한다(신 28:15; 왕하 23:3).
2. 순종은 하나님을 신뢰하는 믿음이다(히 11:8; 11:31).
3. 순종은 하나님 나라를 누리는 것이다(렘 12:17; 벧전 2:13-14).

제2장

영적 전쟁의 기본기(15:1-41)

이스라엘 백성은 전쟁을 위해 부름 받은 군사공동체이며 동시에 하나님과 친밀한 사귐을 누릴 수 있는 예배공동체다. 이스라엘 백성의 행군과 진영 중심의 성막은 이들의 전쟁이 혈과 육에 대한 것이 아닌 영적 전쟁임을 보여 주는 증거다. 하나님은 가나안 땅을 정복하기 위해 이스라엘을 군사로 준비시켰고 나팔소리와 함께 출정을 명하셨다.

이스라엘 백성이 만난 전쟁은 엄청난 군사가 아니었다. 불평불만, 시기, 질투, 경쟁, 두려움, 불순종이었다. 이들은 이 영적 전쟁에서 패배해 하나님이 약속하신 가나안 땅에 들어가지 못하고 40년 광야생활 중에 죽게 된다. 민수기 15장은 이런 배경 가운데 위치해 있다. 더 이상 출애굽 1세대는 가나안 땅을 정복할 군사가 아니다. 새로운 군사가 세워지는데 출애굽 1.5세대와 2세대다.

민수기 15장은 제사 규례와 안식일 규례 그리고 의복에 대한 규례가 나온다. 사실 이 내용은 출애굽기나 레위기에서 언급되었던 내용으로 민수기의 흐름에 전혀 연관성이 없어 보인다. 하지만, 이것은 실패한 부모 세대의 뒤를 이어 영적 전쟁에 출정하는 새로운 세대에게 전하는 하나님의 당부 말씀이다.

가나안 땅에 들어가면 제사에 소제와 전제를 더하여 드리도록 했는데, 이것은 감사와 기쁨을 의미한다. 즉, 영적 전쟁을 위한 최강의 무기가 '감사와 기쁨'이라는 것이다. 더불어 안식일 규례와 의복에 술을 다는 규례는 예배와 말씀의 일상화를 보여 준다. 이것은 영적 전쟁의 마지노선이라고 할 수 있는 '예배'와 '말씀 묵상'을 보여 준다.

1. 영적 전쟁의 최강 무기: 감사와 기쁨(15:1-31)

이스라엘 백성은 두려움과 불순종으로 가나안 입성에 거절당했다. 그 결과 출애굽 1세대는 40년 동안 광야생활을 시작하게 되었다. 시간이 얼마나 지났는지 알 수 없는 시점에 하나님은 모세에게 제사에 대한 규례를 강화하신다. 제사 규례는 레위기 1-7장에서 이미 구체적으로 언급된 상태다. 민수기 15장에 나오는 제사 규례와 세 가지의 큰 차이점이 있다.

첫째, 가나안 땅에 들어간 후에 지킬 규례다(15:2, 18).
둘째, 가나안 땅에서 얻는 소출에 관한 규례다(15:4, 20-21).
셋째, 가나안 땅에서 함께 거주하게 될 본토인과 타국인에게도 적용된다(15:26, 29, 30).

즉, 본 구절은 이스라엘 백성이 가나안 땅에 들어갔을 때를 감안하여 제사 규례를 강화하는 것이다. 즉, 15장부터는 민수기의 관심이 가나안 땅에 들어가야 할 출애굽 2세대에 옮겨졌다는 의미다(Olson, 왕대일).

1) 제사에 관한 보충 규례: 소제와 전제(15:1-12)

레위기에서 소개된 희생제사는 번제, 서원제, 낙헌제, 화목제, 절기제가 있다. 여기에 속죄를 위한 속죄제와 속건제가 추가된다. 본 단락에서는 가나안 땅에 들어간 후 일반 희생제를 드릴 때 추가되는 규례들을 소개하고 있다. 가나안 땅에서 수확한 고운 가루(소제)와 포도주(전제)가 추가된다.

일반 희생제사의 제물은 소, 양, 염소, 비둘기이며 경제적 상황에 따라 제물이 결정된다. 극빈자의 경우에는 소제로 드릴 수도 있다. 본 단락에서는 비둘기와 희생제사용 소제는 제외되었는데 가난한 자의 경우 예물만으로도 충분하기 때문이라고 보인다.

소제는 고운 가루를 제물과 함께 태움으로 '향기로운 냄새'로 드리는 예배의 방법인데 감사와 찬송을 의미한다. 전제는 제물에 포도주를 부음으로 향을 더하는 제사 방법으로 역시 향을 더하기 위함이다. 포도주는 구약 이스라엘 백성에게 기쁨을 상징한다(시 4:7; 사 24:11). 이것은 가나안 입성 후에 가능한 규례다.

출애굽 1세대는 불평불만, 시기, 질투, 경쟁, 두려움과 불순종으로 가나안 땅을 얻지 못했다. 소제와 전제는 예배에 하나님께서 행하시는 일에 대한 감사와 기쁨을 더하는 것이다. 감사와 기쁨은 기본적인 영적 전쟁들을 물리칠 수 있는 최고의 방법이 된다(살전 5:16-18).

제사	제물		보충규례	레위기의 규례	비고
화제, 절기제 번제(희생제) 서원제, 낙헌제,	소(양)	소제	고운 가루 1/10에바 + 기름 1/4 힌	소제물 없음	수송아지, 숫양, 어린 숫양, 어린 염소, 각기 수요대로 준비
번제 또는 다른 제사	어린양	전제	포도주 1/4힌	전제물 없음	
	숫양	소제	고운 가루 2/10에바 + 기름 1/3힌	소제와 전제물 없음	
		전제	포도주 1/2힌		
번제 또는 화목제, 서원제	수송아지	소제	고운 가루 3/10 에바 + 기름 1/2 힌	소제와 전제물 없음	
		전제	포도주1/2힌		

2) 제사 규례의 적용 대상(15:13-16, 26, 29)

하나님은 이스라엘 백성이 가나안 땅에 들어가게 되면 예배의 적용 대상이 이스라엘 백성뿐만 아니라, 본토인과 거류하는 타국인으로 확장된다. 모든 본토인과 타국인이 해당되는 것은 아니고 여호와 하나님을 믿고 할례를 받은 자들이다. 그래서 70인역은 '타국인'을 '개종자'(프로셀루토스, proselutos)로 번역했다. 이것은 하나님이 가나안 땅에 들여보내는 이스라엘 백성이 단순히 혈족 공동체가 아닌 신앙공동체임을 보여 준다.

3) 첫 수확에 대한 소제(15:17-21)

하나님은 이스라엘 백성이 가나안 땅에 들어갔을 때 수확을 하게 되면 처음 익은 곡식 가루를 거제의 형식으로 드리라고 명령하신다. 거제(heave offering)는 하늘 높이 제물을 올리는 형식으로 하나님께서 주신 것에 대한 감사의 의미가 있다.

첫 수확에 관련된 규례는 두 가지의 배경을 가지고 있다.

첫째, 유월절 규례와 연관된다(출 13:2; 민 23:19; 34:26).
모든 처음 난 것은 여호와께 속한다는 것이다.
둘째, 초실절과 관련된다(레 23:9-14).
가나안 땅의 소유자가 하나님임을 인정하고 그 땅의 소산물은 하나님이 주신 선물임을 고백하는 것이다.

'처음 익은 곡식 가루'로 만든 떡(cake)은 납작한 과자 모양으로 '할라'(Hallah)라고 칭했다. 미쉬나에서는 '할라'에 대해 1권을 할애하여 설명하고 있다. '할라'(dough offering)는 반죽으로 드리는 예배라는 뜻이다. 미쉬나는 밀, 보리, 나맥(spelt), 귀리, 호밀로 만들도록 규정하고 있다(Hallah 1:1).

'처음 익은 곡식 가루'로 만든 떡은 거제로 드려야 한다. 거제는 제사장이 하나님을 향해 제물을 들어올리는 제사 방식으로 하나님의 것임을 인정한다는 의미다. 하나님은 이것을 '타작 마당의 거제' 같이 드리라고 하신다. '타작 마당의 거제'는 레위기 23:10-12에서 설명되는데, 초실절 곡식단을 제사장에게 드리면서 제사장이 거제로 드리며 하나님의 것임을 인정하는 제사 방법이다. 이 부분에서 첫 수확에 대한 소제와 초실절의 곡식단이 별개의 제물임을 알 수 있다.

4) 소제와 전제를 더한 속죄제(15:22-31)

이어서 하나님은 가나안 땅에 들어가게 되면 속죄제를 드릴 때도 소제와 전제를 더하여 드리도록 규례를 확장하신다. 이것은 예배에 감사와 기쁨을 더하는 것이다(시 42:4; 97:12). '속죄제'는 레위기 4장에서 구체적으로 언급되어 있는데, 계층에 따라 제사장과 온 회중은 수송아지로(레 4:2-21), 족장은 숫염소로(레 4:22-26) 그리고 평민은 암염소나 흠 없는 어린양(레 4:27-35)으로 속죄제를 드리게 되어 있다.

본문에는 제사장과 족장들을 제외한 일반 백성, 즉 회중과 평민들의 속죄제만 언급되었다. 이것은 가나안 땅에 들어가는 출애굽 2세대를 위한 규례이기 때문이다. 이 규례는 이스라엘 백성뿐만 아니라, 거류하는 타국인과 본토 소생 모두에게 적용된다.

영적 전쟁으로 푸는 민수기

출애굽 1세대는 영적 전쟁에서 철저히 실패하여 가나안 땅에 들어가지 못하고 광야에서 죽음을 맞이하게 되었다. 출애굽 1세대가 겪은 전쟁은 혈과 육에 대한 것이 아니었다. 불평불만, 시기, 질투, 경쟁, 두려움, 불순종에 의해 패배한 것이다. 지금도 사탄은 모든 그리스도인을 동일하게 공격한다. 기본적인 영적 전쟁에서 승리하지 못하면 신앙생활은 메마르고 어려워진다. 하나님은 기본적인 영적 전쟁에서 승리하는 1차 저지선을 소개하신다. 그것이 바로 '감사와 기쁨'이다.

설교 포인트

본문: 민수기 15:1-31
제목: 보다 강한 영적 전쟁을 준비하라

출애굽 1세대는 불평불만, 시기, 질투, 경쟁, 두려움, 불순종으로 광야에서 모두 죽음을 맞이했다. 영적 전쟁에서 패배하고 하나님의 나라를 누리지 못하게 된 것이다. 하나님은 출애굽 2세대에게 제사의 소제와 전제를 강조하시는데, 이것은 영적 전쟁을 위한 1차 저지선인 감사와 기쁨을 강조하신 것이다.

1. 신앙생활을 해 나갈수록 사탄의 미혹과 공격은 더욱 강해지고 교묘해질 것이다(요일 4:1).
2. 감사하고 기뻐하는 것은 기본적인 영적 전쟁을 이기는 능력이다(살전 5:16-18).
3. 시대를 분별하고 더욱 주님께 충성해야 한다(계 2:10).

2. 영적 전쟁의 마지노선: 예배와 묵상(15:32-41)

하나님은 가나안 땅에 들어간 후에 제사에 소제와 전제를 더 하여 드릴 것을 말씀하셨다. 이어서 하나님은 안식일에 일하지 말아야 하는 규례와 의복에 술을 다는 규례를 선포하신다. 이 장면 역시 민수기의 흐름과 어울리지 않는 듯 보인다. 하지만, 이 역시 가나안 땅에 들어가는 출애굽 2세대에게 전하는 말씀으로 안식일 준수와 말씀의 일상화가 얼마나 중요한지 강조하는 것이다.

1) 안식일을 범한 자에 대한 처벌(15:32-36)

15장 32-36절에서는 안식일에 나무하는 자가 발견되어 처벌받는 장면이 소개된다. 이 사건이 언제 일어났는지 알 수 없지만, 이곳에 기록된 이유는 선명하게 드러난다. 바로 출애굽 2세대에게 안식일 규례를 강조하기 위함이다.

이스라엘 백성이 광야생활을 하던 중 어떤 사람이 안식일에 나무하는 것이 발각되었다. 하나님은 안식일 규례로 안식일에는 아무 일도 하지 말라고 명하셨다(출 20:10). 또한, '그날에 일하는 자는 모두 그 백성 중에서 그 생명이 끊어지리라'고 엄하게 경고하셨다(출 31:15).

이 사람은 현행범으로 잡혔는데 율법대로 정말 죽여야 하는 것인가?

모세와 아론도 이러한 사건은 처음이기에 일단 가두어 두었다. 하나님은 모세에게 안식일을 범한 자를 죽이라고 명령하셨고 온 회중은 진영 밖으로 그를 데리고 나가 투석형을 집행했다. 사실 이것은 매우 힘들고 어려운 일이었을 것이다. 온 회중이 사형 집행관이 되어야 하기 때문이다. 하지만, 하나님은 법대로 진행하게 하신다. 새로운 세대는 출애굽 1세대와는 다르기를 원하셨다.

2) 옷단 귀에 술을 만들라(15:37-41)

민수기는 안식일에 일한 자에 대한 처벌 이야기에 이어 옷에 술을 달라는 명령을 소개하고 있다. 하나님은 옷단 끝부분에 술을 만들고 청색 끈을 그 술에 더하도록 하셨다. 이스라엘 백성이 입던 옷은 큰 직사각형 모양으로 중앙 부분에 구멍을 뚫어 머리를 넣고 앞뒤로 걸치는 형태다. 이런 형태의 옷을 '튜닉'(tunic)이라고 한다. 이 옷은 소매는 없고 무릎이나 때에 따라 발목까지 오게 입었다. 이것이 가장 기본적인 옷이고 그 위에 가죽이나 털옷을 더하여 입는다.

하나님은 이 옷단의 네 모퉁이에 술을 만들어 달라고 하신다. '술'은 '꼬인 실'이라는 뜻으로 이 규례는 신명기 22:12에 다시 언급된다. 그리고 이 술에 청색 끈을 넣어 마무리하게 했다. 청색 실은 성막 이동에 쓰이는 보자기의 재료로 언급이 되었다(4:6-7). 색깔의 의미는 정확히 설명되어 있지 않지만, 하나님이 지목했기에 신비감을 주는 것은 분명하다.

하지만, 옷단에 술을 만들고 청색 실을 더하게 하시는 이유에 대해서는 명확하게 설명하신다. 술을 볼 때마다 여호와의 모든 계명을 기억하고 준행하도록 하기 위함이다.

왜 하나님의 계명을 기억하고 준행해야 하는가?

그 이유는 하나님이 이스라엘을 애굽에서 인도해 내셨기 때문이다. 즉, 이스라엘 백성은 하나님의 소유라는 것이다. 고대 사회에서 종은 주인의 명령에 절대적으로 복종해야 했고 명령을 거역하면 죽어야 했다.

|||||||||||||||||||||||||| **영적 전쟁으로 푸는 민수기** ||||||||||||||||||||||||||

출애굽 1세대는 기본적인 영적 전쟁에서 철저하게 패배하며 풍성한 삶을 누리지 못하고 광야에서 죽음을 맞이하게 되었다. 출애굽 2세대는 달

라야 한다. 하나님은 이들에게 영적 전쟁을 위한 제일 중요한 원칙을 제시하신다. 그 첫 번째가 '감사와 기쁨'이었다. 사실 감사하고 기뻐하는 삶은 기본적인 영적 전쟁 대부분을 이겨낼 수 있다. 이어서 하나님은 안식일 준수와 옷단 귀에 술을 다는 명령을 내리셨는데, 이것은 주일성수와 말씀 묵상을 의미한다.

믿음의 선배들은 신앙생활에 기본과 핵심이 되는 사항으로 '주일성수'를 강조해 왔다. 오늘날의 주일성수가 구약의 안식일 규정과는 많은 차이가 있음에도 불구하고 그 핵심 가치는 변하지 않는다. 주일 예배는 단순히 종교의식이 아니다. 하나님을 우리의 주인으로 인정하는 것이다. 주일성수는 신앙의 기본임과 동시에 핵심이다. 주일성수, 곧 예배는 영적 전쟁의 기본기 중의 기본기다.

또한, 사탄의 공격을 물리칠 수 있는 공격 수단은 하나님의 말씀밖에 없다. 말씀은 우리의 기준이 된다. 말씀을 통해 하나님을 알고 세상의 것과 하나님의 것을 분별하게 된다. 이로 인해 우리는 강해지고 용맹해진다(단 11:32). 말씀 묵상은 절대 포기할 수 없는 영적 전쟁의 기본기다.

설교 포인트

본문: 민수기 15:32-41
제목: 영적 전쟁의 마지노선

하나님은 출애굽 2세대에게 가나안 땅에 살면서 절대 놓치지 말아야 할 두 가지 신앙 요소를 알려 주신다. 신앙생활을 지속할수록 사탄의 공격은 더욱 강해진다. 따라서 신앙생활의 가장 기본이 되는 주일성수와 말씀 묵상을 절대 포기해서는 안 된다.

1. 안식일에 예배드리는 것은 신앙생활에서 가장 기본이다(요 4:23).
2. 우리의 신앙은 말씀 위에 서 있어야 한다. 말씀 묵상은 일상의 삶에 기준이 된다(수 1:8-9).
3. 그리스도인의 삶은 주일에 말씀을 듣고, 평일에 말씀을 묵상하며 살아가는 것이다(엡 6:17).

제3장

진보된 영적 전쟁(16:1-20:19)

출애굽 2년 2월 1일 인구 조사를 명령받은 이스라엘 백성은 20세 이상 전쟁에 나갈 만한 자를 계수하게 된다. 이것은 이스라엘 백성이 정복 전쟁을 위해 군사공동체로 부름 받았다는 것을 의미한다. 인구 조사를 할 때 레위인은 제외되는데, 그들은 성막의 이동과 관리의 임무를 맡게 된다. 이스라엘 백성이 행군할 때 그 중심에는 언제나 성막이 있었다. 이것은 그들이 예배공동체로 부름 받았음을 보여 준다.

군사공동체이며 예배공동체인 이스라엘 백성은 예배를 잘 드리면 전쟁에서 승리하고, 그렇지 못하면 패배하는 구조를 가지게 된다. 따라서 예배는 종교 행위가 아니라, 하나님과의 관계성을 의미한다. 이스라엘 백성은 전쟁 준비를 마치고 출애굽 2년 2월 20일 시내광야를 출발해 3개월에 걸쳐 바란광야 가데스 바네아에 이르게 된다.

군사로 출정한 이스라엘을 기다리던 전쟁은 무시무시한 적들이 아니었다. 먹을 것이 없다는 불평불만, 모세의 리더십에 대한 시기, 질투, 경쟁, 가나안 족속에 대한 두려움, 하나님 명령에 대한 불순종이라는 영적 전쟁이었다. 이스라엘 백성이 처절하게 이 전쟁들에 패배했고 결국 가나안 땅에 들어가지 못하고 광야에서 40년 세월을 보내며 모두 죽음을 맞이하게 된다.

하나님은 출애굽 2세대를 가나안 땅으로 인도하기로 작정하시고 영적 전쟁의 승리를 위한 가장 기본이 되는 요소들을 강조하신다. 대부분의 기본적인 영적 전쟁에서 승리할 수 있는 '감사와 기쁨' 그리고 영적 전쟁의 마지노선이라 할 수 있는 '예배와 묵상'이었다.

많은 그리스도인이 신앙생활 초기에는 불평불만, 시기, 질투, 경쟁, 두려움, 불순종으로 힘들어한다. 신앙이 성숙해지면서 감사와 기도로 영적 전쟁의 대상을 하나씩 하나씩 정복해 가며 하나님 나라를 일상에서 누리게 된다. 하지만, 이러한 과정에서 사탄은 좀 더 교묘하게 진보된 방법들로 성도들을 미혹하여 하나님 나라를 잃어버리게 한다. 이러한 것을 '진보된 영적 전쟁'(the advanced spiritual warfare)이라고 하겠다.

1. 정의감과 동정심(16:1-17:13)

출애굽 1세대는 가데스 바네아에서 가나안 땅 입성을 하나님께 거절당했다. 그들은 젖과 꿀이 흐르는 풍성한 삶과 생명을 잃어버리게 되었다. 이제 새로운 세대로 그 무대가 넘어간다. 새로운 세대가 첫 번째 만난 영적 전쟁은 고라 자손이 모세와 아론의 지도력에 도전하는 장면이다.

사실 지도력에 대한 도전은 미리암과 아론에게서도 발견되었었다. 사탄이 시기, 질투, 경쟁의 마음을 자극하여 하나님 나라를 파괴하려는 영적 전쟁의 상황이 다시 벌어진 것이다. 상황은 비슷하지만, 새로운 세대에게는 좀 더 심각한 상황으로 전개된다. 이것은 하나님께 징계로 죽은 자들에 대한 백성들의 원망이었다. 이 원망의 근거는 정의감과 동정심이다.

1) 고라의 반역(16:1-40)

광야생활 기간 중 언제인지 특정할 수 없는 시기에 레위 지파의 고라가 250명의 지도자와 당을 짓고 모세와 아론을 대적하는 일이 벌어졌다. 그 이유는 모세와 아론이 지도력을 독점하고 있기 때문이었다. 이 사건은 민수기 19장까지 이어지는데, 광야생활 중에서 매우 충격적이고 위태로운 사건 중에 하나다. 반역한 250명은 하나님의 불로 죽임을 당하고 그의 가족들이 땅이 갈라져 죽임을 당하게 된다.

(1) 고라와 다단과 아비람의 반역(16:1-3)

고라는 레위 족속 중 고핫의 자손이다. 그의 아버지는 이스할이고 이름의 뜻은 '대머리'이다. 그는 르우벤 지파의 엘리압의 아들 다단과 아비람, 벨렛의 아들 온 그리고 이름있는 지휘관 250명과 함께 당을 짓고 모세와 아론에게 대항한다. 반역의 이유는 모세와 아론의 지위를 시기하여 도전한 것이다.

반역을 위해 고라는 특별히 르우벤 지파의 유력자 '다단'(법), '아비람'(높은 아버지) 그리고 '온'(고통)을 선택했다. 고라가 이들을 선택한 이유에 대해서 미드라쉬에서는 진을 친 위치와 연결하여 설명한다. 고라가 속한 고핫 자손은 성막의 남쪽에 진을 쳤고, 르우벤 지파도 남쪽에 진을 쳤다. 이들은 같은 지역에 있으면서 공감대가 많이 형성된 것으로 보인다(Bamidbar Rabbah 18:3).

요세푸스는 고라가 돈이 많은 달변가로 군중을 쉽게 설득할 줄 아는 사람이었다고 설명한다. 고라는 르우벤의 지도자들을 설득할 때 공공의 이익을 추구하는 사람으로 보이려고 했고 군중의 힘을 빌려 대제사장직을 빼앗고자 계략을 세웠다고 설명한다(Josephus I. 4. 2. 2-3).

(2) 모세의 대응(16:4-7)

모세가 고라 일당의 이야기를 듣고는 그 자리에 엎드러졌다. '엎드러지다'(나팔, *nāpal*)는 육체적 심리적 충격으로 넘어지는 모습을 의미한다. 고라 일당의 분수에 지나친 행동에 모세가 큰 충격을 받았음을 알 수 있다.

여기에는 참을 수 없는 분노와 우매한 백성들에 대한 깊은 탄식이 담겨 있다(민 14:5 참고).

모세는 이전에 백성들의 어리석음에 대해서 하나님께 묻는 모습과는 다르게 즉각적으로 대응한다. 본문에는 언급되어 있지 않지만, 하나님께 묻는 기도가 분명히 있었을 것이다(Noordtzij). 모세가 제시한 것은 다음날 아침에 향로를 가지고 여호와께로 나오면 누가 거룩하고 택함 받은 자인지 알 수 있다고 했다.

왜 모세가 향로를 가지고 나오라고 했는지 그 이유가 명확히 기록되어 있지 않다. 결과적으로 아론을 제외한 다른 사람들은 여호와의 불에 심판을 받았다. 향을 드리는 일은 제사장에게만 허락된 것이다. 일반인은 물론 레위인에게도 허락되지 않았다. 심지어 제사장이 하나님의 지시대로 분향하지 않으면 심판을 받게 된다(레 10:1-2). 향로의 연기는 대제사장이 지성소에 들어갈 때 죽음을 피하게 하는 보호 장치가 된다(레 16:13).

(3) 모세의 책망(16:8-11)

향로를 준비하라는 명령 후, 모세는 고라와 레위 자손들을 책망한다. 그 이유는 여호와를 거슬렀기 때문이다. 즉, 고라의 무리는 아론과 모세에 대해 대항했지만, 궁극적으로 이것은 아론과 모세를 세우신 하나님의 권위에 대한 도전이라는 것이다.

하나님 나라에서 직위의 높고 낮음은 중요하지 않다. 각자에게 부여된 직무에 감사하며 충성할 것을 명령받았다(고전 4:1-3; 12:25-26). 하나님은 레위인을 구별하여 하나님을 가까이에서 섬기게 하셨다. 이것은 결코 작은 일이 아님에도 인간적인 시기심과 질투심에 더 높은 지위와 더 큰 일을 갈망한 것이다.

또한, 모세는 고라가 대제사장의 지위를 탐내고 있다는 것을 알고 있었기에 반문한다.

"아론이 어떠한 사람이기에 너희가 그를 원망하느냐?"

이 구절을 좀 더 문자적으로 번역하면 "너희가 불평하는 아론이 누구냐?"이다. 이것은 아론의 대제사장 직분이 사람에게서 나온 것이 아니고, 하나님이 부여하신 것임을 강조하는 말이다.

(4) 다단과 아비람의 소집 무시(16:12-15)

모세는 고라와 레위인을 책망한 후 르우벤 지파의 지도자인 다단과 아비람을 불러 책망하려고 했다. 그러나 그들은 모세의 호출을 무시하며 고 원망을 쏟아냈다.

"오히려 스스로 우리 위에 왕이 되려 하느냐?"

"우리를 인도하여 들이지도 아니하고 기업으로 주지 아니한다."

이것은 모세의 권위에 대한 직접적인 도전인 것이다.

고라의 도전이 대제사장 아론에 대한 도전이었다면, 다단과 아비람의 도전은 모세의 리더십에 대한 도전이었다. 이들은 모세가 이스라엘 백성을 이용해 스스로 왕이 되려 한다고 평가했다.

"이 사람들의 눈을 빼려느냐?"

이 말은 지금까지 백성들의 눈을 멀게 하여 종을 삼았다면, 이제 자신들은 더 이상 이렇게 끌려다니지 않겠다는 것이다. 르우벤 지파 지도자들의 도전에 크게 노한 모세는 하나님께 탄원했다.

"그들의 예물을 돌아보지 마옵소서."

이것은 그들을 향한 은혜를 거둬달라는 표현이다(Allen). 우리가 드리는 예물에는 어떤 능력도 없다. 그것을 은혜로 받아 주시는 하나님께 능력이 있는 것이다.

1절에 고라와 당을 지은 르우벤 지파 지도자들은 다단, 아비람 그리고 벨렛의 아들 '온'(On)이 있었다. 그런데 모세의 호출을 받은 대상 중에는 '온'이 빠져있다. 성경에는 그 이유가 언급되어 있지 않지만, 탈무드에서는 반역을 꾀하는 온의 아내가 "모세가 지도자가 되든 고라가 지도자가 되든 온의 신분은 별 차이가 없다"라고 설득하여 반역에서 회유했다고 설명한다(Ein Yaakov, Sanhedrin 11:124).

(5) 하나님의 심판(16:16-35)

르우벤 지파의 지도자 다단과 아비람이 소집에 거절하자, 모세는 고라와 그를 따르던 250명에게 각자의 향로를 들고 반역 다음날 여호와 앞으로 모이라고 지시한다. 다음 날이 밝았고 고라의 일당과 온 회중이 회막 문 앞에 모였다. 이때 여호와의 영광이 그들 가운데 나타났고 모세와 아론에게 "회중에게서 떠나라"고 지시하신다.

모세와 아론은 하나님이 온 회중에게 진노를 발하실 것을 직감하고 중보자로 선다. 하나님 역시 모세와 아론의 중보를 기다렸다는 듯이 회중들에게 "고라와 다단과 아비람의 장막 사방에서 떠나라"고 지시하신다. 더불어 모세는 고라의 일당을 "악인들"이라고 칭하며 그들의 물건은 아무 것도 만지지 말라고 명한다.

하나님의 심판은 처참했다. 고라와 그 일당 250명은 여호와께로부터 나온 불에 죽임을 당했다. 또한, 땅이 갈라져 다단과 아비람, 그들의 처자와 유아들 그리고 고라에게 속한 모든 사람과 그 재물까지 다 삼켜 버렸다. 이 장면을 본 이스라엘 백성은 부르짖으며 두려워 도망했다.

여호와의 심판이 모세를 통해 경고 되었을 때 다단과 아비람이 자기들의 처자와 유아들까지 함께 나와 장막 문 앞에 선 모습은 하나님에 대해 매우 도전적인 태도로 보인다. 반면 고라의 자손들은 이 심판에서 제외된다(26:11). 그 이유가 성경에 나와 있지는 않지만, 아버지의 반역에 동참하지 않았거나 회개했음을 짐작할 수 있다.

고라 자손들은 훗날 성전의 문지기로 활동하며(대상 9:19) 여러 시편을 만들어 '하나님을 찬양하는 사람'이 된다(시 42-49; 84; 85; 87; 88).

미드라쉬에서는 하나님의 심판 앞에서 고라의 아들들은 "우리는 거룩하시고 찬송 받으실 분께서 우리를 위해 행하신 일을 알고 있으니 두려워하지 말라"고 고백했다고 전하고 있다(Tehillim 46:2).

(6) 반역자들의 향로(16:36-40)

고라의 일당 250명이 여호와께로부터 나온 불에 의해 죽게 된다. 그들은 비록 죽었지만, 그들이 가지고 있던 향로는 남아 있었다. 그들이 준비한 향로의 연기는 하나님의 심판을 막아주지 못했다. 하나님은 당신의 거룩함을 보존하기 위해 그 향로의 불을 다른 곳에 버리고 향로는 모아 기념물로 만들도록 지시하신다. 비록 심판이기는 하지만 하나님의 거룩한 불에 닿은 것이기에 거룩하게 처리되는 것이다(Allen).

이 사역은 아론의 아들 엘르아살이 담당했다. 모아진 향로는 쳐서 제단을 싸는 철판을 만들어 기념물(표)로 삼았다. 구체적으로 어떻게 활용했는지 성경에 기록되어 있지 않다. 어떤 학자들은 이미 번제단이 완성된 상태이기 때문에 향로로 만든 철판을 덧붙이는 것은 불가능하다고 본다. 하지만, 다른 학자들은 제단의 청동을 주기적으로 교체해야 했다는 사실을 찾아내어 문제의 해결점으로 제시한다(Noordtzij).

하나님은 향로로 만든 철판을 통해 두 가지의 교훈을 주고자 하셨다.

첫째, 아론 외에 누구도 여호와 앞에 분향하러 가까이 오지 못하게 하려는 것이다.

둘째, 그 누구도 고라 일당과 같이 하나님이 세우신 권위에 도전함으로 심판받지 않게 하기 위함이었다.

2) 정의감과 동정심에 사로잡힌 백성들(16:41-50)

고라 일당의 모세와 아론에 대한 반역은 기본적인 영적 전쟁에서도 있었던 일이다. 미리암이 모세의 권위에 도전했다가 나병으로 죽을 뻔했던 일이다. 고라, 다단, 아비람 역시 시기심과 질투심에 미혹되어 하나님이 세우신 권위에 도전한 것이다. 그런데 문제는 여기서 끝나지 않는다. 보다 진보된 영적 전쟁이 기다리고 있었다. 그것은 바로 '정의감'과 '동정심'이다.

(1) 백성의 원망과 하나님의 진노(16:41-45a)

고라 일당 250명이 여호와께로부터 나온 불에 의해 죽고 다단과 아비람을 비롯한 고라를 따르던 자들의 집과 재물 그리고 그에 속한 사람들까지 땅이 삼켜버리는 엄청난 사건이 벌어졌다. 이 일에 대해 이스라엘 온 회중이 모세와 아론을 찾아와 또다시 대적했다. 백성들이 모세와 아론에게 분노하는 이유는 정의감과 동정심이었다.

"당신들이 여호와의 백성을 죽이다니 말이 되는 거요?"(현대어성경 16:41)

죽임을 당한 자들 중에는 어린아이들도 있었고 부녀자들도 있었는데 불쌍하다는 것이다. 또한, 고라 일당의 죄에 대해 이러한 형벌이 합당하지 않다는 것이다.

백성들의 분노를 대면한 모세와 아론은 하나님을 향해 몸을 돌렸다. 동시에 하나님의 영광이 구름 가운데 나타났다. 모세와 아론은 회막 앞으로 향했고 하나님은 모세에게 고라 일당에게 행하셨던 것과 같이 온 백성을 순식간에 멸하고자 하니 떠나라고 하신다. 고라 일당이 하나님의 진노로 불에 타 죽고 땅이 삼켜버리는 것을 보았음에도 또다시 분노하는 백성들을 향해 하나님은 더 이상 참지 못하시겠다는 것이다.

(2) 모세와 아론의 중보(16:45b-50)

하나님의 진노 섞인 명령을 들은 모세와 아론은 즉시 엎드렸다. 중보자 모세의 모습이 또다시 나타난 것이다. 모세는 하나님과 대화 없이 즉각적으로 중보적 조치를 아론에게 명령한다. 향로 하나를 가져다가 향료를 넣고 회중에게 가져가 그들의 죄를 속죄하라는 것이다. 왜냐하면, 이미 진노가 시작되었기 때문이다.

아론은 모세의 지시대로 향로를 취하여 조금 전까지 자신들을 대적하던 백성들에게로 들어간다. 이미 재앙은 진행되고 있었고 아론은 향로에 불을 피워 죽은 자와 산 자 사이에 선다. 재앙이 전진하지 못하도록 가로막은 것이다. 하나님의 심판은 중보자로 선 아론을 통과하지 못하고 중지된다. 이 사건 만으로 14,700명이 죽었다. 하나님의 진노와 아론의 중보 사이에 그리 긴 시간이 지나지 않았다. 모세는 아론에게 '급히'(quickly) 가라고 명령할 정도로 긴박한 상황이었다. 순식간에 14,700명이 죽은 것이다. 두 노인이 수많은 이스라엘 백성의 생명을 지켜낸 것이다.

3) 아론의 싹난 지팡이(17:1-13)

고라 일당의 반란에 대해 하나님은 250명을 불살라 죽이시고 그의 가족들을 땅이 삼켜 버리게 하셨다. 이 일에 대해 백성들은 정의감과 동정심에 사로잡혀 다시 모세와 아론을 공격한다. 하나님은 다시 염병으로 징계하셨는데 14,700명이 죽게 된다. 모세와 아론의 중보가 없었다면 더 큰 피해가 있었을 것이다. 하나님은 정의감과 동정심이라는 사탄의 전략에 넘어가지 않는 방법을 한 가지 사건으로 알려 주신다.

(1) 가문을 따라 지팡이를 하나씩(17:1-7)

모세와 아론의 중보로 염병이 그치자, 하나님께서는 모세를 불러 각 지파 족장의 지팡이를 모아 각 지파 족장의 이름을 기록하여 증거궤 앞에 두라고 명하신다. 이때 레위 지파의 지팡이에는 아론의 이름을 적게 하신다. 그 이유는 하나님이 택하신 일꾼이 누구인지 지팡이에서 싹이 남으로 명확히 보여 주고 더 이상 하나님이 세우신 질서에 대해 원망하지 못하게 하시기 위함이었다.

이 명령에 따라 지파별 지휘관의 지팡이 12개가 모아졌고 레위 지파를 위해서는 아론의 지팡이가 준비되었다. 이것들을 모세는 법궤 앞에 두었다.

(2) 아론의 싹난 지팡이(17:8-11)

이튿날 모세가 지성소로 들어갔을 때 아론의 지팡이에서 싹이 나고 꽃이 피어 살구 열매(almonds)가 맺힌 것을 보게 된다. 모세는 민수기를 기록하면서 살구 열매가 맺혀진 상태만 기술하지 않고 옆에서 관찰한 듯이 진행 과정을 순서대로 언급했다.

하나님은 지팡이를 모아 놓으면 그중에서 하나님이 택하여 세우신 지도자의 지팡이에 싹이 날 것이라고 말씀하셨다. 그런데 다음날 모세가 발견한 지팡이는 싹이 났을 뿐만 아니라 꽃이 피고 열매까지 맺힌 상태였다. 하나님은 아론의 권위를 입증해 주심에 있어 과할 정도로 충만히 행하신 것이다(Allen).

모세는 깜짝 놀라 즉시 지팡이를 모두 들고 밖으로 나가 원주인에게 돌려주었다. 온 백성은 하나님께서 지목하신 이가 누구인지 확인받게 되었다. 새순이 나고 열매가 맺히기까지 몇 주의 시간이 필요한데, 이것을 하룻밤 사이에 이뤄내신 하나님의 놀라운 능력이 아론을 지켜 보호하고 계심을 확인받은 것이다. 살구(쇠케드, šāqēd)라는 단어는 히브리어 '지키다,

잠자지 않고 망보다'의 뜻을 가진 '솨카드'(šāqad)에서 파생되었다.

고라 일당의 공격과 백성들의 원망으로 인해 가장 큰 상처를 받았을 사람은 아론이었다. 하나님이 살구 열매의 기적으로 자기 권위를 세워 주심에 아론은 큰 위로와 안심을 얻었을 것이다.

하나님은 아론의 싹난 지팡이를 증거궤 앞에 보존하라고 명하신다. 이로써 법궤 앞에 놓일 십계명 돌판, 만나 항아리 그리고 아론의 싹난 지팡이 삼 종 세트가 완성된다(히 9:4). 아론의 싹난 지팡이를 간직하게 한 이유는 백성들로 다시는 대제사장의 권위에 원망하지 못하게 하기 위함이다.

법궤는 하나님 현현의 상징이었다. 법궤 앞에 십계명 돌판, 만나 항아리, 아론의 싹난 지팡이가 있었음은 하나님의 성육신이신 예수님과 직접적으로 연관된다. 말씀이 육신이 되어 오신 예수님, 참된 양식으로 오신 예수님, 영원한 대제사장으로 오신 예수님으로 완성된다.

본문에서 하나님은 대제사장의 사역을 대적하는 자를 죽음에 이르게 함을 강조하신다. 영원한 대제사장이신 예수님이 부활의 첫 열매가 되심으로 그분의 신적 권위가 인정되었으니, 예수님의 구원 사역에 그 어떤 것도 훼방할 수 없음이 확인된다.

(3) 백성들의 회개(17:12-13)

백성들은 순간적으로 자신들이 엄청난 범죄를 저지른 것을 깨닫고 한탄한다.

"보소서 우리가 죽게 되었나이다 … 우리가 다 망하여야 하리이까?"

이것은 살려달라는 것이다. 출애굽 1세대와 새로운 세대의 차이점이 여기서 드러나는데, 바로 '죄 고백'이다. 자신들의 잘못을 인정하는 것이다. 새로운 세대가 만난 진보된 영적 전쟁의 첫 번째는 정의감과 동정심이었다. 정의감과 동정심보다 더 우선되어야 하는 것이 하나님의 말씀이고 하나님의 질서다.

영적 전쟁으로 푸는 민수기

모든 일이 올바르게 이뤄지길 바라는 정의감과 사람들을 불쌍히 여기는 동정심은 좋은 것이다. 하지만, 죄의 본질은 자기중심적으로 좋은 것을 지나치게 추구하는 것에 있다. 사탄은 이것을 잘 알기에 교묘하게 사람들을 '정의감과 동정심'으로 미혹한다.

"왜 하나님은 이 세상에 악한 자들을 가만히 놔두시는가?"

"왜 하나님은 세상을 사랑한다고 하시면서 가난하고 병든 자를 내버려 두시는가?"

이러한 질문은 정의감과 동정심으로 가득하다. 그 안에는 하나님까지도 자기중심적인 선과 악의 기준으로 판단하게 하는 사탄의 교묘한 미혹이 숨겨져 있다.

개인의 신앙뿐만 아니라, 수많은 교회가 정의감과 동정심에 의해 분열하고 파괴되어 왔다. 예를 들어, 목회자의 허물이 드러났을 때 당회가 온정주의로 눈감아 주었다고 하자. 이때 교회는 '목사가 어떻게 그럴 수 있느냐' 하고 목소리를 높이는 정의로운 무리와 '그래도 고생한 세월이 있는데'라고 동정하는 무리로 나뉘게 된다. 어느 순간 사건의 본질은 사라지고 감정 대립만 남아 교회는 분열하고 파괴된다. 사탄의 교묘한 전략을 볼 수 있어야 한다.

사회에서도 정의감을 자극하여 사람들의 마음을 사로잡는 선동꾼이 허다하다. 또한, 사람들의 동정심을 이용해서 자기 목적을 이루려 하는 사기꾼도 너무 많다. 교회 내에서도 자기의 판단에 옳지 않다고 생각하면 '어떻게 교회가 이럴 수 있는가?'라며 분노에 휩싸여 하나님을 떠나는 사람이 많다. 일부 사회복지단체나 장애인단체가 사람들의 동정심을 자극하여 부당한 모금을 하는 사례도 뉴스에서 어렵지 않게 보게 된다.

정의감과 동정심은 '자기중심성'(self-centeredness)에서 나타난다. '자기중심성'은 선과 악을 스스로 판단하여 하나님처럼 되고자 하는 죄의 본질이다. 사탄은 우리의 마음속에서 자신을 선과 악의 기준이 되라고 미혹한다. 내가 알고 있는 것이 전부인 것처럼, 나의 느낌이 맞는 것처럼, 내 결정과 행동이 옳은 것처럼 미혹한다.

하지만, 내가 알고 있는 정보는 불완전하고 내 느낌은 언제나 편한 쪽으로 흐르며 나의 행동은 나의 의지와 정반대로 나타날 때도 많다. 이 세상에 옳고 그름의 유일한 기준은 하나님밖에 없다.

정의감과 동정심은 선과 악을 자기중심적으로 판단하는 데서 시작된다. 나의 지식, 감정, 의지를 미혹하여 하나님되라고 하는 사탄의 공격을 대적해야 한다. 하나님은 성경 곳곳에 하나님의 기준 위에 정의감과 동정심을 놓지 못하도록 경고하신다. 하나님은 재판할 때 가난한 자들이 불쌍하다고 편들지 말라고 하신다(레 19:15). 또한, 외모로 사람을 판단하지 말라고도 하신다(신 16:19).

구약 율법에는 '동형복수법'(lex talionis)이 있다. '이에는 이, 눈에는 눈'으로 유명하다(레 24:20; 신 19:21). 잔인해 보이는 법률 같지만, 사실은 매우 정의로운 형벌이다. 이러한 제한적 법률이 없다면 사람들은 작은 일에도 잔인한 복수로 앙갚음할 것이다. 하나님은 율법에 근거한 재판, 즉 '죄형법정주의'를 추구하신다. 정의감에 넘치는 개인적 보복은 일절 금하신다. 심지어 하나님은 도피성 제도를 만드셔서 정의감에 휩싸인 사람들로 인한 억울한 죽음을 방지하신다(민 35:11-12).

하나님은 가난한 자들, 고아와 과부, 나그네에게 환대하는 것을 성경 곳곳에서 강조하셨다(출 22:22; 신 10:18; 14:29; 24:17; 27:19). 이러한 사회적 약자들에 대한 배려나 환대의 근거는 절대 동정심이 되어서는 안 된다. 도움을 받는 사람들에게는 상처가 되고 도움을 주는 사람들에게는 교만의 근거가 된다. 이러한 환대의 근거는 동정심이 아니라 하나님의 명령에 근거한다. 이런 까닭에 팀 켈러(Tim Keller)는 가난한 자들에 대한 구제를 '정의 사역'이라고 칭했다. 구제는 해도 되고 안 해도 되는 영역이 아니라, 하나님의 명령이기 때문에 반드시 행해야 하는 것이다.

설교 포인트

본문: 민수기 17:1-13
제목: 정의감과 동정심이 아닌 하나님 말씀의 기준으로 살아야 한다

인본주의는 인간의 이성과 감정이 기준이 된다. 그러나 기독교인은 우리의 감정과 생각이 아닌, 하나님의 말씀이 기준이 되어야 한다. 우리는 사람을 긍휼히 여겨야 하지만, 자신의 감정이 아닌 하나님의 말씀에 근거한다. 때론 사람을 징계할 때도 있다. 이 역시 그 기준은 우리의 감정이 아닌 하나님의 말씀이 기준이 되어야 한다.

1. 재판장은 가난한 자의 편을 들거나 세력 있는 자를 두둔해서는 안 된다 (레 19:15).
2. 이스라엘 백성은 가나안 일곱 족속을 진멸할 때 불쌍히 여기거나 아까워해서는 안 된다(신 7:1-2).
3. 우리의 행동과 판단의 기준은 하나님의 말씀이 되어야 한다(시1:1-6).

---

2. 직분과 상급(18:1-32)

영적 전쟁에 패배한 출애굽 1세대는 가나안 땅 입성이 거절되고 광야에서 40년 생활을 하며 생을 마감하게 된다. 하나님은 새로운 세대를 인도하여 가나안 땅으로 행진해 나가신다. 이들은 기본적인 영적 전쟁과 더불어 보다 진보된 영적 전쟁을 경험하게 된다. 첫 번째는 정의감과 동정심이었다. 정의감과 동정심은 좋은 것이기에 분별하기가 어렵다. 하지만, 그 중심에는 선과 악을 자기중심적으로 판단하는, 즉 스스로 하나님 되라는 사탄의 미혹이 있음을 알아야 한다. 정의감과 동정심보다 하나님의 말씀과 질서가 우위에 있음을 기억해야 한다.

고라 일당의 사건과 연결되어 두 번째 진보된 영적 전쟁이 나오는데 하나님이 주신 직분(부르심)과 그에 대한 상급과 관련된 내용이다. 고라 일당의 반란은 직분과 상급에 대한 오해에서 기인했다. 사탄은 신앙생활을 오래, 혹은 열심히 하는 성도들에게 직분과 상급에 대한 오해를 통해 하나님 나라를 빼앗고 파괴하고 있다. 사탄은 하나님의 부르심을 높고 낮음의 수직적 사고로 판단하게 하고 하나님의 상급을 일한 것에 대한 대가로 바라보게 한다.

1) 제사장과 레위인의 직무(18:1-7)

고라 일당의 사건으로 백성들은 정의감과 동정심에 휩싸여 모세와 아론을 대적하다 14,700명이 염병으로 죽었다. 하나님은 아론이 맡고 있는 대제사장의 직분이 하나님께로부터 왔음을 입증해 주시기 위해 아론의 지팡이에 싹이 나게 하셨다. 고라 일당이 모세와 아론에게 대항한 이유는 시기와 질투 때문이었다. 하지만, 이것의 근본적 이유는 직분에 대한 오해였다. 고라가 속한 레위인은 제사장과 레위인을 계급의 관점으로 바라보았다.

(1) 제사장과 레위인에 대한 부르심(18:1-4)

레위기 10:8을 제외하고, 본 단락은 모세오경에서 유일하게 하나님이 '아론'에게 직접 말씀하시는 장면이다. 그 이유는 본문이 아론의 싹난 지팡이 사건과 연결되기 때문이다. 본 단락은 대제사장, 제사장 그리고 레위인의 부르심에 대한 이야기인데, 하나님은 직분에 대한 이해도가 낮은 새로운 세대에게 다시금 강조하실 필요가 있었다.

제사장의 부르심의 목적은 "성소에 대한 죄"와 "제사장 직분에 대한 죄"를 함께 담당하는 것이다. 이 구절의 의미를 현대어성경에서 잘 표현해 주고 있다.

> 성소에서 일을 볼 때 누구든지 잘못하는 일이 있으면 너와 네 후손들과 레위인이 책임을 져야 한다. 또 제사장 일을 잘못 보는 경우가 있을 때는 너와 네 후손들이 책임을 져야 한다(민 18:1, 현대어성경).

제사장은 군림하는 자리가 아니라 죄를 담당하는 자리이다. 제사장의 직무 자체가 하나님과 백성들 사이에서 중보자의 역할을 감당하는 것이다. 백성들의 죄를 가슴에 품고 하나님께 나아가 회개하고 하나님의 말씀으로 백성들을 축복하는 책임이 있다. 고라 일당이 아론의 권위에 도전한 것에는 일부분 제사장들의 책임도 있었음을 추측할 수 있다. 뒤에 레위인이 제사장을 위한 '선물'이라는 표현에서 더 확실해진다.

하나님은 레위인의 부르심의 목적과 한계를 설명하신다. 제사장을 돕는 것, 장막의 모든 직무를 지키는 것 그리고 성소의 기구와 제단에는 가까이하지 못하는 것이다. 하나님은 레위인 외에는 성막에 가까이하지 못하게 하신다. 스스로 하찮은 일을 하고 있다고 생각하는 레위인에게 성막을 지키는 일은 일반 백성들이 가까이할 수 없는 특수한 사역이라고 말씀하시는 것이다. 특별히 구별하여 선택된 레위인만 할 수 있는 사역이기 때문에 충성스럽게 감당하길 요구하신 것이다.

(2) 제사장과 레위인의 관계(18:5-7)

하나님은 제사장과 레위인이 각자에게 주어진 직무를 잘 감당하길 요구하신다. 만약 그 직무를 제대로 감당하지 못할 경우에는 '진노'가 이스라엘 자손에게 미치게 된다. 하나님은 거룩하시고 백성들은 죄인이었다. 제사장은 하나님과 백성 사이에 중보자로 서고, 레위인은 하나님의 초소인 성막을 잘 관리할 뿐만 아니라 죄가 있는 일반인들이 가까이 오지 못하게 지도하는 직무를 감당해야 한다.

이때 제사장이 중보자의 직무를 잘 감당하기 위해서는 레위인이 일차적으로 관리를 잘해주어야 한다. 그래서 레위인은 제사장들에게 '선물'이 된다. 레위인은 제사장의 부하직원이 절대 아니다. 제사장과 레위인은 서로에게 귀히 여기는 감사의 마음을 가져야 한다(Olson).

더불어 하나님은 제사장들이 받은 직분 역시 하나님께서 주신 '선물'임을 강조하신다. 아론과 그의 아들들이 특별한 능력이 있거나 조건을 갖추어서가 아니라, 하나님의 은혜로 선택되었음을 의미한다. 따라서 제사장들은 하나님이 은혜로 주신 직분을 소홀히 여겨 빼앗겨서는 안 될 것이다.

제사장과 레위인의 관계가 계급 구조로 보일 수 있겠지만, 절대 그렇지 않다. 왜냐하면, 하나님 나라는 수직의 질서가 아닌 수평의 질서로 유지되기 때문이다(골 3:11). 우리의 죄성은 직분을 계급으로 생각하게 만든다(고전 12:21-23). 교회 내에서도 직분을 계급으로 여겨서는 안 된다. 그 순간 공동체 안에 하나님 나라는 파괴될 수밖에 없다.

중세 기독교 타락의 큰 원인 중 하나가 바로 계급 구조(Hierarchy)였기 때문에 계급 구조를 제거하는 것이 종교개혁의 핵심 중 하나였다. 모든 그리스도인이 하나님 앞에서 왕 같은 제사장으로 부름받은 평등한 존재임을 주장한 것이다(벧전 2:9).

2) 제사장의 분깃과 기업 1(18:8-20)

하나님은 제사장과 레위인의 직무와 관계에 대해 설명하신 후, 제사장의 분깃(몫)과 기업에 대해 언급하신다. 제사장의 몫은 이미 출애굽기와 레위기에서 제사의 절차 가운데서 언급되었다. 본 단락은 보다 본질적으로 제사장이 자기 직무에 충성했을 때 따르는 분깃(몫)과 기업에 대한 이야기다.

(1) 제사장의 몫(18:8-18)

제사장은 하나님과 백성들 사이에 중보의 위치에 있다. 백성들의 죄를 품고 하나님께 나아가고 백성을 향한 하나님의 복을 선포한다. 제사장은 다른 열두 지파와 달리 가나안 땅에서 땅을 기업으로 얻지 못한다.

다음과 같이 제물 일부분은 제사장에게 돌아가는 몫으로 이다.

- **소제, 속죄제, 속건제의 거제물**: 소제, 속죄제, 속건제물 중에서 여호와께 속한 부분들이 있다. 이것을 거제(heave offering)로 드려야 하는데 제물을 들어 올려 여호와의 것임을 인정하는 것이다. 거제물은 제사장 가문의 남자들이 성막에서 다 먹게 되어 있다(레 2:10; 6:26; 7:6-7).
- **화목제의 거제물과 요제물**: 화목제물 중 기름과 가슴은 요제로 삼고 오른편 뒷다리는 거제로 삼는다(레 7:29-34). 요제(wave offering)는 앞뒤로 흔들어서 드리는 제사의 방법이다. 하나님께 드려진 것을 제사장의 몫으로 돌린다.
- **첫 소산 중 제일 좋은 것**: 가나안 입성 후 얻게 될 수확물의 처음 것 중 제일 좋은 것을 제사장의 몫으로 돌린다(출 22:29; 23:19). 하나님은 한 해 농사의 첫 수확물을 예물로 드리게 하셨다. 이것은 가나안 땅이 하나님의 선물임을 고백하는 예물이다.

- **특별히 드린 모든 것**: 이것은 서원제로 드려진 예물을 뜻한다(레 27장).
- **처음 난 것의 거제물**: 첫 태생이 여호와의 것이라는 것은 출애굽과 관련된다(출 13:2). 유월절 당시 처음 난 모든 것이 죽었는데, 어린양의 피를 인방과 문설주에 바른 이스라엘 백성은 제외되었다. 하나님이 죽음을 면제시키셨기에 그 첫 소생의 소유는 하나님께로 돌아가게 된다. 사람의 경우에는 은 다섯 세겔로 대속하면 된다. 처음 난 것 중에 정결한 짐승은 그대로 드리고 부정한 짐승은 대속하여 드려야 했다. 대속의 방법은 속죄양이다(레 27:27).

(2) 제사장을 위한 소금 언약(18:19-20)

하나님은 제사에서 여호와께 드리는 거제를 제사장의 영원한 몫으로 돌리셨다. 이것은 영원히 변하지 않는 '소금 언약'이라고 선언하신다. 제사장은 땅을 기업으로 얻지 못하고 어떤 분깃도 소유하지 못한다. 대신에 하나님이 제사장의 분깃과 기업이 되신다고 선언하신다. 제사장들에게는 하나님 자체가 분깃이고 기업이다. 이것이 영원히 변하지 않는 소금 언약이다.

3) 레위인의 분깃과 기업 2(18:21-24)

성막 관리와 제사장을 돕는 일로 부름을 받은 레위인을 위해서 하나님은 '십일조'를 기업으로 허락하셨다.

모세오경에 언급된 십일조는 다음과 같이 크게 세 가지로 구분된다.

첫째, 수확의 10분의 1을 여호와께 드리는 '여호와의 십일조'(레 27:30-33).
둘째, 이스라엘 3대 절기인 유월절, 오순절, 장막절에 성막으로 가지고 가서 가족과 함께 먹는 데 사용하는 '축제의 십일조'(신 12:6-7, 16-18;

14:22-27; 15:19-22; 16:3, 13, 16).

셋째, 매 3년마다 그 해 소산의 10분의 1은 고아와 과부를 구제하기 위해 특별히 바치는 '가난한 자를 위한 십일조'(신 14:28-29)다. 이 중에서 레위인을 위한 분깃(몫)이 되는 것은 '여호와의 십일조'다. 하나님은 레위인에게 '여호와의 십일조' 전부를 주게 하고 있다.

하나님은 레위인에게 성막을 관리하고 제사를 돕는 직무를 부여하셨는데, 일반 백성들에게는 허락되지 않은 구별된 사역이었다. 만약 일반 백성들이 레위인의 사역에 침범하면 값으로 죽게 된다. 더불어 레위인은 자기 직무에 충성하지 않을 경우 자신들의 죄에 대한 대가를 지불해야 한다.

레위인은 땅을 기업으로 받지 않고 여호와께 거제로 드려진 '십일조'가 기업이다. 본문은 십일조를 '거제'로 칭하고 있다. 거제(heaver offering)는 하나님께 제물을 높이 들어 올리는 제사 형식이다. 백성들이 드린 십일조를 실제로 흔들거나 들어 올리는 의식이 진행되었다기보다는 하나님께 드려진 십일조를 레위인이 받았다는 의미다.

레위인은 양식의 공급자를 하나님이 아닌 백성들이라고 오해할 수 있고 백성들은 자신들이 레위인을 먹여 살린다고 착각할 수 있다. 하나님은 이러한 생각을 파괴하신 것이다. 백성들은 하나님께 십일조를 드리는 것이고, 이 십일조를 하나님께서 레위인의 기업으로 돌려주는 것이다.

4) 레위인의 십일조(18:25-32)

하나님은 레위인이 받은 십일조의 십일조를 거제물로 드리라고 명령하신다. 이 십일조의 십일조는 다시 제사장의 몫으로 돌리신다. 레위인은 땅을 기업을 받는 대신 십일조를 기업으로 받았다. 레위인은 십일조의 십일조를 드림으로 자신의 공급자가 하나님이심을 인정하게 된다. 하나님은 레위인의 십일조를 백성들의 곡식이나 포도의 수확물과 같은 것으로 여기겠다고 하신다.

레위인은 십일조를 드릴 때 '아름다운 것'(헤레브, ḥēleḇ), 즉 '최상의 것'(the best, NIV)을 드려야 한다. 동시에 이것은 거룩하게 구별한 것으로 원래 레위인의 것이 아니라는 의미다. 하나님은 레위인에게 십일조가 성막에서 봉사한 것에 대한 '보수'라는 것을 인정하면서도, 십일조를 당연하게 자신들의 소유로 인식하는 것을 원하지 않으셨다. 십일조는 원래 하나님의 것이다. 이것을 레위인의 기업으로 돌린 것뿐이다. 가장 좋은 것을 거룩하게 구별하여 하나님께 드림으로 이 사실을 기억하도록 하신 것이다.

십일조의 십일조를 드린 후 나머지는 레위인의 보수로 돌아가 가족들이 자유롭게 활용할 수 있게 하셨다. 하나님은 레위인이 최상의 것으로 십일조를 드리지 않을 경우 '죄'로 여기고 죽게 될 것임을 강조하신다. '보수'(사카르, śāḵār)는 '임금, 보수, 상급'이라는 뜻이다. 하나님은 레위인이 보수(상급)를 노동의 대가로 받길 원하지 않으셨다. 이것은 백성들이 가나안 땅에서 얻는 수확에서도 마찬가지다. 하나님의 은혜이며 선물이다 (신 33:14-16).

영적 전쟁으로 푸는 민수기

사탄은 그리스도인들에게 물질주의 세계관으로 하나님 나라를 바라보게 한다. 그 대표적인 오해가 직분과 상급이다. 종종 신앙생활을 하다 보면 직분과 상급에 대한 오해로 큰 상처를 받고 하나님을 떠나는 사람들을 발견하게 된다. 직분을 계급으로 생각하거나 상급을 보상으로 생각하는 경우다.

교회에서 직분은 높고 낮음이 없다. 하나님 나라는 수평적 질서로 운영된다. 교회의 직분은 절대 계급이 아닌 하나님의 부르심이다. 이 부르심의 목적은 교회를 섬기고 견고히 세우기 위함이다. 교회에 계급이 만들어지는 순간 하나님 나라는 파괴된다. 직분을 교회생활 열심히 한 공로로 생각해서도 안 된다. 직분은 자격 없는 자를 하나님께서 부르셔서 하나님의 일에 동참하게 하신 선물이다.

더불어 교회 봉사를 열심히 하면 하나님이 보상을 해주시거나, 또는 교회나 목회자가 알아주길 바라는 마음이 있다. 사탄은 수고에 대한 대가를 기대하게 한다. 기대한 바가 이뤄지면 교만해지기 쉽고, 이뤄지지 않으면 낙심하여 교회나 하나님과 멀어지기 일쑤다.

그리스도인의 헌신은 받은 은혜에 대한 반응이다. 따라서 어떠한 상급도 기대할 수 없다. 무익한 종을 불러 하나님의 일을 맡기신 것 자체가 영광이다(고전 15:10). 우리는 마땅히 해야 할 바를 했을 뿐이기에 그 어떤 대가도 기대할 수 없다(눅 17:10). 혹시 어떤 보상이 주어진다면, 그것 역시 하나님의 선물임을 고백하고 가장 좋은 것으로 다시 하나님께 돌려드려야 한다.

설교 포인트

본문: 민수기 18:1-32
제목: 교회의 직분은 계급이 아니라 은사의 차이다

사탄은 사람을 능력과 성과에 의해 평가하지만, 하나님은 각자의 은사를 통해 함께 교회를 세워가라고 하신다. 또한, 사탄은 일한 것에 대한 그릇된 보상 심리로 미혹하여 성도를 낙심하게 한다. 반면 하나님은 우리에게 부르심에 충성할 것을 요구하시며 하늘의 상급을 사모하게 하신다.

> 1. 하나님은 지체들의 은사를 통해 동역하게 하셨다. 따라서 서로를 존귀하게 여겨야 한다(엡 4:11-12).
> 2. 맡은 자에게 구할 것은 충성이며 지극히 작은 것에서부터 시작해야 한다(눅 16:10; 고전 4:2).
> 3. 위대한 하나님 나라를 이루는 일에 부름 받았음을 기억하고 아무것도 기대하지 말고, 하나님만 바라봐야 한다(눅 6:35-36).

3. 영적 두려움(19:1-22)

가나안 입성을 거절당한 출애굽 1세대 대신 하나님은 새로운 세대를 이끌고 가나안으로 향하신다. 이들은 다음과 같은 부모 세대보다 진보된 영적 전쟁을 만나게 된다.

첫째, 고라 일당에 대한 하나님의 심판이 옳지 않다 하며 정의감과 동정심에 사로잡힌 것이었다.
둘째, 고라 일당 반란의 근본적 이유인 직분과 상급에 대한 오해였다.
셋째, 진보된 영적 전쟁인 '영적 두려움'이다.

1) 정결 예식을 위한 붉은 암송아지(19:1-10)

고라 일당의 반란으로 인해 250명이 불에 타 죽었고 정의감과 동정심에 반역한 백성들 14,700명이 염병으로 죽었다. 백성들은 이들의 시체를 처리해야 하는데, 인간은 본질적으로 죽음에 대한 두려움이 있어서 죽은 자를 가까이하는 것 자체를 싫어한다. 더욱 큰 문제는 이들이 하나님의 진노로 죽었다는 것이다. 그뿐만 아니라 일상적으로 이스라엘 백성은 질병과 사망이 귀신의 세력에 의한 것이라는 사고를 가지고 있었다(Noordtzij). 하나님은 시체와 접촉한 자들이 영적 두려움로부터 자유롭게 되는 의식을 설명하신다.

(1) 붉은 암송아지(19:1-4)

하나님은 시체와 접촉한 자의 정결을 위한 '잿물'을 만드는 과정을 설명하신다. 먼저 재료는 흠이 없고 아직 멍에를 메지 아니한 '붉은 암송아지'이다. 이 잿물의 목적은 속죄제를 위함이기에 흠이 없는 정결한 것이 필요하고 아직 멍에를 메지 않은 송아지로 준비해야 한다. 하나님은 '붉은 암송아지'를 요구하셨는데 죄를 씻기 위한 피 흘림의 상징성으로 이해하면 좋을 것이다. 여기서 '붉다'는 것은 빨간색이라기 보다는 태양에 그을린 '적갈색'으로 보면 된다(Migrom, Budd).

하나님은 준비된 붉은 암송아지를 아론의 아들 엘르아살에게 주어 진영 밖에서 도살하도록 했다. 이 일에 대제사장 아론은 정결함을 유지하기 위해 관여치 아니한다. 진영 밖에서 송아지를 잡는 것은 속죄제의 형식을 따른 것이다(레 4:12, 21). 차이점도 존재하는데 일반적으로 속죄제는 성막에서 제물을 죽인 후 진영 밖에서 태우도록 하고 있다. 붉은 암송아지의 경우 속죄제사를 위한 것이 아니기에 진영 밖에서 죽이고 태운 것이다.

붉은 송아지를 잡은 엘르아살은 손가락으로 피를 약간 취해 회막 정면을 향해 일곱 번 피를 뿌려야 한다. 이것은 속죄의 의미와 함께 하나님께 바쳐짐의 의미로 해석할 수 있다.

(2) 암송아지의 재(19:5-10)

붉은 암송아지를 불사르는 것은 속죄의 목적이 아니라 재를 얻기 위함이다. 보통 속죄제의 경우 기름과 내장을 번제단에서 태우고(레 4:8-12) 나머지를 진영 밖에서 태워버리도록 한다. 붉은 암송아지의 경우는 진영 밖에서 회막문을 향해 피를 뿌리는 것을 제외하고 모두 태우도록 한다.

암송아지로 재를 만드는 과정에서 제사장은 백향목, 우슬초, 홍색 실을 함께 태워야 했다. 미쉬나에서는 홍색 실로 백향목과 우슬초를 묶어서 던지라고 설명한다(Parah 3:11). 이 재료들은 나병의 정결의식에 사용되는 것이다(레 14:4-8). 이것은 정결케 하는 잿물의 효력을 강화하기 위해 넣는 것으로 이해될 수 있다(Noordtzij).

붉은 암송아지를 태운 제사장과 관련자들은 모두 사체로 오염되어 저녁까지 부정케 된다. 일반 속죄제의 경우 제사장은 속죄제물을 만져도 부정하지 않다. 하지만, 붉은 암송아지의 경우는 속죄제물로 드려진 것이 아니기에 부정하게 된다(레 11:28, 40).

붉은 암송아지를 다 태우면 재를 모아 진영 밖 정결한 장소에 보관하게 한다. 그 재의 양이 막대하고 조금씩 사용했기에 암송아지 한 마리로 오랜 세월을 충당했을 것이다. 미쉬나에서는 제2성전이 파괴될 때까지 아홉 마리의 암송아지가 바쳐졌다고 한다(Parah 3:4). 첫 번째는 모세 때에, 두 번째는 에스라 때에, 나머지 일곱은 성전이 파괴될때까지 바쳐졌다고 한다. 그리고 열 번째는 메시아가 속히 보이실 것이라고 믿는다.

제사장은 암송아지의 재를 잘 보관했다가 이스라엘 자손들이 시체로 인해 부정하게 되면 '부정을 씻는 물'에 섞어서 속죄할 때 사용하게 된다. '부정을 씻는 물'(a water of separation)의 정확한 번역은 '부정한 물'이다. '부정'이라는 말은 히브리어로 '닛다'(*nidâ*) 인데 원래 여성의 월경을 가리키는 말(레 16:19-30 참고)과 우상 숭배를 지칭하는 말(대하 29:5; 스 9:11)로 사용된다. '닛다'는 최고의 부정함을 가리킨다.

그래서 유대인들은 이것을 최고의 부정을 정결케 하는 물이라고 해서 '닛다의 물'(부정의 물, water of niddah)이라고 부른다. 모세 율법에서 물은 일반적인 정결의 도구다. 여기에 붉은 암송아지의 재를 더하는 것은 정결의 효력을 더하기 위함이다.

히브리서 기자는 붉은 암송아지와 예수 그리스도의 대속 사건을 연결시킨다(히 9:13-14). 히브리서 기자는 '염소와 황소의 피와 및 암송아지의 재'가 부정한 자를 정결하게 하는 능력이 있다고 한다. 염소는 대속죄일의 아사셀 염소로 한 해의 죄를 정결케 한다(레 16장). 황소의 피는 일반적인 속죄를 위해 사용된다(레 4장). 암송아지의 재는 본문의 붉은 암송아지를 의미하는데 시체로 인해 부정케 된 자를 정결케 하는 용도다. 즉, 죽음에서 생명으로 옮겨지는 예수님의 사역을 명확하게 보여 준다(Olson).

2) 시체로 인해 부정케 된 자의 정결예식(19:11-22)

고라 일당의 반역으로 인해 많은 사람이 죽게 되었다. 하나님의 진노로 사망한 시신을 처리하는 문제가 발생했다. 죽은 자를 접촉하는 것에 대해 극도로 두려워하는 것이다. 이에 하나님은 붉은 암송아지의 재로 속죄하는 방편을 알려 주시며 안심시키신다.

(1) 시체로 인한 부정(19:11-16)

붉은 암송아지로 정결케 하는 재를 만들게 하신 하나님은 이것을 어떻게 사용해야 하는지 알려 주신다. 그 용도는 바로 시체를 만진 자의 정결을 위함이다. 시체를 만진 자는 7일 동안 부정하게 된다. 이들은 셋째 날과 일곱째 날에 잿물로 정결하게 해야 한다. 셋째 날과 일곱째 날에 어떤 의미가 있는지 본문에는 언급이 없다. 추론할 수 있는 것은 완전수 3과 7을 통해 온전히 정결케 되었음을 상징적으로 보여 주는 것이라 하겠다.

시체는 장막 안에서 죽은 자나 장막 밖에서 칼에 죽은 자뿐만 아니라 모든 죽은 자가 포함된다. 또한, 사람의 뼈와 무덤을 만진 자도 7일 동안 부정하다. 특별히 장막 안에서 사람이 죽으면 뚜껑을 열어 놓은 그릇의 내용물은 모두 부정하게 된다. 이것들은 우발적인 접촉보다는 장례 절차로 인한 부정으로 봐야 할 것이다.

(2) 부정케 된 자들의 정결 방법(19:17-19)

시체로 인해 부정케 된 자를 정결케 하기 위해서는 먼저 붉은 암송아지를 태운 재를 약간 취해 흐르는 물과 함께 그릇에 담는다. 이어서 정결한 자가 우슬초를 취해 장막 안에 있는 모든 그릇과 부정케 된 자들에게 뿌린다. 이것은 제3일과 제7일에 진행하는데, 7일째에 옷을 빨고 목욕을 하면 저녁에 정결케 된다.

시체로 인해 부정하게 된 사람을 정결케 하기 위해서는 '흐르는 물'(living water)이 필요하다. 이것은 샘솟거나 흐르는 물을 의미한다(Parah 5:2). 또한, 시체로 인해 부정케 된 자를 정결케 할 때도 우슬초를 준비했다. 성경에 정확히 언급되어 있지 않지만, 나병의 정결예식에도 사용된 것을 보아 '죄 사함'과 깊이 연관되었음을 알 수 있다.

(3) 정결 예식에 관한 기타 규정(19:20-22)

시체로 인해 부정케 된 자가 자신을 정결케 하지 않은 경우 죽음으로 그 대가를 지불해야 함을 다시 강조하신다. 더불어 시체로 인해 부정케 된 자를 위해 물을 뿌릴 자가 필요함을 언급하신다. 이때 물을 만진 자도 저녁까지 부정하게 된다고 한다. 이것은 정결케 하는 물을 죄인 된 자가 만졌기 때문에 감당해야 할 대가다.

|||||||||||||||||||||||| **영적 전쟁으로 푸는 민수기** ||||||||||||||||||||||||

동서고금을 막론하고 죽음은 두려움의 대상이다. 고대 사회에서는 죽음은 신의 형벌로 여겼다. 이로 인해 장의사나 백정과 같이 죽음을 가까이하는 사람들은 사회에서 격리되었다. 영적 질서를 알지 못하면 죽음

은 언제나 두려움의 대상이고 이 두려움에 사람들은 종노릇하게 된다(롬 6:16).

예나 지금이나 많은 사람이 영적인 두려움에 끌려다닌다. 죽을 사(死)가 연상된다고 하여 건물의 4층을 삭제하거나 'F'층으로 표시한다. 이름을 빨간 글씨로 쓰면 재수가 없다고 하고, 손 없는 날을 골라 높은 금액을 내고 이사를 해야 하는 현실에 여전히 살고 있다. 시험 때가 되면 부정 탈까 봐 머리를 감지 않거나 미역국을 먹지 않는 사람도 있다. 아침에 접시를 깨거나 출근길에 운구차를 보면 불길하다고 말하는 사람들도 있다.

사탄은 그리스도인들에게도 여전히 영적인 두려움을 불어넣어 하나님 나라를 빼앗고 파괴하려고 한다. 우리는 더 이상 '죄와 사망의 법'에 매이지 않고 '생명의 성령의 법'에 다스림을 받는 존재들이다(롬 8:2).

그리스도인들에게 부정한 일이 생겨도 더 이상 정결예식을 하지 않아도 된다. 왜냐하면, 예수님의 보혈로 우리는 더 이상 정죄함이 없기 때문이다(롬 8:1). 우리는 더 이상 저주 아래 있지 않고 성령의 약속을 받은 자들이기 때문이다(갈 3:13-14).

설교 포인트

본문: 민수기 19:1-22
제목: 그리스도인은 더 이상 죄와 사망의 법에 매이지 않는다

하나님의 형벌로 14,700명이 죽었다. 이 시체를 옮기는 것은 매우 두려운 일이다. 하나님은 시체를 만진 자들에게 자유함을 주는 정결예식을 알려 주셨다. 사탄은 영적 두려움을 이용해 하나님과 멀어지게 하고 죽음의 종노릇하게 한다. 나라마다 온갖 미신으로 종살이하고 있다. 하나님은 대속과 정결의 과정을 통해 진정한 자유를 주길 원하신다.

> 1. 사탄은 영적인 두려움으로 사람들을 조종한다(요일 4:18).
> 2. 그리스도인들은 예수의 보혈로 사망에서 생명으로 옮겨졌다(요일 3:14).
> 3. 영적인 두려움은 예수의 피를 의지할 때 자유케 된다(계 1:5).

4. 성공과 실패(20:1-29)

출애굽 1세대는 대부분 죽고 새로운 세대는 광야생활 40년을 채우게 된다. 한 세대가 마무리되는 시점에 마지막 영적 전쟁이 기다리고 있다. 그것은 '무엇이 성공이고, 무엇이 실패인가?'에 대한 미혹이다. 40년 동안 이스라엘을 이끌던 모세와 아론 그리고 미리암이 가나안 땅에 들어가 보지도 못하고 광야에서 생을 마감하게 된다. 또한, 에돔을 지나가고자 했지만 거절당하게 된다. 20장에는 모세와 아론의 리더십이 실패한 사건이 모여 있다(Milgrom).

이들은 성공한 인생인가, 실패한 인생인가?

사탄은 하나님의 영광을 위해서는 반드시 성공해야 한다는 생각을 집어넣는다. 사실 성공과 실패의 기준은 우리에게 있지 않다. 하나님의 계획대로 진행된다면 그것이 성공이다. 사람들의 평가는 절대 성공과 실패의 기준이 될 수 없다. 그런데도 많은 그리스도인, 소위 믿음이 좋다고 하는 그리스도인들이 사탄이 심어 놓은 그릇된 성공과 실패의 인식으로 힘들어하고 있다.

1) 미리암의 죽음 그리고 모세와 아론의 실패(20:1-13)

본 단락은 출애굽 1세대의 리더십 3인의 종말을 다루고 있다. 미리암은 40년 첫째 달에 신광야에서 죽게 된다. 모세와 아론은 므리바에서 바위를 두 번 친 일로 인해 가나안 땅 입성이 거절당한다. 평생 가나안 땅을 바라보며 달려온 모세와 아론이 약속의 땅을 코 앞에 두고 하나님께 거절당하는 비참함을 경험하게 된 것이다.

이들의 인생은 성공한 것일까, 실패한 것일까?

(1) 미리암의 죽음(20:1)

민수기 기자는 출애굽 1세대의 모든 죽음을 기록함에 있어 마지막 3인에 대해 언급한다. 그 첫 인물이 미리암이다. 그녀는 모세의 누이였고 모세가 바로의 공주의 양자가 되는 일에 가장 큰 공을 세운 인물이었다. 또한, 출애굽 과정에서 홍해 사건에 대한 찬송시를 부르며 여선지자로서 지도자의 역할을 했다. 미리암의 구체적인 사역에 대해 성경은 아무런 기록을 하고 있지 않지만, 여선지자로서 모세에게 지속적인 조언자 역할을 했음을 추측할 수 있다(12:1-3).

본문은 미리암이 첫째 달에 가데스에서 죽었다고 한다. 이 '첫째 달'이 언제인지 특정하기는 어렵지만, 대부분의 학자는 40년째로 본다. 그 이유는 미리암의 죽음과 아론의 죽음의 간격이 멀지 않기 때문이다. 이스라엘 백성의 이동 경로가 '신광야 곧 가데스' 다음으로 '에돔 땅 변경의 호르산'이다(33:36-37). 가데스는 미리암의 매장지이고 호르산은 아론의 매장지이다. 아론은 출애굽 40년 5월 1일에 123세에 호르산에서 죽는다(20:22; 33:38-39).

(2) 모세와 아론의 지도력 위기(20:3-9)

이스라엘 백성이 40년 광야생활을 하며 가데스 바네아에 도착했다. 이곳은 출애굽 1세대가 두려움과 불순종으로 가나안 입성이 거절당한 곳이다(13:26). 40년 만에 다시 도착한 가데스 바네아, 이곳에서 미리암은 생을 마감하게 된다. 요세푸스의 기록에 의하면 백성들은 미리암의 죽음을 애도하며 막대한 비용을 드려 장례식을 진행했다고 한다(Josephus I. 4. 4. 6). 미리암의 죽음을 애도하던 백성들이 모세와 아론에게로 모여들어 다투기 시작한다. 그 이유는 물이 없어 죽게 되었다는 것이다.

출애굽 1세대는 "애굽 땅에서 죽었거나 이 광야에서 죽었으면 좋았을 것을"(14:2)이라고 불평했는데 출애굽 2세대는 '광야로 인도하여 여기서 죽게 하느냐'로 불평한다. 그들은 광야를 '나쁜 곳'이라 하는데, 그 이유는 파종도 못 하고, 무화과도 없고, 포도도 없고, 석류도 없고 결정적으로 물이 없기 때문이었다(5). 점점 연로해져가는 모세와 아론의 리더십의 위기가 느껴지는 어두운 상황이다.

모세와 아론은 회막을 찾아가 하나님 앞에 엎드렸다. 일부 학자들이 본 사건을 출애굽기 17장에 나오는 '므리바' 사건과 동일한 것이라고 주장하지만, 모세와 아론이 회막(성막) 앞으로 찾아가는 모습에서 다른 사건임이 증명된다. 위기에 처한 그들을 위해 하나님은 모세에게 지팡이로 이스라엘 회중 목전에서 반석을 향해 "물을 내라"고 외치라 하신다.

여기서 지팡이가 누구의 것인가에 대한 의견이 나뉜다. 9절에 보면 모세가 지팡이를 '여호와 앞'에서 잡는 것을 보게 된다. 당시 증거궤 앞에는 '아론의 싹 난 지팡이'가 있었기 때문에 이 지팡이가 '아론의 지팡이'로 보는 견해가 있다. 반대로 11절에 '그의 지팡이'로 반석을 두 번 치는 장면이 나오기 때문에 모세의 지팡이라고 보는 견해도 있다.

(3) 모세와 아론의 실패(20:10-13)

하나님은 모세에게 지팡이를 가지고 반석을 향해 '물을 내라'고 명령하셨다. 모세는 회중을 반석 앞에 모으고 "반역한 너희여, 들으라 우리가 너희를 위하여 이 반석에서 물을 내랴"라고 소리치며 지팡이를 들어 두 번 내려쳤다. 물이 많이 솟아 나와 회중과 짐승들이 풍족히 마실 수는 있었지만 문제가 생겼다. 모세와 아론이 가나안 땅으로 들어가지 못한다는 것이다.

그 이유는 하나님을 믿지 못하고 이스라엘 앞에서 하나님의 거룩함을 나타내지 못했기 때문이었다. 그리고 그곳의 이름이 '므리바'(다툼)라 했는데 여호와와 다투었기 때문이다. 출애굽기 17장의 므리바와 구분하기 위해 신명기에서는 '가데스의 므리바'라고 한다(신 32:51). 에스겔서에서는 '므리바가데스 샘'이라고 칭한다(겔 48:28).

모세는 여호와께서 인정한 온유한 자였다(12:3). 또한, 수많은 위기의 상황에서 자기 민족을 위해 인내하며 중보자의 자리에 섰던 자였다. 그런데 이 사건에서는 자기 백성을 향해 '반역한 자들아!'라며 분노를 폭발해 버렸다. 모세의 감정은 '이 반역자 놈들아! 우리가 너희 같은 놈들을 위해 이 반석에서 정말 물을 내는 것이 맞는가?'였다.

모세는 40년 만에 가데스 바네아에 다시 왔다. 모세는 그들에게서 부모 세대의 모습을 보았다. 두려움과 불순종으로 가나안 땅 입성이 거절되었던 모습이다. 이제 어렵게 다시 왔는데, 자녀 세대 역시 변한 것이 하나도 없었다. 너무 낙심되고 화가 나는 상황이다. 모세가 반석을 두 번 친 것은 그의 감정이 어떠한지 보여 주는 증거라 하겠다. 이러한 모세의 감정 표현은 이스라엘 앞에서 여호와를 거룩하게 하는 일에 대한 실패였다(Budd). 이 실패로 모세와 아론은 가나안 땅에 들어가지 못하게 된다.

본 단락에서 다음과 같은 두 가지의 질문이 자연스럽게 일어난다.

첫째, 이 일이 모세와 아론이 가나안 땅에 들어가지 못할 만큼의 대단한 사유인가?

여러 학자가 설명하고 있지만, 정확한 것은 하나님만이 아실 것이다. 하지만, 신명기 3:26에서 힌트를 찾을 수 있다. 모세는 자신이 가나안 땅에 들어가지 못하는 이유에 대해 "여호와께서 너희 때문에 내게 진노하사"라고 말한다. 물이 없음으로 하나님을 원망한 백성들이 직접적 원인이었다는 것이다.

모세는 출애굽 2세대의 믿음 없는 행동에 분노했고, 이것은 하나님도 같은 마음이었을 것이다. 하나님은 그들의 부모 세대처럼 가나안 땅 입성을 거절하실 수 있었다. 하지만, 하나님은 출애굽 2세대가 아니라 모세에게 그 값을 지불하게 하셨다. 그 결과 출애굽 2세대는 가나안 땅에 입성하게 되고 모세는 들어가지 못하게 되었다.

둘째, 모세는 정말 죽었는가?

변화산에서 모세와 엘리야가 등장하는데(마 17:1-13), 어떻게 죽은 자가 인간 세상에 올 수 있었을까?

엘리야는 죽음을 보지 않고 승천한 자이기에 가능하다(왕하 2:11). 하지만, 모세는 죽어 모압 땅 골짜기에 장사 되었다(신 34:6). 여기서 모세의 죽음은 명목상의 일이고 실제로는 엘리야와 같이 들림을 받았을 가능성이 제기된다. 모세가 죽을 때 기력이 쇠하지 않은 것(신 34:7)과 그의 무덤을 아는 자가 없는 것이 중요한 증거가 된다(신 34:6).

어찌 되었든, 모세와 아론은 출애굽 1세대와 함께 광야에서 생을 마감한다. 40년 동안 가나안 땅만 바라보고 온 두 사람의 삶이 실패처럼 보일 수 있다. 하지만, 결코 그렇지 않다. 모세와 아론은 가나안 땅보다 더 좋은 하나님 나라에 입성한 것이다. 특히, 모세는 광야 40년 세월 동안 이미 하나님의 통치와 다스림 속에서 하나님 나라를 맛보며 살고 있었다. 굳이 가나안 땅에 들어가지 않아도 충분히 누린 것이다. 그는 더 좋은 하나님 나라로 바로 들어간 것이다.

2) 에돔의 저지(20:14-21)

출애굽 1세대는 가데스 바네아에서 열 명의 정탐꾼의 보고를 듣고는 두려움에 떨며 하나님과 모세를 원망했고 그 결과 40년의 광야생활이 시작되었다. 40년의 세월이 지나 출애굽 2세대는 다시 가데스 바네아에 도착했다. 하지만, 그들은 변한 것이 거의 없었다. 그들은 여전히 먹을 것과 마실 것을 문제 삼아 모세와 아론에게 대항했고 모세는 감정을 억제하지 못하고 반석을 두 번 내리쳤다.

그 결과 모세와 아론은 하나님께 가나안 입성을 거절당하게 된다. 모세는 가데스 바네아를 거쳐 네게브 사막으로 들어가는 길을 포기한다. 대신에 에돔 땅과 모압 평지를 지나는 가나안 땅으로 들어가는 '왕의 큰길'(the King's Highway)을 선택한다.

(1) 에돔에 사신을 보낸 모세(20:14-19)

모세는 가나안 땅으로 들어가는 입구인 가데스 바네아에서 갑자기 요단 동편 '왕의 큰 길'로 진로를 변경한다. 어떤 이유에서 모세가 진로를 변경했는지는 설명이 없다. 하지만, 그 이유가 충분히 예상은 된다. 출애굽 1세대는 가나안 땅을 공격했다가 실패한 경험(14:39-45)이 있었고 출애굽 2세대의 믿음은 부모 세대와 그다지 차이가 없었기 때문이다(Noordtzij; Merrill).

모세는 요단 동편 '왕의 큰길'을 거쳐 요단강 건너는 길을 선택했다. 이를 위해서는 에돔 땅을 통과해야 했기에 사신을 보내 양해를 구한다. 이 길에는 모압 땅도 있기에 사신을 보냈다고 사사기에서 기록하고 있다(삿 11:17). 모세는 에돔 왕에게 '당신의 형제 이스라엘'을 강조하며 전쟁을 원치 않고 어떤 피해도 입히지 않으며 조용히 통과할 것이라는 내용을 전했다. 이에 대해 에돔 왕은 모세의 제안을 거절하고 전쟁도 불사하겠다는 뜻을 전달했다.

에돔 왕이 허락하지 않으면 모세와 이스라엘 백성은 너무 많은 길을 돌아가야 했다. 모세는 다시 사신을 보내어 혹시 경제적 손해를 입히게 되면 값을 지불하겠다는 의사를 전달했다. 그러자 에돔 왕은 무장한 많은 백성을 거느리고 나와 이스라엘 백성의 진로를 가로막았다. 모세는 어쩔 수 없이 에돔 땅을 돌아가는 길을 선택할 수밖에 없게 되었다.

(2) 에돔과의 협상 결렬(20:20-21)

모세는 하나님께 묻지 않고 진로를 변경했다. 출애굽 2세대의 믿음 없음을 보고 스스로 판단하여 요단강을 건너 행진할 계획이었다. 이를 위해서는 에돔을 통과해야 하는데, 그 협상이 실패한 것이다. 이것은 백성들을 향한 분노를 표출하며 반석을 두 번 친 사건에 이은 모세의 연속된 실패였다(왕대일).

에돔은 무장을 하고 이스라엘 백성의 앞길을 막았다. 모세는 전쟁을 할 수 있는 상황도 아니었다. 그 이유는 하나님이 에서의 후손인 에돔과의 전쟁을 허락하지 않으셨기 때문이었다(신 2:4-5). 모세는 길을 찾아 세일 산을 여러 날 동안 두루 다녔다(신 2:1).

이때 하나님이 모세에게 "돌이켜 북으로 나아가라"고 말씀하셨다(신 2:3). 모세는 이스라엘을 이끌고 에시온게벨 곁을 지나 모압 평지까지 오게 된다(신 2:8). 생각건대, 구름 기둥과 불 기둥은 가데스 바네아까지 인도한 것으로 보인다.

3) 아론의 죽음(20:22-29)

출애굽 2세대는 40년째에 가데스에 도착했지만, 모세가 판단하기에 그들은 여전히 믿음이 없었다. 모세는 백성들을 이끌고 왕의 대로를 통해 요단강을 건널 계획을 세웠다. 안타깝게도 에돔의 거절로 왕의 대로를 이용하지 못하고 에돔의 국경을 따라 우회해만 했다. 이스라엘 백성이 호르 산에 이르렀을 때 여호와께서 아론의 죽음을 말씀하신다.

(1) 아론의 죽음 예고(20:22-25)

이스라엘 백성이 호르산에 도착했을 때 하나님은 아론의 죽음에 대해 예고하시며 그 이유를 설명하신다. 므리바에서 분노한 모세가 반석을 두 번 내려친 일 때문이었다. 즉, 아론의 죽음 일차적 원인은 모세에게 있다는 것이다. 아론의 죽음에 모세는 책임감과 실패감이 몰려왔을 것이다.

하나님은 아론의 대제사장 직무를 그의 아들 엘르아살에게 위임하기 위해 호르산에 함께 오르도록 했다. 아론이 죽은 곳은 '호르산'(Mt. Hor)인데 정확한 위치는 알려지지 않았다. 신명기에서는 아론이 죽은 장소를 좀 더 구체적으로 '모세라'라고 한다(신 10:6).

(2) 아론의 죽음(20:26-29)

아론의 죽음 역시 모세와 마찬가지로 신비에 싸여 있다. 모세와의 차이가 있다면 아론의 경우 "조상에게로 돌아가리라"는 구절이 있다는 것이다. 미리암이 출애굽 40년 1월에 죽었고 아론이 5월 1일에 죽게 된 것이다. 그의 나이 123세였다(33:39).

아론은 모세와 엘르아살과 함께 백성들이 보는 앞에서 호르산에 올랐다. 산에 오른 모세는 아론의 옷을 벗겨 엘르아살에게 입혀 대제사장으로 위임하고 내려온다. 온 회중은 아론의 죽음에 대해 30일 동안 애곡했다. 보통 성경에 언급된 애도의 기간은 7일이다(창 50:10; 삼상 31:13; 대상 10:12). 이에 비해 아론의 애도 기간은 상당히 길다. 모세가 죽었을 때도 30일 동안 애곡했다(신 34:8). 아론이 이스라엘 사회에서 어떤 위치를 차지하고 있었는지를 보여 준다.

오늘날 아론은 모세만큼 주목받지 못하지만, 유대인들에게 아론은 모세와 비등한 존재로 추앙받는다. 한 예로 가말리엘의 조부이며 유대 역사상 위대한 랍비 중 하나로 인정받는 힐렐(Hillel the Elder)은 다음과 같이 말했다(Tractate Kallah Rabbati 3:4).

아론의 제자가 되어라. 그분은 평화를 사랑하고, 평화를 추구하고, 너희의 동료들을 사랑하며 토라를 그들에게 가까이 끌어들이는 분이다.

영적 전쟁으로 푸는 민수기

일반적으로 성공과 실패의 기준은 '나'에게 있다. 자신이 원하는 바를 이룰 때 '성공'이라고 말하고 반대의 경우 '실패'라고 한다. 이것보다 더 안 좋은 기준도 있는데, '타인'의 시선으로 성공과 실패를 평가하는 것이다. 민수기 20장은 실패의 연속이다. 미리암이 죽고, 모세와 아론은 가나안 입성을 거절당하고, 에돔을 지나는 협상도 실패하고, 아론마저도 죽게 된다.

출애굽 여정의 주역이 다 광야에서 죽게 된 것이다. 40년 동안 바라고 바라던 가나안 땅을 코 앞에 두고 하나님께 거절당한 것이다. 개인적 관점으로나 타인의 관점으로 볼 때 실패다. 철저한 실패다. 그런데 놀라운 것은 모세와 아론은 이 모든 상황을 담담하게 받아들였다는 것이다. 하나님께 억울하다고 반항해 볼 만도 할 텐데 말이다.

모세는 죽음의 순간까지 묵묵히 자신에게 맡겨진 직무를 감당한다. 모세는 성공과 실패를 결코 자신이나 타인의 눈으로 판단하지 않았다. 믿음의 사람들은 성공과 실패의 기준을 '하나님께' 둔다. 사람의 눈으로 볼 때 실패인 것 같아도 하나님의 관점에서 성공의 경우가 허다하다. 반대로 사람의 눈에는 성공인 듯 보이지만, 처참한 실패로 끝나는 경우도 수없이 많다.

사탄은 여전히 성공과 실패에 대한 오해를 통해 그리스도인들을 미혹하여 넘어지게 한다. 소위 믿음 좋은 그리스도인들이나 사역자들에게 더 심각하게 나타난다. 내가 하고 있는 사역이 반드시 내가 계획한 대로 이뤄져야 한다는 집착에 평안과 기쁨을 잃어버리고 관계마저도 깨지게 된다. 하나님의 일은 하나님이 이뤄내신다.

예수님의 십자가는 사람들의 눈에는 실패였다. 가장 흉악한 죄인들이 매달려 죽는 십자가에 예수가 달려 있으니 사람들은 '죄인'이라고 손가락질할 수밖에 없었다(갈 3:13). 하지만, 예수님의 십자가는 죽음을 이기신 승리의 상징이다(고전 15:57). 따라서 성공과 실패에 대한 성경적인 관점을 가져야 한다.

- 성공은 좋은 것이고 실패는 나쁜 것이라는 말에 속지 마라.
- 성공과 실패를 결과로 판단하지 마라.
- 실패는 존재가 아니라 사건이다.
- 차선은 실패가 아니다.
- 잊히는 것은 실패가 아니다.

지금의 성공이 훗날 독이 되는 경우가 많다(잠 20:21). 반대로 현재의 실패가 훗날 좋은 약으로 작용하는 경우도 많다(롬 5:3-4; 벧전 5:10). 결과가 좋지 않다고 해서 결코 실패가 아니다. 우리는 실패해도 뒤로 물러가 침륜에 빠지지 않아야 한다(히 10:39). 왜냐하면, 모든 것을 합력하여 선으로 바꾸시는 하나님이 계시기 때문이다(롬 8:28).

죄의 본질은 나쁜 짓을 하는 데 있지 않고 좋은 것을 자기중심적으로 지나치게 좋아하는 데 있다. 내가 좋아하고 원하는 것을 이루지 못했을 때 실패라고 판단하게 된다. 이때 사람들은 좌절을 느끼게 된다. 이 좌절은 자기의 존재 자체를 무가치하게 평가하게 하여 죽음까지도 생각하게 한다. 실패는 자기 존재를 평가하는 수단이 되어서는 안 된다. 실패는 삶에서 만나는 사건에 불과하다.

성공과 실패를 판단하는 근거를 '자기중심성'에 둘 때, 자신이 원하는 때 원하는 방법으로 이뤄지는 것을 성공으로 여긴다. 그러다 보니 차선이나 돌아가는 것, 늦어지는 것을 실패로 생각한다. 하나님이 이스라엘을 가나안 땅에 인도하실 때 해안 길을 피하여 광야 길로 돌아 가게 하셨다. 그 이유는 블레셋과의 전투를 피하기 위함이었다(출 13:17).

요셉이 보디발의 집에서 승승장구하지 못하고 억울하게 감옥에 간 것은 결코 실패가 아니었다(창 39:23). 하나님은 감옥에서 술 맡은 관원장을 만나게 하셨고 그를 통해 바로의 꿈을 해몽하며 애굽의 총리의 자리에 오르게 하셨다(창 41:40-43).

세상은 이름이 알려지고 이름을 남기는 것을 성공이라고 평가한다. 바벨탑을 쌓을 때 그들의 목표 중 하나가 '이름을 내는 것'이었다(창 11:4). 반대로 평범하게 무명으로 사는 것, 사람들에게 인정받지 못하는 것을 실패로 여긴다. 소위 믿음이 좋은 그리스도인이나 사역자가 이 미혹에 빠지기 쉽다.

'하나님, 내가 여기 있사오니 나를 사용하소서' 멋진 헌신의 고백이지만, 이 안에는 하나님과 사람들에게 인정받고 이름을 내라는 사탄의 교묘한 미혹이 숨겨져 있다. 이름이 좀 알려진 목회자는 성공한 목회자, 무명의 목회자는 실패한 목회자가 절대 아니다.

하나님의 나라는 하나님이 친히 만들어 가신다. 우리는 그 위대한 하나님의 나라에 동역자로 부름받은 자다. 우리의 성공은 하늘에 계신 아버지의 이름이 높여지는 것이고 하나님의 통치와 다스림이 우리의 삶 속에서 이뤄지는 것이며 하나님의 뜻이 하늘에서 이뤄진 것 같이 땅에서도 이뤄지는 것이다.

설교 포인트

본문: 민수기 20:1-29
제목: 사탄은 성공과 실패에 대한 오해로 속인다

진보된 영적 전쟁의 마지막은 성공과 실패에 대한 오해다. 사탄은 성공은 좋은 것, 실패는 나쁜 것이라는 착각을 심어 넣는다. 예수 믿는 사람은 무조건 성공해야 하고 성공만이 하나님께 영광이 된다고 미혹한다. 모세와 아론의 마지막 모습은 실패의 연속이었다. 감정을 조절하지 못해 반석을 두 번 치고, 기다리고 기다리던 가나안 땅 입성을 거절당하고, 에돔을 지나고자 했지만, 거절당했다. 연속되는 실패에도 불구하고 모세와 아론은 하나님의 뜻에 순종하며 묵묵히 마지막까지 자기들의 부르심에 충성하는 모습을 보여 준다.

1. 일의 주관자는 하나님이심을 기억해야 한다(잠 16:3).
2. 우리는 하나님의 도구임을 기억해야 한다(엡 3:7).
3. 하나님의 일꾼은 결과에 상관없이 충성해야 한다(롬 8:28).

제4장

영적 전쟁의 승리(21:1-25:18)

이스라엘 백성은 군사공동체임과 동시에 예배공동체였다. 이것은 그들의 전쟁이 혈과 육에 대한 것이 아닌 영적 전쟁임을 보여 준다. 이스라엘 백성의 전쟁 승리는 예배와 깊은 연관이 있다. 예배를 통해 하나님과의 관계가 잘 이뤄지면 승리하고 그렇지 않으면 패배하는 구조이다. 하나님은 광야 40년의 세월을 통해 이스라엘 민족을 영적 군사공동체로 훈련과 양육을 시키신 것이다(행 7:38; 계 12:6 참고).

민수기는 출애굽 1세대를 통해 성도들이 신앙생활에서 만나게 되는 기본적인 영적 전쟁을 보여 주었다. 출애굽 1세대는 광야에서 다 죽고 새로운 세대가 모세와 함께 여정을 이어간다. 하나님은 영적 전쟁 승리의 필수 요소인 '감사와 기쁨' 그리고 '예배와 묵상'을 강조하신다. 이후 새로운 세대는 보다 진보된 영적 전쟁을 경험하게 된다.

이제 광야생활의 마지막 단계에 이르렀다. 하나님의 훈련도 마무리된다. 민수기는 훈련 과정을 마친 이스라엘 백성의 변화된 모습과 승리의 모습을 보여 주기 시작한다. 이스라엘 백성은 호르마의 전쟁에 임할 때 하나님께 서원을 하고 (21:2). 놋뱀 사건에서는 회개와 더불어 모세에게 중보를 요청한다(21:7). 결국, 그들은 아모리인의 왕 시혼과 옥을 물리치는 승리를 경험하게 된다.

불평불만	시기질투경쟁	두려움	불순종	감사와 기쁨	예배와 묵상	정의감 동정심	직분 상급	영적 두려움	성공 실패	⇒	성장 승리
기본적 영적 전쟁				영적전쟁 최강무기	영적전쟁 마지노선	진보적 영적 전쟁					

[민수기에 나타난 영적 전쟁]

1. 호르마 전쟁의 승리(21:1-3)

모세와 함께 이스라엘 백성은 다시 가데스 바네아에 도착했다. 원래 여정대로라면 가데스 바네아를 통과하여 네겝을 지나 가나안 땅에 입성하는 것이다. 하지만, 모세는 이스라엘 백성의 믿음 없음을 보고 경로를 요단 동편으로 변경한다.

이때 가나안 사람 아랏(Arad) 왕이 이스라엘을 공격하여 몇 사람을 포로로 잡아가는 일이 발생했다. 이스라엘 백성은 끌려간 가족들을 되찾기 위한 전쟁을 계획하는데 이때 예전과는 다른 모습을 보여 준다. 여호와께 기도한 것이다.

"주께서 만일 이 백성을 내 손에 넘기시면 그들의 성읍을 다 멸하리이다."

1) 아랏 왕의 공격(21:1)

아랏(Arad)은 유다 광야 남쪽 네겝 지역에 있는 가나안 사람의 성읍이다(수 12:14). 아랏의 왕이 이스라엘 백성이 아다림 길로 올라온다는 소식을 듣고 그들을 공격하여 몇 사람을 포로로 잡는 일이 발생했다.

아다림(Atharim)이 어디인지 정확히 알 수 없지만, 가나안으로 들어가는 길임은 분명하다. 아랏의 왕에게는 가나안 땅을 정복하기 위해 오는 이스라엘 백성이 당연히 위협적 존재였을 것이다. 출정하여 이스라엘을 공격했고 포로 몇몇을 잡아가는 전략을 사용한다. 포로는 전쟁에서 좋은 협상의 도구가 되거나 화친의 용도로 사용할 수 있기 때문이다.

2) 이스라엘 백성의 기도와 승리(21:2-3)

가족과 형제를 포로로 빼앗긴 이스라엘 백성은 당연히 전쟁을 준비한다. 이때 예전 출애굽 1세대와는 다른 모습을 보여 준다(Allen). 바로 하나님께 기도하는 모습이다. 가데스 바네아에서 가나안 입성이 거절당했던 출애굽 1세대는 하나님의 허락도 없이 가나안 땅을 점령하겠다고 출정했다가 아말렉인과 산지에 거주하는 가나안인들에 의해 철저히 패배하고 호르마까지 도망했다(14:39-45).

반면 출애굽 2세대는 아랏의 모든 성읍을 다 멸하고 돌아오게 된다. 모세는 이스라엘 백성의 승리가 "여호와께서 이스라엘 백성의 목소리를 들으셨기 때문"이라고 한다.

이스라엘 백성은 이곳의 이름을 '호르마'라고 했다. '호르마'(ḥārmâ)는 '완전히 멸함'의 뜻을 가지고 있다. 이곳은 출애굽 1세대가 하나님의 허락 없이 전쟁했다가 패한 장소였다. 동일한 장소가 아닐 가능성이 매우 높은데 같은 이름을 사용한 것은 출애굽 2세대는 부모 세대 실패의 현장을 승리의 현장으로 바꾼 것이다(Milgrom, Allen).

2. 놋뱀 사건(21:4-9)

에돔 땅을 통과하지 못하게 된 이스라엘 백성은 에돔 땅을 돌아가는 길로 향하게 된다. 호르산을 출발하여 홍해 길을 따라 내려와 에시온게벨을 거쳐 모압 평지까지 가야 하는 그들은 마음이 많이 상했다. 결국, 그들은 먹고 마시는 문제로 하나님과 모세를 향해 원망을 쏟아낸다. 이 일로 하나님은 불뱀을 보내 징계하시는데 이스라엘 백성은 이전과는 다른 변화된 모습을 보여 준다.

1) 백성들의 원망과 불뱀(21:4-6)

가데스 바네아에서 여정을 옮긴 이스라엘 백성은 에돔을 통과하지 못하고 우회하게 된다. 이 과정에서 백성들은 마음이 상했고 하나님과 모세를 향한 불평으로 이어졌다. 불평의 내용은 '먹을 것도 없고 물도 없다'는 것이었다. 이러한 불평은 출애굽 1세대에게서도 보였는데 부모 세대와 자녀 세대의 차이가 있다.

출애굽 1세대는 애굽 땅의 풍요함과 비교하며 불평한 반면(출 16:3; 민 11:4-6), 출애굽 2세대는 광야생활 자체에 대한 불평이다. 그들은 40년 동안 매일 먹던 만나를 '하찮은 음식'이라 하며 불평했다. '하찮은'(켈로켈, q°lōqēl)은 '보잘것없는'이라는 뜻이다. 하나님이 주신 만나에 대한 경멸적인 표현이었다.

만나에 대한 불평을 들으신 하나님은 불뱀을 보내어 백성들을 심판하신다. '불뱀'은 맹독의 뱀이다. 문자적으로는 '불태우는 뱀'을 의미한다. 그래서 어떤 학자는 '물리면 불같은 고통을 받다가 죽기 때문에' 붙은 이름이라고 설명한다. 이러한 독사류는 사막 지대에서 서식하기에 하나님이 충분히 활용하실 것으로 보인다.

그렇다면 하나님은 왜 심판 도구로 '뱀'을 사용하셨을까?

하나님이 심판 도구로 뱀을 사용하신 경우는 이곳이 유일하다. 뱀은 오래전부터 신적 숭배의 대상으로 많이 활용되어 왔지만, 성경에서 뱀은 하나님을 대적하는 '사탄'의 상징물이다(창 3:1; 계 12:9) 따라서 하나님은 분명한 목적을 가지고 뱀을 사용하셨음을 생각하게 한다. 이에 대해 예수님은 명확한 해석을 해주셨다.

> 모세가 광야에서 뱀을 든 것 같이 인자도 들려야 하리니(요 3:14).

광야생활을 마무리하면서 백성들을 미혹하여 하나님을 대적하게 한 세력, 다시 말해 영적 전쟁의 실체가 사탄임을 보여 준다. 성도들뿐만 아니라, 이 세상의 모든 사람은 공중 권세를 잡은 사탄의 미혹에 시달려 불뱀에 물린 듯 고통스러워하다가 죽게 된다. 이 불뱀의 고통에서 벗어날 수 있는 방법은 장대에 달린 놋뱀을 보아야 하듯, 십자가에 달린 예수 그리스도를 바라봐야 하는 것이다(요 3:15).

2) 백성들의 회개(21:7)

광야생활 중에 하나님을 대적하다 민족적인 위기가 여러 차례 있었다. 그때마다 모세가 자원하여 하나님과 백성 사이에서 중보자를 자처했다. 대표적으로 금송아지 사건(출 32:11-12), 가데스 바네아 사건(14:13-19) 그리고 고라 자손의 반란 사건(16:46)이다. 본 사건에서는 불뱀으로 많은 사람이 신음하며 죽어가자 모세가 중보자로 서기 전에 백성들이 모세를 찾아와 먼저 중보를 요청한다.

"우리가 범죄했사오니 여호와께 기도하여 이 뱀들을 떠나게 하소서."

이스라엘 백성은 다시 마실 물과 먹는 문제로 불평하고 원망했다. 출애굽 1세대와 크게 다르지 않았다. 우리는 다 똑같은 인간이다. 하지만, 이들은 발전했다. 하나님께 겸손히 회개하며 긍휼을 구하는 자세다 (요일 1:8-10). 이것이 하나님이 기대하시는 모습이고 영적 전쟁의 승리의 장면이다.

3) 장대 위에 놋뱀(21:8-9)

불뱀 재앙에 대해 하나님이 제시하신 구원의 방법은 놋뱀을 만들어 장대 위에 달아 쳐다보라는 것이었다. 치유의 방편으로 뱀을 활용하시는 것은 매우 독특한 사건인데 이것은 뱀이 사탄을 상징하기 때문이다.

그렇다면 다음과 같은 의문이 생기게 된다.

"어떻게 사탄을 의미하는 뱀이 치유의 능력을 발휘할 수 있을까?"

사실 답은 그리 어렵지 않다. 놋뱀 자체에는 아무런 능력이 없기 때문이다. 이것은 하나님의 명령에 대해 신뢰하고 순종함으로 나타난 이적이다. 놋뱀 자체에 능력이 없음을 보여 주는 장면이 열왕기하 18장에 나온다. 히스기야 왕이 종교개혁을 단행하며 모세 때부터 전해 내려오던 놋뱀을 부숴버린다(왕하 18:4).

하나님은 놋뱀을 장대 위에 달라고 명령하신다. 이것은 일차적으로 높은 곳에 두어 많은 사람이 쉽게 볼 수 있게 한 것이다. 나아가 이것은 구속사적으로 십자가에 달리신 예수님을 예표 한다(요 3:14). 불뱀에 물린 자마다 장대 위에 달린 놋뱀을 보았을 때 모두 살아나게 되었다. 동일하게 공중 권세 잡은 사탄에게 미혹되어 죽어가는 사람들은 누구든지 십자가에 달려 죽으신 예수님을 믿는 자마다 영생을 얻게 된다(요 3:15-16)

3. 요단 동편 도착(21:10-20)

에돔 땅을 통과하여 요단 동편으로 가고자 한 모세의 계획은 에돔의 저지로 무산되었다. 결국, 에돔 땅을 우회하는 힘든 여정을 시작할 수밖에 없었다. 이 과정에서 먹고 마시는 문제로 원망하다 불뱀의 심판을 겪게 되지만, 하나님께 즉시 회개하고 치유를 얻게 된다. 이제 40년 광야생활을 마무리하는 이스라엘 백성의 마지막 여정이 소개된다.

1) 광야 탈출(21:10-15)

이스라엘 백성은 에돔을 우회하여 홍해의 에시온게벨까지 내려갔다가 다시 올라오게 된다. 출애굽 40년 5월 1일에 아론이 호르산에서 죽게 되고(33:38) 살모나와 부논을 거쳐 오봇에 진을 친다. 본 구절은 오봇에서부터 요단 동편에 도착하는 아르논강 건너편에 진을 친 내용을 기록하고 있다.

- **오봇**: '물가죽 부대'라는 뜻으로 학자들은 이곳을 성경에 나오는 '부논'에서 멀지 않은 '아인 엘-웨이바'(Ain el-Weiba)와 동일시해 왔다(Budd). 그 이유는 민수기 33:43에 '부논을 떠나 오봇에 진을 쳤다'는 기록 때문이다.
- **이예아바림**: '짐승들의 굴'이라는 뜻으로 모압 변방에 위치한 것으로 본다.
- **세렛 골짜기**: '버드나무 시내'라는 뜻이다(사 15:7). 이곳은 이스라엘 백성이 40년의 광야생활의 종지부를 찍고 모압 땅으로 건너가는 현장이다(신 2:14). 이 골짜기는 현재 '와디 엘 아사'(Wady el-Ahsa)와 동일시된다. 세렛 골짜기는 에돔 왕국의 북쪽 경계선과 모압 왕국의 남쪽 경계선을 이루었다.
- **아르논강**: 아르논은 히브리어 '소리 지르다'의 뜻을 가진 '라난'(*raw-nan*)에서 유래한 단어로 '포효하는 시냇물'이라는 의미가 있다. 아르논강은 아모리 족속과 모압의 경계가 되었는데, 후에 르우벤 지파의 남쪽 경계가 된다(신 3:8, 16; 수 13:6).

본 단락에는 광야를 벗어나 요단 동편 모압 땅에 들어서는 순간에 대한 기억을 담은 노래를 소개하고 있다.

> 수바와 와헙과 아르논 골짜기와
> 모든 골짜기의 비탈은 아르 고을을 향하여 기울어지고
> 모압의 경계에 닿았도다

이것은 '여호와의 전쟁기'에 기록된 내용이라고 소개하는데 현재 이 책은 존재하지 않는다. 이 노래에는 이스라엘 백성이 광야생활을 끝내고 모압 평지에 도착한 감격이 고스란히 담겨 있다.

2) 우물물아 솟아나라!(21:16-18)

아르논강 건너편을 떠난 이스라엘 백성은 브엘에 도착했다. '브엘'은 '우물, 샘'이라는 뜻으로 모압 평지에 들어온 이스라엘 백성이 만난 최초의 '우물'이다. 브엘이 이사야 15:8에 나오는 '브엘엘림'과 동일한 장소라고 주장하기도 하는데(Noordtzij), 정확한 위치는 알 수 없다. 이스라엘 백성은 목마른 광야생활을 마감하고 드디어 맑은 샘물을 마실 수 있게 되었다. 이것이 얼마나 감격스러운 일인지 그들의 입술에서 노래가 터져 나왔다.

> 우물물아 솟아나라 너희는 그것을 노래하라 이 우물은 지휘관들이 팠고
> 백성의 귀인들이 규와 지팡이로 판 것이로다 … (21:17-18).

백성들은 소원이 담긴 함성으로 응원하고 지휘관들은 자기들이 가지고 있던 규와 지팡이로 우물을 팠다. 규와 지팡이로 맨땅을 파서 우물을 만

드는 것은 불가능한 일이다. 돌과 모래 등으로 덮여 있던 우물이나 샘물의 윗부분을 제거한 것으로 보면 좋을 것이다(Budd).

우물을 발견한 이스라엘 백성에게 얼마나 감격스러운 순간이었을까? 물 한 방울 나지 않는 광야생활이 끝났다는 감격이 고스란히 느껴지는 노래다. 브엘을 떠난 이스라엘 백성은 맛다나에 도착한다. 맛다나는 '선물'이라는 뜻으로 정확한 위치는 알 수 없다.

3) 비스가 산꼭대기(21:19-20)

이스라엘 백성의 마지막 여정지는 '비스가 산꼭대기'였다. '비스가 산'은 아바림 산맥의 북서쪽에 위치해 있다. 여리고 맞은편에 있으며 모세가 생을 마감한 곳이다(신 34:1-6). 이곳에 오기까지 나할니엘과 바못을 지났다. 나할니엘은 '하나님의 급류계곡', 바못은 '높은 곳'이라는 뜻이다. 나할리엘이 골짜기라면 바못은 높은 곳이다. 낮은 골짜기에서 높은 산으로 향하여 가나안 땅을 바라볼 수 있는 비스가 산꼭대기에 이른 것이다. 드디어 그들이 간절히 원했던 가나안 땅을 눈으로 직접 볼 수 있게 된 것이다.

4. 요단 동편에서의 전쟁 승리(21:21-35)

모세는 가데스 바네아에서 길을 돌이켜 요단 동편으로 향한다. 이를 위해 여러 나라를 거쳐야 했다. 하나님은 에돔, 모압 그리고 암몬은 동족이기 때문에 전쟁을 허락하지 않으신다(신 2:1-19) 이스라엘 백성은 길을 우회하여 드디어 가나안 땅이 보이는 비스가 산에 도착하게 된다. 이 여정 중에 '아르논강'을 건너게 되는데, 이곳은 모압과 아모리 땅의 경계 지역이었다.

즉, 이스라엘 백성이 가나안 땅으로 들어가기 위해서는 아모리 족속의 땅을 통과해야 했다. 모세는 사신을 통해 '평화의 말'을 전했지만, 거절되었고(신 2:26-30) 하나님은 그들의 땅을 기업으로 주시겠다고 하시며 전쟁을 허락하셨다(신 2:31). 정복을 위한 이스라엘 백성의 첫 번째 전쟁이 시작된 것이다.

1) 헤스본 왕 시혼과의 전쟁(21:21-32)

이스라엘 백성의 첫 번째 정복 전쟁의 상대는 헤스본 왕 시혼이었다. 군대로 부름받은 이스라엘 백성은 40년 광야생활을 통해 고통스러운 훈련을 받았다. 이스라엘 백성의 전쟁은 혈과 육에 대한 전쟁이 아닌, 하나님께 속한 영적 전쟁이다. 이것은 하나님과의 관계가 승패를 좌우한다는 것이다.

하나님을 신뢰하지 못하여 광야에서 죽은 출애굽 1세대에 비해 2세대는 성장하고 발전했다. 여전히 부족했지만, 그들은 하나님을 신뢰하며 기도하기 시작했고 죄에 대해 회개하기 시작했다. 이들의 첫 번째 전쟁의 결과가 궁금해진다.

(1) 아모리 왕 시혼에게 사신을 보냄(21:21-22)

모세는 에돔 왕에게 했던 방식대로 아모리 왕 시혼에게 사신을 보내 그 땅에 아무 피해 없이 지나갈 것을 약속하며 통행을 허락해 달라고 요청한다. '아모리'(Amorites)는 아카드어 'Amurru'에서 파생된 것으로 메소포타미아 서쪽 땅을 뜻한다. 그러나 아모리 사람들이 살았던 정확한 범위는 알 수 없다. 성경에 언급된 아모리인들은 요단 동편과 가나안 땅 일부에 거주했다(창 14:7; 신 4:47; 20:17).

아모리 족속이 이스라엘 역사에 처음 등장은 아브라함이 헤브론에 거주할 때 원주민으로 소개된다(창 13:18; 14:13). 이후 아브라함이 그랄 땅으로 잠시 떠났다가 헤브론으로 돌아왔을 때 거주민이 '헷 족속'으로 바뀐다(창 23:19-20). 아브라함이 그랄 땅에 간 사이에 헤브론 일대에 큰 권력의 변화가 있었음을 알 수 있는 대목이다. 즉, 헷 족속에 의해 아모리 족속의 세력이 약해졌다는 것을 의미한다(Noordtzij). 이후 아모리 족속이 요단 동편으로 이주하여 세력을 유지한 것으로 보인다.

이후 시혼이 등장하며 암몬 족속과 모압 족속을 쫓아내고 아르논과 얍복 시내 사이 지역을 점령하게 된다(21:26). 이것은 민수기 21:27-30에서 나오는 승리의 시에서 그 당시 상황을 설명하고 있다.

> 모압아 네가 화를 당하였도다. 그모스의 백성아 네가 멸망하였도다. 그가 그의 아들들을 도망하게 하였고 그의 딸들을 포로가 되게 하였도다(민 21:29).

미드라쉬에서는 출애굽 39년째 되는 해에 하나님께서 시혼의 마음을 자극하여 모압과 싸워 헤스본을 포함한 모압의 성읍들을 차지하게 하셨다고 주석한다(Sefer HaYashar, Book of Numbers 3).

(2) 시혼의 거절과 승리(21:23-26)

아모리인의 왕 시혼(Shihon)은 '헤스본'을 거점으로 활동했다. '뽑아내다'라는 뜻을 가진 '시혼'이 왕의 호칭인지 개인의 이름인지는 정확히 알 수 없지만, 신명기에 '헤스본 왕 시혼'이라고 한 것으로 보아 개인의 이름일 가능성이 높아보인다(신 2:26). 시혼은 흩어진 아모리 족속을 모아 요단 동편에 암몬과 모압의 땅을 점령하여 왕국을 세운 왕으로 추측된다.

아모리 왕 시혼은 모세의 '평화의 말'에 거절의 뜻을 보낸 후, 군대를 이끌고 이스라엘을 치기 위해 야하스(Jahaz)에 집결했다. '짓밟힌 곳, 광활

한 곳'이라는 뜻을 가진 '야하스'는 아르논강 북쪽 어디쯤으로 추측된다. 시혼은 에돔처럼 군대를 이끌고 나오면 이스라엘 백성이 겁을 먹고 우회할 것이라고 기대했을 것이다. 하지만, 하나님은 동족이 아닌 시혼과의 전쟁을 허락하셨다(신 2:31). 드디어 첫 번째 정복 전쟁이 시작되었다. 결과는 승리였다. 이스라엘 백성은 아르논에서부터 암몬 자손의 경계까지 점령한다.

유대인 전승에는 시혼이 허벅지 뼈만 18규빗 되는 거대한 키에 아무도 견딜 수 없는 거인이었다고 설명한다(Legends of the Jews 3:5:92). 이것은 시혼을 물리치는 것이 매우 어려운 일이었고 하나님의 도움이 없으면 승리할 수 없었다는 것을 강조하는 것이다. 시혼이 통과를 허락했다면 전쟁은 없었을 것이다. 요단 동편은 하나님이 약속하신 가나안 땅이 아니었기 때문이다. 이 전쟁이 아니었다면 요단 동편은 여전히 아모리 족속의 땅이 되었을 것이다(Milgrom). 이후 이곳은 르우벤 지파에게 분배된다(수 13:18).

(3) 승리의 노래(21:27-32)

시혼과의 전쟁은 이스라엘 백성에게 엄청난 감격의 순간이었다. 아르논강을 건너며 드디어 40년의 광야생활을 마치고 요단 동편 땅에 들어왔다. 아무것도 못할 것 같았던 이스라엘 백성이 모압과 암몬을 몰아내고 헤스본을 차지한 시혼과 그의 군대를 물리친 것이다. 이 날의 감동은 고스란히 노래가 되었다.

> 헤스본에서 불이 나오고, 시혼의 마을에서 불꽃이 나와서,
> 모압의 아르를 삼키고, 아르논 높은 산당들을 살랐다.
> 모압아, 너에게 화가 미쳤다. 그모스 신을 믿는 백성아, 너는 망하였다.
> 아모리 왕 시혼에게 꼼짝없이, 아들들이 쫓겨가고 딸들이 끌려갔다.
> 그러나 우리는 그들을 넘어뜨렸다. 헤스본에서 디본에 이르기까지,

메드바에서 가까운 노바에 이르기까지, 우리는 그들을 쳐부수었다(21:28-30, 새번역).

이 노래의 핵심은 견고한 모압이 시혼에게 멸망했는데 그 엄청난 시혼을 이스라엘 백성이 쓰러뜨렸다는 것이다. 이 노래는 예레미야가 모압의 멸망을 묘사할 때 인용한다(렘 48:45-47). 이스라엘 백성은 정복한 아모리인의 땅에 거주하게 되었고 나아가 야셀로 정탐을 보낸 후 촌락을 빼앗고 아모리 사람들을 몰아낸다. 야셀은 얍복강을 건널 수 있는 전략적으로 매우 중요한 지역이었다.

2) 바산 왕 옥과의 전쟁(21:23-35)

헤스본 왕 시혼을 물리치고 영토를 차지한 이스라엘 백성은 북진할 수 있는 교두보인 야셀까지 점령하게 된다. 이후 이스라엘 백성은 북진을 하지 않고 방향을 바꿔 바산 길로 올라가게 된다. 이에 바산 왕 옥이 모든 군대를 거느리고 나와서 이스라엘과의 전투를 준비하게 된다.

바산(Bashan)은 '비옥하고 돌이 없는 평지'라는 뜻으로 요단 동편을 여러 지역으로 나눌 때 가장 북단에 위치한 지역이다. 이곳의 대부분은 해발 480-690미터에 이르는 고원지대로 밀 재배와 목축에 적합하다. 오늘날에는 골란 고원(Golan Heights)으로 불린다. 성경에서는 '바산 골란'으로 칭해지며(신 4:43; 수 20:8; 21:27; 대상 6:71) 므낫세 반 지파에게 분배된다.

바산 지역을 정복한 아모리인의 왕은 옥(Og)이었다. 유대인 전승은 '옥은 거인족에 속하는 전설적인 인물'이라고 전하고 있다(Bereshit Rabbah 34:12). 신명기에서는 그의 철 침상이 랍바 암몬에 오랫동안 전시되어 있었다고 하며 그 크기가 길이가 9규빗(약 4.5m)이고 너비가 4규빗(약 2m)이었다고 한다(신 3:11). 탈무드에서는 시혼과 옥이 아히아(Ahijah)의 아들로 형제라고 설명하고(Niddah 61a:18) 요세푸스는 시혼과 동맹 관계였다고 설명한다(Josephus I, 4.5.3).

바산 왕 옥은 에드레이(Edrei)에서 전투를 하게 되는데, 이곳은 바산의 남단 국경지역에 위치해 있었으며 남쪽이나 동쪽으로부터 오는 적군의 공격을 방비했던 곳이었다. 모세와 이스라엘 백성은 '두려워하지 말라'는 하나님의 명령에 순종하여 싸우러 나갔고 한 사람도 남기지 않고 승리했으며 땅을 점령했다.

영적 전쟁으로 푸는 민수기

그리스도인의 영적 전쟁의 영역은 크게 세 가지로 구분할 수 있다.

첫째, 악한 영적 세력과 직접 대결하는 영적 전쟁이다. 이것은 '능력 대결'(Power Encounter)이라고 한다.

둘째, 우리의 마음이다. 마음은 치열한 영적 전쟁의 현장이다. 마음이 치열한 영적 전쟁의 현장인 이유는 사탄이 우리의 마음을 공격하기 때문이다. 마음은 생명의 근원이고(잠 4:23) 믿음이 시작되는 곳이기에(롬 10:10) 사탄의 주요 공격 대상이다. 민수기에 나오는 영적 전쟁은 전부 마음 안에서 일어난다.

셋째, 영적 전쟁의 현장은 '세상'이다. 에베소서에서는 '통치자', '권세자', '이 어둠의 세상 주관자'를 구체적으로 언급했다(엡 6:12). 이스라엘 백성이 광야에서 마음에 일어나는 영적 전쟁을 했다면, 가나안 땅으로 들어가면 그 땅의 일곱 족속과 실제 전투를 해야 한다. 이 전쟁은 문화 전쟁이고 가치관의 전쟁이다.

이스라엘 백성은 군사공동체임과 동시에 예배공동체였다. 이것은 이스라엘 백성의 전쟁이 혈과 육에 대한 전쟁이 아니고 영적 전쟁임을 보여 준다. 영적 전쟁은 하나님과의 관계가 승패를 좌우한다. 민수기 21장은 이것을 잘 보여 준다. 하나님과의 관계가 잘 이뤄진 출애굽 2세대가 실제 전쟁에서 승리한 것이다.

출애굽 2세대는 1세대에 비해 성장한 모습을 보여 주었다. 출애굽 1세대는 호르마에서 하나님의 명령에 순종하지 않고 전쟁했다가 패배한다. 반면 출애굽 2세대는 전쟁에 대해 하나님의 응답을 받고 출정하여 승리한다.

출애굽 1세대는 하나님의 징계 앞에 회개하지 않았지만, 2세대는 불뱀의 심판 앞에 회개하고 모세에게 중보를 요청한다. 그 뒤에 이어지는 내용은 요단 동편 헤스본 왕 시혼과 바산 왕 옥과의 전투에서 승리하여 땅을 얻은 것이다.

설교 포인트

본문: 민수기 21:1-35
제목: 영적 승리는 현실 승리로 이어진다

이스라엘 백성은 40년 동안 광야생활을 거치며 영적인 성숙을 경험한다. 이 영적인 성숙은 실제 전쟁에서 승리로 이어진다. 불평과 불만의 목소리는 기도와 회개의 목소리로, 두려움의 입술은 하나님이 하신 일에 대한 찬송의 입술로 바뀌었다. 그 결과 시혼 왕과 옥 왕을 정복하는 일이 벌어졌다.

1. 우리의 싸움은 혈과 육의 싸움이 아니다(엡 6:12).
2. 영적인 승리는 우리의 마음과 육체를 지배한다(요삼 1:2).
3. 영적인 생명은 실제 삶의 질서와 풍성함으로 나타난다(요 10:10).

5. 발람의 저주를 축복으로 바꾸시는 하나님(22:1-24:25)

아르논강을 건너며 이스라엘 백성의 40년의 광야생활은 드디어 끝난다. 광야생활은 이스라엘을 하나님을 향한 믿음과 이해가 깊어지는 시간이었다. 400년 동안 물들어 있던 애굽의 문화와 삶의 습관을 제거하는 시간이기도 했다. 또한, 영적 전쟁을 위한 훈련의 과정이기도 했다.

드디어 이스라엘 백성은 최초의 정복 전쟁을 감당하게 되는데 헤스본과 바산과의 전투에서 승리를 거두게 된다. 그들은 거인 족속이었던 시혼과 옥과의 전투를 앞에 두고 '두려움'이라는 영적 전쟁에서 승리했다. 또한, 하나님의 전쟁 명령에 순종함으로 '불순종'이라는 영적 전쟁에서 승리했다. 이러한 영적 전쟁에서의 승리는 현실 전쟁으로 이어졌다.

이렇게 파죽지세로 요단 동편을 정복하는 이스라엘을 보고 두려움에 사로잡힌 사람이 있었는데 모압 왕 '발락'이었다. 하나님께서 이스라엘 백성에게 모압을 괴롭히지 말라는 명령이 있었음을 전혀 알지 못한 발락은 유브라데 지역에서 활동하던 점술가 발람을 고용하여 이스라엘을 저주하게 한다. 놀랍게도 하나님은 발람의 저주를 축복으로 바꾸신다. 이 사건은 모압 평지에 진을 치고 있던 이스라엘 백성이 전혀 알지 못하는 사이에 벌어진다.

1) 발람을 부른 모압 왕 발락(22:1-21)

헤스본 왕 시혼과 바산 왕 옥을 물리친 이스라엘 백성은 모압 평지에 진을 치게 된다. 발락은 이스라엘 백성이 두려워 유브라데강 가 브돌에 있는 점술가 발람을 부르기로 한다. 당시 사람들은 전쟁을 신들의 전쟁으로 인식했다. 모압 왕 발락은 점술가 발람이 섬기는 신이 이스라엘 백성의 하나님보다 강하다고 인식한 것이다.

발락의 초대를 받은 발람은 복채를 더 받기 위해 처음엔 거절한다. 발람은 하나님의 계시를 받은 듯이 이야기했지만, 성경은 '여호와'와 '하나님'을 구분하여 그의 꿈이 모두 거짓임을 드러내고 있다.

(1) 발람을 부른 발락(22:1-6)

이스라엘 백성이 아모리 족속의 시혼과 옥을 물리친 것은 모압 사람들에게 큰 두려움으로 번민하게 했다. '번민하다'(쿠츠, *qûṣ*)는 '혐오감을 느끼다, 소름 끼칠 정도로 몹시 싫어하다'라는 의미다. 모압 왕 발락(파괴자, 약탈자)은 미디안 장로들에게 도움을 청하게 된다. 미디안은 요단 동편과 시내광야, 아라비아광야 일대에 흩어진 유목 민족을 총칭하는 말로 특정한 족속을 의미하지 않는다.

모압 사람들은 미디안 장로들에게 이스라엘을 사방의 풀을 뜯어 먹는 소로 비유하며 두려움을 고백한다. 모압 사람들이 이스라엘 문제에 대해 왜 미디안 장로들에게 상의했는지 이유는 나와 있지 않지만, 충분히 예상은 된다.

요세푸스는 발락이 조상 때부터 동맹을 맺고 있었다고 설명하면서, 시혼과 옥을 물리친 이스라엘을 보고는 위협을 느꼈고 더 이상 팽창하지 못하게 미디안에게 사신을 보냈고, 이 과정에서 미디안의 장로들이 점술가 발람에 대한 정보를 주어 사신을 보낸 것으로 설명한다(Josephus I. 4. 6. 2).

미드라쉬에서는 모압과 미디안이 원수 관계였지만, 이스라엘로 인해 동맹을 맺게 되었는데, 이때 모압 사람들이 미디안 장로들에게 다음과 같이 말했다고 설명한다(Bamidbar Rabbah 20:4).

> 이것은 두 마리의 개가 서로 싸우는 것과 같습니다. 늑대 한 마리가 둘 중 한 마리에게 향해 왔습니다. 다른 한 마리가 말하길 '만약 내가 돕지 않으면, 오늘 하나를 죽이고 다음 날에는 나에게 오겠구나'라고 했습니다.

모압 왕 발락(Balak)은 미디안 장로들을 만난 후 사신을 보내 이스라엘을 저주할 목적으로 브올의 아들 발람을 데려오게 한다. 고대에는 어떤 백성이 섬기는 신이 한 단위로 존재한다고 믿었다. 그래서 더 강한 신의 이름으로 저주하면 약한 신이 능력을 거두어들인다고 생각했다(Noordtzij).

발람(Balaam)은 '탐식자, 백성을 파멸시키는 자'라는 뜻이고 메소포타미아의 점쟁이였다. 그는 브돌(Pethor)에 거주했다고 하는데, 이곳은 유프라테스강 가에 위치한 고대 도시로 보인다.

(2) 발람의 거절(22:7-13)

발락의 명을 받은 모압의 장로들과 동맹을 맺은 미디안의 장로들이 브돌에 있는 발람을 찾아간다. 그들은 손에 복채를 가지고 갔는데 당시 신과 긴밀한 관계에 있는 자에게 어떤 일을 요구할 때는 선불을 해야 했다(삼상 9:8; 왕상 13:7; 왕하 5:5-6; 암 7:12; 미 3:5 참고).

사신들은 발람을 만나 발락의 말을 전했지만, 발람은 하룻밤을 유숙하길 요구하며 "여호와께서 내게 이르시는 대로 너희에게 대답하리라"고 말한다. 다음날 발람은 "하나님께서 자신에게 가지 말고 이스라엘을 저주하지도 말라"는 응답을 받았다고 전한다.

발람의 말을 보면 '여호와'를 잘 알고 있을 뿐만 아니라 깊은 관계를 맺고 있는 듯하다.

이방의 거짓선지자에게 이것이 가능한 일인가?

대부분의 학자는 그의 말에서 '여호와'가 언급되었기에 알고는 있으나 거짓선지자이기에 관계성에는 의문을 보인다. 결국, 그는 이스라엘을 저주하려고 하기 때문이다.

그렇다면 9-12절에 하나님이 발람과 대화하는 장면을 어떻게 이해하면 좋을까?

이 부분에 대해 긍정적으로 보는 의견은 불신자들에게도 하나님이 나타나신 사례들이 성경에 더 있다는 것이다. 아브라함 시대에 그랄 왕 아비멜렉에게 꿈으로 나타나셨다(창 20:6-7). 꿈과 이상으로 느브갓네살에게도 나타나셨다(단 4:1-18). 하나님은 악한 자들까지도 통치하시는 분이시기에 가능하다는 의견이다(Merrill, Budd).

부정적으로 보는 의견은 악한 거짓 선지자 발람이 하나님을 만날 수 없다는 것이다.

이럴 경우 본문을 어떻게 이해할 것인가?

민수기 기자는 이 부분에서 우리에게 힌트를 주고 있음을 발견할 수 있다. 8절과 13절에 발람은 '여호와'라는 호칭을 사용한다. 이것은 발람이 이스라엘 백성에게 역사하신 하나님에 대한 이야기를 알고 있음을 보여준다(수 2:8-11 참고).

하지만, 9-12절까지는 '하나님'(엘로힘)이라는 호칭을 사용하며 차별성을 보인다(Allen). 즉, 발람은 모압의 사신들에게 하나님을 만난 듯 거짓으로 이야기했거나 일반적인 신(엘로힘)의 계시를 받은 것이다(Noordtzij). 발람은 복채를 더 받기 위해 하나님께 계시를 받았다고 거짓말을 한 것으로 보인다(벧후 2:15).

(3) 발락의 2차 호소(22:14-21)

모압과 미디안의 장로들이 실패하고 돌아오자 발락은 발람에게 더 높은 고관들을 더 많이 보낸다. 발락이 발람에게 제시한 조건은 '복채'가 아니었다.

"아무것도 걱정하지 마시고 이리로 올라오십시오. 그대를 성의껏 대접하겠습니다. 원하시는 것은 다 드리겠습니다"(22:16-17, 현대어).

소위 '백지수표'를 제시한 것이다. 발람은 바로 이것을 예상하고 1차 제안을 무시한 것이었다(Noordtzij).

발람은 자기의 신적 능력을 다시 한번 고관들에게 과시하기 위해 하룻밤 유숙할 것을 요청하며 '여호와'의 답을 기다리겠다고 한다. 아침이 되자 발람은 고관들에게 사신들에게 했던 것과 동일하게 여호와께 신탁을 받은 것처럼 연기한다.

"일어나 함께 가라!
그러나 내가 네게 이르는 말만 준행할지니라!"

민수기 기자는 '여호와'를 '하나님'이라는 호칭으로 바꾸며 발람의 말이 거짓임을 독자들에게 알려 주고 있다.

2) 점쟁이 발람과 나귀(22:22-41)

헤스본 왕 시혼과 바산 왕 옥을 무리친 이스라엘 백성은 모압을 두려움에 떨게 하기에 충분했다. 모압 왕 발락은 브돌강 가에서 활동하던 점쟁이 발람을 청해 주술적인 힘으로 이스라엘을 제압하길 원했다. 1차 권유를 거절한 발람의 복채는 '백지수표'로 바뀌었고 그는 한몫 챙길 마음으로 발락에게로 향한다.

(1) 여호와의 사자와 말하는 나귀(22:22-30)

발락의 권유를 받아들여 모압으로 향하는 발람에 대해 하나님은 진노하셨고 '여호와의 사자'가 그의 길을 막아선다. 이 부분에서 발람이 하나님과 소통했다고 볼 경우 충돌이 발생하게 된다. 따라서 발람은 하나님과 소통한 것이 아니다. 하나님은 이스라엘을 저주하기 위해 모압으로 향하는 발람을 가로막으신 것이다. 이것은 하나님이 이스라엘을 보호하시기 위한 구체적인 개입 장면이다.

칼을 빼어 손에 들고 길을 막고 서 있는 여호와의 사자를 먼저 발견한 존재는 발람도 아니고, 그의 두 종도 아니고, 그가 탄 나귀였다. 나귀는 죽음을 직감하고 주인을 구하고자 밭으로 발길을 옮겼다. 반면 발람은 나귀를 채찍질하며 다시 길을 가게 한다. 잠시 후 발람의 일행은 좌우에 담이 있는 포도원의 좁은 길을 지나게 된다. 이때 여호와의 사자가 다시 길을 막아섰고 나귀는 발람의 발을 담에 짓누르며 위기를 알리려 했으나 발람은 다시 채찍질을 하며 전진하길 요구한다.

공포에 질린 나귀는 더 이상 전진할 수 없게 되자 발람 밑에 엎드린다. 발람은 분노를 참지 못하고 지팡이로 나귀를 때리기 시작한다. 이때 여호와께서 울부짖던 나귀의 입을 열어 발람에게 들리게 했다.

"제가 주인어른께 무슨 잘못을 했기에, 저를 이렇게 세 번씩이나 때리십니까?"

발람은 나귀의 소리를 듣고는 자연스럽게 대화를 이어간다.

"너는 나를 놀림감으로 여기느냐?

내가 칼을 가지고 있었더라면, 이 자리에서 너를 죽였을 것이다."

이에 대해 나귀가 다시 말한다.

"저야말로 오늘까지 어른께서 늘 타시던 어른의 나귀가 아닙니까?

제가 언제 이처럼 버릇없이 군 적이 있었습니까?"

발람은 "없다"고 대답한다.

여기에서 우리는 두 가지의 질문이 생길 수밖에 없다.

첫째, 나귀는 어떻게 여호와의 사자를 보았는가?

발람은 보지 못한 여호와의 사자를 나귀는 보았다. 어떤 이들은 나귀가 동물적 감각으로 여호와의 사자를 보았다고 설명한다. 사실 이 사건은 신비의 영역이다. 하나님이 하시면 못하실 것이 없다. 하지만, 분명한 것이 있는데, 그것은 나귀도 볼 수 있는 여호와의 사자를 당시 최고의 실력을 갖추었다는 점쟁이(환상가) 발람은 보지 못한다는 우스운 상황을 본문은 보여 주고 있다는 것이다(Olson).

둘째, 나귀와 발람은 어떻게 대화를 할 수 있었는가?

성경에서 동물이 말을 한 경우는 창세기 3장에 나오는 뱀이 유일하다. 창세기 3장에 뱀은 사탄의 매개물이기에 말을 했다고 해도 본문의 나귀는 이해하기 어렵다.

본문의 나귀는 실제로 말을 했다기 보다는 발람에게만 특별히 들렸다고 보는 것이 맞을 것이다.

이와 관련해 다음과 같이 세 가지의 증거가 있다.

첫째, 발람이 나귀의 음성을 듣고 당황하지 않은 점이다.

둘째, 정황상 주변에 있던 사람들은 나귀의 음성을 듣지 못했다는 것이다. 발람은 나귀의 행동에 대해 '거역하다'는 단어를 사용했다. 이러한 행동으로 화가 나서 칼이 있었다면 죽였을 것이라고 한다. 여기서 '거역하다'(알랄, 'ālal)는 말은 '조롱하다, 욕보이다'는 뜻이다. 즉, 발람이 모압과 미디안의 고관들 앞에서 큰 조롱거리가 되었다는 의미다.

셋째, 하나님은 언어 능력을 짐승에게는 주시지 않았다는 것이다.

본문은 발람의 길을 막으시는 분이 하나님이시고, 또한 그 길을 허용하시는 분도 하나님이심을 보여 준 것이다. 후에 발람이 저주하려고 했지만, 축복의 입술로 바뀌게 되는데, 이 모든 것의 주관자가 하나님이심을 보여 주는 장면이라 하겠다.

(2) 눈이 밝아진 발람(22:31-35)

나귀와 대화를 하던 발람의 눈을 여호와께서 밝히셨고 그제야 나귀가 보았던 '여호와의 사자'를 보고는 그 앞에 엎드리게 된다. 여호와의 사자는 엎드린 발람에게 나귀가 한 행동의 까닭을 알려 주신다. 나귀가 피하지 않았으면 이미 죽었다는 것이다.

그렇다면 왜 여호와의 사자는 발람을 죽이려고 했을까?

그 이유는 발람의 사악한 짓 때문이다. 즉, 하나님의 백성을 저주하려 했기 때문이다. 따라서 이 사건은 발람에게 꼭 필요했다. 그는 귀신을 볼 수 있고 귀신을 부르는 자였다. 당시 가장 유명한 점쟁이였다. 발람은 이스라엘 백성의 하나님을 귀신 부리듯 할 수 있다고 생각했을 것이다. 이 사건으로 발람은 하나님의 존재와 능력을 명확히 알게 되었고 그분의 명령에 순복하지 않으면 죽게 된다는 것을 알게 된다.

이어지는 발람의 고백에서 그가 깨달은 바를 알 수 있다.

> … 내가 범죄하였나이다 … 당신이 기뻐하지 아니하시면 나는 돌아가겠나이다 (22:34).

이전까지 하나님과 대화한 듯한 모습은 모두 거짓임이 명백해진다. 하나님은 강력한 두려움의 상황 속에서 발람에게 모압 땅으로 가라고 허락하신다. 단, 하나님이 말씀하시는 것만 말하라고 명령하신다.

(3) 발람을 만난 발락(22:36-41)

발락은 발람이 온다는 소식을 듣고는 그를 만나기 위해 영토의 경계인 아르논강 가까지 마중 나온다. 그의 간절한 심정을 엿볼 수 있는 대목이다. 이스라엘에 대한 두려움은 그를 조급하게 만들었고 발람이 늦게 온 것에 대한 서운함을 그대로 표현한다. 하지만, 발람은 사신들을 만났을 때 태도와는 완전히 달랐다.

> … 하나님이 내 입에 주시는 말씀 그것을 말할 뿐이니이다(22:38).

이것은 하나님의 능력을 직접 체험한 발람의 진심이 담긴 고백이었다. 발락은 발람을 인도하여 '기럇 후숏'(Kiriath huzoth)에 여정을 풀게 하고 극진히 대접한다. 이곳은 '거리의 성읍'이라는 뜻으로 70인역에서는 '주택의 도시'라고 했는데, 아르논강 가 인근에 위치했지만, 정확히 어디인지는 알 수 없다. 마음이 조급했던 발락은 아침이 밝자마자 발람을 데리고 이스라엘 백성의 진 끝까지 보이는 바알의 산당으로 인도한다.

발람은 발락의 바람대로 이스라엘을 향해 저주할 수 있을까?

3) 발람의 첫 번째 저주(23:1-12)

이스라엘을 저주하기 위해 발락은 점쟁이 발람을 모압 땅으로 데려왔다. 발람은 큰돈을 만질 수 있을 것이라는 기대감에 발길을 옮겼지만, 여호와의 사자를 마주하며 죽음의 공포 속에 도착했다. 아침이 밝았고 발락은 발람을 이끌고 이스라엘 진영을 내려다볼 수 있는 바알 산당으로 데려왔다.

(1) 바알의 산당(23:1-6)

발람은 저주를 위한 제사를 위해 일곱 개의 제단을 쌓도록 지시한다. 각 단에 수송아지 일곱 마리와 숫양 일곱 마리를 준비했다. 무속 의식에서 제사는 신에게 호의를 베푸는 의식임과 동시에 제사용 짐승의 내장이나 간을 통해 신탁을 얻었다(Merrill).

발람이 제단 일곱 개를 세운 것을 보고 어떤 학자들은 그가 하나님과 밀접한 관계를 보이는 것이라고 주장하기도 하지만, 당시 셈족에게는 '7'이라는 숫자가 완전수이기 때문에 마력을 지니고 있다고 생각했다(Noordtzij).

발람은 제사를 드리는 과정에서 발락에게 번제물 곁에 서 있도록 요구하고 자신은 '언덕길'로 가서 여호와께 신탁을 받겠다고 한다. '언덕길'

(셰피, šǝpî)는 '벌거벗음, 벗겨진 곳'이라는 뜻으로 '발가벗기다, 드러나다'의 뜻을 가진 '샤파'(šāpâ)에서 나왔다. 이것은 발람이 찾아간 산의 상태를 묘사해 주는 것으로 황량하고 메마른 산을 나타내는 것이다.

개역개정은 '언덕길'로 영어성경에서는 '벌거벗은 높은 곳'(a bare height, RSV; ESV), '메마른 높은 곳'(a barren height, NIV), '황량한 높은 곳'(a desolate height, NKJV) 등으로 번역했다.

발람이 언덕길로 올라간 이유는 하나님의 신탁을 받기 위해서였다. 그런데 발락을 놓고 혼자 갔다. 발람은 하나님이 발락이 원하는 것을 주시지 않을 것을 알고 있었기 때문이다. 하나님은 발람에게 임하셨고 그가 이스라엘을 향해 선포할 말씀을 알려 주셨다. 발람은 발락에게로 돌아와 모압의 모든 고관 앞에서 하나님의 말씀을 선포한다.

(2) 발람의 첫 번째 예언(23:7-12)

'예언'이라고 번역된 '마샬'(māšāl)은 '속담, 노래, 비유'라는 뜻이다. 개역한글에서는 '노래'로 번역했다. 그러나 본문에서 발람의 말은 '예언'의 성격이 강하기에 개역개정에서는 '예언'(oracle)이라고 번역했다(NKJV; RSV). 그러나 ESV는 '연설'(discourse)로 번역했고 NIV는 '메시지'(message)로 번역했다. 이는 '마샬'이라는 단어가 이스라엘 백성의 참 선지자들이 선포하는 어떤 예언에도 사용되지 않기 때문이다(Allen). 이스라엘 선지자들의 예언은 '나바'(nābā)라는 단어를 사용한다.

> 발락이 아람으로부터, 모압 왕이 동쪽 산으로부터 나를 데려왔다네.
> '와서 나를 위해 야곱을 저주하라!
> 와서 이스라엘을 비난하라!'
> 내가 어찌 하나님이 저주하지 않는 자를 저주할 수 있겠소.
> 내가 어찌 여호와께서 비난하지 않는 자를 비난할 수 있겠소.

내가 그를 바위 꼭대기에서 보았기 때문이라네.

내가 그를 언덕에서 보았기 때문이라네.

보라! 홀로 거하는 이 백성을, 여러 민족 중 하나로 여기지 않는 백성을

누가 야곱의 티끌을 셀 수 있으며 이스라엘 백성의 사분의 일을 셀 수 있으랴?

나로 의인의 죽음으로 죽게 하여라! 나로 종말이 그와 같게 하여라!(사역).

발람은 자기가 아람에서 왔다고 한다. 이곳은 유브라데강 사이에 있는 '밧단 아람'이다(창 25:20; 28:2). 발람이 이스라엘을 저주하기 위해 왔지만, 하나님께서 저주하지 않는 자를 저주할 수 없다고 고백한다. 그러면서 하나님이 저주하지 않으시는, 다른 말로 축복하시는 이스라엘 백성의 위대함을 노래한다.

이스라엘 백성은 이 세상의 많은 나라와 여김을 받지 않는 독보적 존재이고 이 백성의 숫자는 셀 수 없을 정도로 번성하게 될 것임을 노래하고 있다. 본문의 '사분의 일'은 이스라엘 백성이 성막의 사방위로 진을 치고 있는데 그중에 한 방향을 의미한다.

마지막으로 발람은 자기 죽음이 이스라엘과 같기를 원한다고 한다. 전쟁, 기근, 질병으로 인해 고대 사회에서 평화로운 죽음은 큰 복 중에 하나로 여겼다. 발람은 이스라엘을 '의인'으로 비유하고 있다. '의인'(야샤르, yāšār)은 '의로운, 올바른'이라는 뜻으로 '이스라엘'(yiśrā'ēl)과 같은 자음을 사용하고 있다(Noordtzij).

이스라엘을 저주하여 사술의 힘으로 승리를 거두려했던 발락은 발람의 예언을 듣고는 당황하게 된다.

"어찌 내게 이같이 행하느냐?"

이에 대해 발람은 자기가 한 말이 하나님께서 주신 말이라고 대답한다. 여기서 하나님의 절대적 주권을 볼 수 있다. 발람은 돈을 받고 이스라엘을 저주하기 위해 왔지만, 하나님은 저주의 입술을 축복의 입술로 바꿔

주신 것이다.

이 사건은 모압 평지에 진 치고 있던 이스라엘 백성은 전혀 모르는 사이에 진행되고 있었다. 모세가 하나님의 계시로 기록된 이후에야 알게 된 것이다. 하나님은 감당치 못한 시험을 허락하지 아니하심을 보여 준다(고전 10:13). 또한, 시험당할 즈음에 피할 길을 내시며 하나님의 능력으로 늘 보호하신다(벧전 1:5).

4) 발람의 두 번째 저주(23:13-26)

발람은 발락의 요청으로 모압 땅까지 와서 이스라엘을 저주하기 위해 바알의 산당으로 올라가 제사를 드린다. 한적한 곳에서 하나님께 신탁을 받은 발람은 저주가 아닌 이스라엘을 축복하는 노래를 부른다. 이에 놀란 발락은 장소가 좋지 않다고 생각하여 발람을 데리고 이스라엘 백성의 끝만 보이는 비스가 꼭대기로 이동하여 다시 저주를 요청한다.

(1) 비스가 꼭대기(23:13-17)

발람이 저주하지 않고 축복의 노래를 부른 것을 보고 발락은 당황했다. 발락은 발람을 이스라엘 백성의 끝자락만 볼 수 있는 곳으로 인도했는데, 이스라엘 백성의 숫자에 겁을 먹고 저주하지 못한 것으로 추측된다(Noordtzij). 발람은 소빔 들로 인도되어 비스가 꼭대기에 제단을 쌓았다. '소빔'은 '망보는 자들, 파수꾼들'이라는 뜻으로 비스가 꼭대기에 위치한 파수꾼들이 망을 보기 위한 평평한 장소로 보인다.

비스가 꼭대기에 도착한 발람은 이전과 동일하게 일곱 제단을 쌓고 각 제단에 수송아지와 숫양을 드리도록 지도한다. 또한, 자신이 여호와를 만나는 동안 발락에게는 번제물 곁을 지키게 한다.

(2) 발람의 두 번째 예언(23:18-26)

발락과 모압의 고관들은 신탁을 받고 돌아온 발람의 입술에 집중하고 있다. 발람은 자기가 받은 예언을 시로 지어 노래로써 이야기한다.

> 발락이여!
> 일어나서 들으라!
> 나에게 들으라!
> 십볼의 아들이여!
> 하나님은 사람이 아니시니 그는 거짓말을 하지 않으신다네
> 사람의 아들이 아니시니 후회치 않으신다네
> 말씀하신 것을 이루지 않음이 없다네
> 하신 말씀을 실행하지 않음이 없다네
> 보라! 나는 축복하라는 명령을 받았노라.
> 주께서 축복하셨으니 내가 그것을 바꿀 수 없네.
> 주는 야곱의 허물에 관심이 없으시다네.
> 주는 이스라엘 백성의 연약함을 보지 않으신다네.
> 여호와 하나님은 그들과 함께 계시니 왕에 대한 외침이 그들 중에 있다네.
> 하나님께서 그들을 애굽에서 인도하셨으니, 그분은 들소의 뿔과 같으시다네.
> 야곱에게는 점술이 소용없다네. 이스라엘 백성에게는 복술도 소용없다네.
> 이제 야곱과 이스라엘에 대해 말해야 할 것이 있다네.
> "하나님께서 행하신 일이 어찌 그리 위대한가!"
> 보라!
> 한 백성이 암사자처럼 일어나고 수사자처럼 일어난다네.
> 먹이를 먹고 시체의 피를 마시기 전에는 결코 눕지 아니한다네(사역).

발람의 노래를 세 가지 핵심 주제로 구분할 수 있다.

첫째, 하나님은 말씀하신 것을 반드시 실행하시는 분이시다.
둘째, 하나님께서 이스라엘 백성의 허물과 연약함에 관계없이 축복을 명령하셨다.
셋째, 이스라엘을 막을 수 있는 것은 아무것도 없다.

발람의 노래를 들은 발락은 화가 치밀어 올라 소리친다.
"그들을 저주하지도 말고 축복하지 말라"(23:25).
이에 대해 발람은 여호와께서 말씀하신 것을 말할 수밖에 없다고 대답한다. 발락은 발람이 이스라엘을 저주할 수 없음을 알고도 다시 한번 시도하기 위해 브올 산꼭대기로 인도한다.

5) 발람의 세 번째 저주(23:27-24:13)

발락의 요청으로 발람은 이스라엘 온 진영을 바라볼 수 있는 바알의 산당에 올라 저주를 하려고 했지만, 하나님은 그 입술을 축복으로 바꾸셨다. 이어 발락은 이스라엘 백성의 일부만 볼 수 있는 비스가 꼭대기로 장소를 옮겨 저주를 요구했지만, 이번에도 하나님은 축복의 입술로 바꾸신다. 그러나 발락은 또다시 브올산 꼭대기로 장소를 옮겨 저주를 요청한다.
이번에는 저주가 나올까?

(1) 브올 산꼭대기(23:27-24:2)

발락은 두 번이나 발람이 저주가 아닌 축복을 한 것을 보았음에도 불구하고 이스라엘을 저지할 수 있는 유일한 방법은 주술적인 힘밖에 없기에 또다시 발람을 브올 산꼭대기로 인도하여 저주해 주길 요구한다. '브올'(Peor)산은 모압 땅의 여시몬(Jeshimon)광야를 바라볼 수 있는 곳으로 느보산 봉우리 중 하나이다. 모세는 브올산 근처에 있는 '벧브올'(Beth-peor, 브

올의 집)에 묻혔다고 전한다(신 34:6)

브올산 꼭대기에 오른 발람은 전과 같이 일곱 제단을 쌓고 수송아지 일곱 마리와 숫양 일곱 마리를 준비시켜 제사를 드리게 한다. 하지만, 발람은 신탁을 받기 위해 한적한 곳으로 가지 않는다. 자신이 저주하려고 해도 하나님께서 축복으로 바꾸심을 보았기 때문이다. 발람은 더 이상 점술을 쓰지 않고 눈을 들어 이스라엘 백성이 진 친 것을 보며 바로 하나님께서 주시는 말씀을 선포한다.

(2) 발람의 세 번째 예언(24:3-9)

발람의 세 번째 예언은 지난 두 번과는 달리 한적한 곳에 가서 신탁을 받지 않고 발락이 보는 앞에서 이스라엘을 향해 예언한다. 발락이 발람에게 저주를 더 이상 기대할 수 없는 상황이 되었기 때문이다.

> 브올의 아들 발람의 예언이라. 눈을 뜬 자의 예언이라.
> 하나님의 말씀을 들은 자, 전능자의 환상을 본 자,
> 눈을 뜨고 엎드린 자의 예언이라.
> "오 야곱이여!
> 너의 장막이, 오 이스라엘이여!
> 너의 거처가 어찌 그리 아름다운고.
> 그 뻗어 나감이 골짜기 같고, 강가에 동산 같도다.
> 여호와가 심으신 침향목 같고, 물가에 백향목 같도다.
> 그 양동이에는 물이 흐르고, 그 씨앗은 많은 물에 있구나.
> 그의 왕은 아각보다 높을 것이며 그의 왕국은 높임을 받는구나.
> 하나님께서 애굽에서 그를 인도하셨으니 그는 들소같이 강하구나.
> 그는 열국과 그의 원수들을 소멸시키고 저희 뼈를 꺾으며
> 활로 그들을 꿰뚫으리로다.

몸을 웅크림이 수사자와 같고 암사자와 같으니 누가 그를 일으키겠는가?
너를 축복하는 자에게 축복이 있고 너를 저주하는 자에게 저주가 있으리라(사역).

발람은 자신을 "눈을 뜬 자"로 묘사한다. 70인역은 "진리 안에서 보는 자"로 번역하여 육신의 눈이 아니라 영적인 눈을 의미한다고 보았다. 16세기 유대인 주석가 아인 야코프(Ein Yaakov)은 발람이 한 발은 절뚝거리고 한 눈이 실명했었는데 한쪽 눈이 떠지게 된 것이라고 설명한다(Sanhedrin 11:92). 발람이 실제로 눈이 떠졌다기보다는 이스라엘을 향하신 하나님의 계획을 알게 되었다는 의미로 해석하는 것이 좋을 것이다.

발람은 이스라엘을 저주하기 위해 왔지만, 하나님께서 이스라엘을 향해 축복하게 하심을 보고 완전히 새로운 시각을 갖게 되었음을 고백하고 있다. 이스라엘 백성은 장차 강가에 심은 침향목이나 백향목처럼 튼튼하게 자라나게 될 것이고 많은 나라 중에 높임을 받게 될 것이다. 또한, 들소와 같이 강하고 수사자와 암사자와 같이 용맹할 것을 예언한다.

(3) 발락의 분노(24:10-13)

발락은 세 번이나 축복을 한 발람을 향해 손을 내리치며 강력한 분노를 표출하며 "그대가 있는 곳으로 달아나라"고 말한다(11). '달아나다'(바라흐, *bārah*)는 '도망하다, 피하다'는 뜻으로 죽을 수도 있다는 의미다. 발람은 자기를 탓하는 발락에게 자기는 처음부터 오고 싶지 않았다는 의사를 다시 명확히 한다.

발람이 발락에게 이르되 당신이 내게 보낸 사신들에게 내가 말하여 이르지 아니하였나이까 가령 발락이 그 집에 가득한 은금을 내게 줄지라도 나는 여호와의 말씀을 어기고 선악간에 내 마음대로 행하지 못하고 여호와께서 말씀하신 대로 말하리라 하지 아니하였나이까(24:12-13).

6) 발람의 네 번째 예언(24:14-25)

발락은 발람을 불러 이스라엘을 저주하길 원했지만, 하나님은 발람의 입술을 축복의 입술로 바꾸셨다. 발락은 분노하며 발람에게 집으로 돌아가라고 한다. 이때 발람은 발락이 요구하지도 않았음에도 후일에 이스라엘 백성이 모압에게 어떻게 할지 말하겠다고 한다.

(1) 모압과 에돔에 대한 예언(24:15-19)

발람은 이스라엘 백성이 종말론적 의미의 '마지막 날'에 어떻게 될지를 노래 형식으로 예언한다. 그 서두에는 예언자가 누구인지, 예언을 한 신이 누구인지를 언급한다. 그 내용은 세 번째 예언과 유사한데, 같은 장소에서 이루어졌기 때문에 연속성을 가진다고 볼 수 있다.

> 브올의 아들 발람의 예언이라. 눈을 뜬 자의 예언이라.
> 하나님의 말씀을 들은 자, 가장 높은 지식을 아는 자,
> 전능자의 이상을 아는 자, 눈을 뜨고 엎드러진 자의 예언이라.
>
> 나는 그를 보았으나 지금은 아니라
> 나는 그를 보았으나 가까이는 아니라
> 한 별이 야곱에게서 나올 것이라
> 한 규가 이스라엘에서 일어날 것이라
> 그것이 모압의 양 모퉁이를 맹렬히 공격할 것이고 셋의 자식들을 다 멸할 것이라
>
> 에돔은 소유가 될 것이라
> 그의 원수 세일도 소유가 될 것이라
> 이스라엘 백성은 용감하게 행동할 것이라

야곱에게서 한 통치자가 성읍의 남은 자들을 멸하리라(사역).

발람은 무언가를 보게 된다. 그것을 '그'라고 표현한다. '그'는 '별'과 '규'와 동일한 대상이다. 그를 보긴 보았지만 지금 나타나는 것은 아니라고 한다. 그는 야곱에게서 나오는 '별'이다. 별은 고대사회에서 왕권을 의미할 때가 많다. 성경에서도 바벨론 왕을 '계명성'으로 칭했다(사 14:12). '규' 역시 임금과 통치자의 상징물이다. 즉, 이스라엘 백성에게서 한 왕이 나타나게 될 것이라는 예언이다.

'그'(별, 규)는 누구인가?

역사적으로 이 부분에 대해 다음과 같이 세 가지 의견을 보인다.

첫째, 장래에 나타난 이스라엘 백성의 임금이다. 이것은 다윗 왕에게서 성취된다.

둘째, 이스라엘 나라 자체다.

셋째, 장차 오실 메시아다. 예언은 이중적, 혹은 삼중적이기에 이것은 다윗이 될 수도 있고, 이스라엘 자체가 될 수도 있다. 하지만, 궁극적으로 인류를 구원하는 별인 예수 그리스도로 귀결될 수밖에 없다(마 2:2). 초대 교회에서는 본문을 메시아로 해석했다(Bellinger).

발람은 큰 왕권이 일어나 모압을 칠 것이라고 예언한다. 개역개정에서는 "모압을 이쪽에서 저쪽까지 쳐서 무찌르고"라고 번역되어 있다. 모압 땅 전체를 의미하는 '이편에서 저편까지'로 번역된 단어는 '페아'($p\bar{e}'\bar{a}$)는 '모퉁이, 측면, 편'의 뜻을 가지고 있다. 정확한 의미는 이마의 양쪽 측면, 즉 '관자놀이'다(Merrill). 이 말은 이스라엘에서 나온 왕이 모압의 얼굴 측면인 관자놀이를 공격하여 일격에 죽게 한다는 것이다.

발람은 이스라엘에서 나오는 왕이 '셋의 자식들'을 다 멸할 것이라고 예언한다. 본 구절은 모압과 대구를 이루고 있기 때문에 모압을 지칭하는 말이다.

발람의 예언은 에돔으로 이어지는데, 민수기 20장과 21장에 에돔을 통과하지 못한 것과 연관 지을 수 있다. 에돔(세일)이 이스라엘 백성의 소유가 되고 야곱에서 나온 주권자가 남은 자들을 멸절한다는 예언이다. 이것은 다윗 때 성취된다(삼하 8:13-14). 에돔의 조상에서는 복음의 반대 개념으로 신약성경에 자주 등장한다(롬 9:13; 히 12:16). 따라서 본문은 메시아와 연관하여 종말론적 해석도 가능하다(사 63:1-6).

(2) 아말렉, 겐, 앗수르에 대한 예언(24:20-25)

발람은 모압과 에돔의 멸망에 대해 예언한 후 아말렉, 겐 그리고 앗수르의 멸망에 대해서도 예언한다.

> … 아말렉은 민족들의 으뜸이나 그의 종말은 멸망에 이르리로다 … (24:20).

'으뜸'(레쉬트, *rē'šît*)는 '첫째, 시작'을 뜻한다. 이 단어는 창세기 1:1의 '태초에'로 사용되었는데 시간, 장소, 질서의 개념으로 처음을 의미한다. 따라서 본문의 '으뜸'은 주변 국가 중 가장 큰 강대국이라는 의미보다는 가장 오래된 족속이라는 의미로 보면 좋을 것이다(Noordtzij). 결국, 발람의 예언대로 아말렉은 멸망하게 되는데, 사울에 의해 공격을 당하고(삼상 15:8), 다윗에 의해 다시 공략되고(삼하 8:12), 그 후 히스기야에 의해 완전히 전멸당하게 된다(대상 4:41-43).

이어서 겐 족속에 대해 예언한다.

> … 네 거처가 견고하고 네 보금자리는 바위에 있도다 그러나 가인이 쇠약하리니 나중에는 앗수르의 포로가 되리로다 … (24:21-22).

겐 족속은 다음과 같이 몇 가지 의견이 있지만, 정확히 어느 족속인지 알 수 없다.

첫째, 예언의 내용 중에 '가인'으로 변형되었기 때문에 아담의 아들 가인의 후손들로 보는 견해
둘째, 미디안의 한 지파로 보는 견해
셋째, 아말렉의 한 지파로 보는 견해
넷째, 모세의 처남인 호밥의 자손으로 보는 견해

본문에는 겐 족속(케니, *qêni*)은 '보금자리'로 번역된 '켄'(*qên*)과 언어유희로 사용된다. 겐 족속은 견고한 보금자리(켄)를 가지고 있고 안전하다고 생각하겠지만, 쇠약해져 결국엔 앗수르의 포로가 된다는 것이다. 이 보금자리가 어디인지는 알 수 없지만, 요단 동편에 있는 '페트라'(Petra)로 보는 사람들도 있다. 앗수르가 가나안 땅을 정복한 시기는 B.C. 745-722년이다.

마지막으로 앗수르에 대한 예언이다.

> … 슬프다 하나님이 이 일을 행하시리니 그 때에 살 자가 누구이랴 깃딤 해변에서 배들이 와서 앗수르를 학대하며 에벨을 괴롭힐 것이나 그도 멸망하리로다 … (24:23-24).

발람은 앗수르가 깃딤 해변으로부터 오는 배들에 의해 멸망할 것이라고 예언한다.

깃딤은 구브로 섬을 가리키는데(창 10:4), 구브로 섬만을 칭한다기보다는 지중해 연안의 해안국들을 총칭하기에 '로마'로 특정하는 것을 선호한다(렘 2:10; 겔 27:6; 단 11:30 참고). 그러나 실제로 앗수르를 멸망시킨 나라는 바벨론이기에 로마로 특정하기가 애매해진다. 본 예언의 초점은 멸망의 주체가 아니라 앗수르의 멸망에 있기 때문이다.

발람의 마지막 예언은 가나안 땅의 으뜸(처음)인 아말렉 족속과 가장 안전한 보금자리를 가지고 있는 겐 족속 그리고 가장 강력한 앗수르가 멸망한다는 것이다. 또한, 이 일을 행하시는 분은 '하나님'이신데, 그 하나님이 발락이 저지하고 싶었던 이스라엘 백성의 하나님이라는 사실이다. 하나님이 계획하고 작정하신 것은 그 어떤 누구도 가로막을 수 없음을 보여 준다(Budd).

영적 전쟁으로 푸는 민수기

아르논강을 건넌 이스라엘 백성이 드디어 광야생활을 마감하고 가나안 땅이 바라다보이는 모압 평지에 도착했다. 그들은 헤스본 왕 시혼과 바산 왕 옥을 물리치며 기세를 올리고 있었다. 이때 모압 왕 발락은 이스라엘 백성의 확장을 저지하기 위해 점쟁이 발람을 불러 저주하게 했다. 그런데 하나님은 저주하려고 하는 발람의 입술을 축복의 입술로 바꾸셨다(신 23:5). 놀라운 것은 이 일은 이스라엘 백성이 모르는 사이에 진행되었다는 것이다.

모든 그리스도인은 영적 전쟁에 부름 받은 군사다. 우리는 본능적으로 전쟁에 대한 두려움이 있다. 그런데도 우리는 담대할 수 있는 이유가 있는데, 하나님이 감당할 시험밖에는 허락치 않으시기 때문이다(고전 10:13). 사탄은 발람과 같이 우리를 저주하고 공격하고 있다.

하지만, 하나님은 우리가 감당하지 못할 시험을 막아 주시고 감당할 수 있도록 바꿔 주시는 분이다. 또한, 전쟁에서 실수하고 실패할지라도 합력하여 선으로 바꾸시는 분이다(롬 8:28). 따라서 우리는 영적 전쟁을 두려워할 필요가 없다(요 16:33).

설교 포인트

본문: 민수기 22:1-24:25
제목: 저주를 축복으로 바꾸시는 하나님

이스라엘을 저주하기 위해 발락은 발람 선지자를 불렀다. 하나님은 저주하려는 발람의 입술을 축복의 입술로 바꾸셨다. 이 사건에 대해 이스라엘 백성은 전혀 모르고 있었다. 하나님은 우리가 감당할 시험만 허락하시고 보이지 않는 상황 속에서 우리를 늘 보호하고 계신다.

1. 하나님은 우리에게 감당할 수 있는 시험만 허락하신다(고전 10:13).
2. 우리가 하나님께 붙어 있으면 우리를 향한 저주도 축복으로 바꿔 주시는 분이시다(롬 8:28).
3. 하나님이 우리를 보호하시는 이유는 우리를 향한 목적을 이루시기 위함이다(요 17:12).

---

6. 우상 숭배와 음행으로 무너진 이스라엘(25:1-18)

민수기 25장은 광야생활을 마무리하고 모압 평지에 도착한 이스라엘 백성의 마지막 여정을 기록하고 있다. 시혼왕과 옥왕을 멋지게 물리친 장면과는 상반되는 우상 숭배와 음란을 저지른 비참한 모습이다. 전쟁에서 이겨 요단 동편 땅을 차지하고 하나님께서 발람의 저주도 막아주시고 승승장구할 것 같던 이스라엘 백성이 우상 숭배와 음행으로 한 순간에 무너진다. 이 일로 24,000명이 죽게 되는데 40년 광야생활 중에서 가장 많은 사람들이 죽은 사건이었다.

유대인 전승들은 이 일의 배경으로 발락의 요청에 도움을 주지 못한 발람이 마지막으로 이스라엘을 괴롭힐 수 있는 방법을 알려 주었다고 한다. 모압 여인들로 하여금 이스라엘 남자들을 꼬셔 우상 숭배에 동참케 하고 음란히 행하게 했다는 것이다(Josephus I. 4. 6. 6-13). 충분히 가능성이 있는 이야기이다. 본 단락은 미디안을 치라는 하나님의 명령으로 끝난다. 이후 민수기 31장에서 전쟁의 결과가 나오는데 미디안의 다섯 왕을 죽였고 발람을 칼로 죽였다.

1) 모압 여자들과의 음행(25:1-5)

이스라엘 남자들이 모압 여자들과 음행을 시작한 곳은 '싯딤'이었다. 이곳은 '아카시아 나무 골짜기'의 뜻을 가진 '아벨 싯딤'의 축약명으로 이스라엘 백성이 가나안 땅에 들어가기 전 마지막 야영지다. 이곳에서 여호수아는 여리고에 정탐꾼을 보낸다(수 2:1). '음행'(자나, $zān\hat{a}$)은 이성간의 불의한 성관계(sexaul immorality, NIV)와 지속적인 매춘 행위(harlotry, NKJV)를 의미한다.

이 음행은 이교도들의 종교의식의 일환이였기에 우상 숭배와도 직접적으로 연결된다. 본문에는 모압의 여자들이 '자기 신들에게 제사할 때' 이스라엘 백성을 청했다고 설명하고 있다. 시편 106편은 본 사건을 배경으로 하고 있는데 '죽은 자에게 제사한 음식을 먹었다'고 기록하고 있다(시 106:28). 이것은 생명 없는 신들을 의미할 수도 있고 조상 숭배 형태의 제사일 가능성도 있다(Friedman).

본문은 이스라엘 백성의 음행을 '바알브올에게 가담했다'고 언급하고 있는데, '바알브올'은 '브올에서 섬기는 바알'이라는 의미다. '바알'은 가나안을 대표하는 남성신으로 농사의 신이며 풍요의 신으로 남녀의 성관계를 강조한다. 바알을 향한 종교의식에는 발가벗은 남자와 여자들이 춤을 추었고 술을 마시며 음행했다(Noordtzij). '브올'은 '넓게 열다'는 뜻으로 넓은 평지를 의미하지만, 상징적으로 성행위를 묘사하는 '넓게 열다'도 있다(Noordtzij).

'가담했다'(차마드, $\bar{s}\bar{a}mad$)는 말은 '봉사하다, 합세하다, 연합하다'는 뜻인데 본 사건을 다루고 있는 시편 106편은 '연합하다'로 번역했다(시 106:28). 이것은 이스라엘 남성들이 모압 여인들과 함께 성관계를 통한 제사 의식에 참여했다는 뜻이다. 이 일로 인해 하나님은 진노하셨고 역병으로 24,000명이 죽게 된다.

하나님은 모세에게 진노의 해결책에 대해 말씀하신다.

… 백성의 수령들을 잡아 태양을 향하여 여호와 앞에 목매어 달라 … (25:4).

처벌의 대상은 백성의 수령들(우두머리)이다. 백성의 수령을 지목한 것은 대표성을 가지기 때문일 수도 있지만, 모세가 재판관들에게 "너희 각각 바알브올에게 가담한 사람들을 죽이라"(5)고 명령한 것을 보아 수령들도 범죄자일 가능성이 높다.

처벌의 방법은 목을 매다는 교수형이다. '목매어 달다'로 번역된 '야카'($y\bar{a}qa^{\prime}$)는 단순히 '매달다'는 뜻이다. '목'을 매다는 것은 의미를 확장한 것으로 70인역과 라틴어역의 영향을 받은 것이다. NIV는 'kill'(죽이다)로 번역했고 NRSV는 'impale'(처단하다)로 번역했다.

따라서 이 처벌의 방법에 대해 몇 가지의 견해가 있다.

첫째, 목매어 달다.
둘째, 십자가에 못 박다.
셋째, 창 같은 것으로 찔러 죽이다.
넷째, 높은 언덕에서 떨어뜨리다.

여러 해석 중에서 특별히 '창 같은 것으로 찔러 죽이는 것'에 주의를 기울일 필요가 있다. 8절에 비느하스가 사용한 창이 이것을 위한 도구가 아니었을까 추측해 볼 수도 있다. 고대 사회에서는 사람을 죽여 머리나 신체의 일부를 창에 꽂아 매달아 놓는 처형 방법이 흔했다. 앗수르 비문들에서 이러한 처벌 방법이 빈번히 언급된다(Noordtzij). '태양을 향하여' 매달라는 것은 문자적으로 '백주에, 낮에'라는 말로 공개적인 처형을 의미한다(Friedman).

2) 시므리의 죽음(25:6-9)

하나님의 진노로 회중 가운데 염병이 돌아 하나둘씩 죽기 시작했다. 그들의 가족들은 회막 문으로 달려가 하나님을 향해 울었고 재판관들은 하나님의 진노를 멈추기 위해 음행한 자들에 대한 처벌도 진행했다.

이런 상황을 전혀 알지 못했는지 어떤 한 사람이 사람들이 보는 가운데 미디안 여인을 자기 형제에게로 데리고 온다. 성경은 여기서 이 사람의 이름을 공개하지 않는다. 이것은 성경의 문학적 표현이다. 처음에는 신원을 알 수 없지만, 그를 처벌한 후에 어떤 사람인지 알려 준다. 그는 시므온 지파의 지도자 시므리라는 사람이었다(14).

시므리가 데려온 여인은 미디안 지휘관 수르의 딸 고스비였다(15). 그가 왜 이 여인을 자기의 장막으로 데리고 왔는지 이유가 나오지 않는다. 그저 신부로 삼기 위해 가족들에게 인사시키려 했거나 성관계를 갖기 위해 아니면 우상을 예배하려고 데려왔다는 의견이 있다.

하지만, 독자들은 충분히 그 목적이 선하지 않음을 알 수 있다. 그들을 발견한 비느하스는 손에 창을 들고 쫓아갔다. 사람들이 회막 문 앞에서 울고 있는데, 태연하게도 시므이와 모압 연인은 막사 안으로 들어갔다. 그들을 뒤쫓아온 비느하스는 치밀어 오르는 분노에 들고 있던 창으로 남자와 여인의 배를 꿰뚫어 죽였다. 이들의 죽음으로 염병이 그치게 되었지만 24,000명이 이미 죽은 상태였다.

시므이와 모압 여인이 막사로 들어갔는데, 막사(chamber)를 뜻하는 '쿱바'(qubâ)은 장막(tent)으로 사용하는 '오헬'(ōhel)과 구별되는 것으로 성경에서 유일하게 사용되었다. 이 말은 아랍어에서 온 큰 장막을 의미한다. 이로 인해 유대인 학자 중에는 이 막사가 '성막'이라고 주장하는 사람도 있다(Friedman). 또 어떤 학자들은 이 막사가 남자들의 출입이 금지된 여자 숙소를 가리킨다고 추론하기도 한다(Noordtzij). 오히려 민수기 기자가 '쿱바'(qubâ)를 사용한 것은 '배'(코바, qōbâ)와 연관시키기 위한 의도가 담겼다고 보는 것이 좋을 것이다(Allen).

또한, 바울은 고린도전서에서 음행하지 말 것을 강조하기 위해 본 사건을 인용하는데, 음행으로 죽은 자의 숫자가 23,000명이라고 한다(고전 10:8). 이것은 백성 중의 숫자이며 수령들을 포함하면 24,000명으로 이해하면 좋을 것이다(Merrill).

3) 비느하스의 열심 (25:10-13)

비느하스의 적극적인 행동은 하나님의 마음을 시원케 했다(잠 25:13). 하나님은 모세에게 왜 재앙이 그치게 되었는지 설명하신다. 그것은 바로 비느하스가 하나님의 질투심으로 질투하였기 때문이었다. '질투'(킨아, qin'â)는 '열심'으로도 번역될 수 있다(왕하 10:16; 19:31). 그의 하나님을 향한 열심이 이스라엘 전체를 살렸다.

하나님은 비느하스에게 '평화의 언약'을 주시겠다고 하신다. 그 내용은 비느하스와 그의 후손이 대제사장의 직분을 얻게 된다는 것이다.

평화의 언약은 두 가지 성격을 가지고 있다.

첫째, 비느하스가 살인을 저지른 것에 대한 면죄를 선포함
둘째, 엘르아살의 뒤를 이을 대제사장 직분을 얻음

4) 시므리와 고스비(25:14-18)

본 단락은 죽임을 당한 남자와 여자의 이름을 기록하고 있다. 시므온 지파 살루의 아들 시므리와 미디안 수르의 딸 고스비다. 이들은 모두 이스라엘과 미디안 족장의 자식이었다. 이 사건이 수령들을 중심으로 이루어졌음을 짐작케 한다.

유대인 전승에는 이 사건에 시므온 지파 사람이 많이 연류되었다고 한다. 그 결과 2차 인구 조사 때 가장 많은 인구가 감소(- 37,100명)되었다고 설명한다. 시므온 지파가 가장 많이 연류된 이유는 모압과 가까운 이스라엘 진영 남쪽에 위치해 있었기 때문으로 추측할 수 있다(Noordtzij).

하나님은 모세에게 본 사건을 결말짓도록 명령하신다. 미디안을 공격하라는 것이다. 이에 대한 실행은 31장에 기록되어 있다. 하나님은 그들이 '속임수'로 유혹했다고 한다. 이스라엘을 멸망시키기 위해 사탄의 공격을 보여 주는 장면이다. 사탄은 미혹의 영이다. 속임수로 하나님을 떠나 우상을 섬기며 간음하게 한다.

예수님도 40일 금식 때 사탄에게 시험을 당하셨다. 성도들도 여전히 사탄의 유혹에 노출되어 있다. 예수님은 말씀으로 사탄의 시험을 이기셨다. 우리도 말씀의 검을 가지고 깨어 있어 마귀를 대적해야 한다(엡 6:17; 벧전 5:8)

영적 전쟁으로 푸는 민수기

아르논강을 건너 헤스본 왕 시혼과 바산 왕 옥을 물리친 이스라엘 백성은 이제 가나안 땅을 눈앞에 두고 있다. 40년 광야생활에서 승리다운 승리를 맛보았다. 가슴 벅차고 흥분되는 상황이었다. 이런 기분 좋은 분위기에 사탄은 달콤한 음악 소리와 여인네들의 웃음소리로 이스라엘 백성의 남자들을 미혹했다. 이 사건으로 24,000명이 죽음을 맞이했다. 광야생활 중에 가장 큰 심판의 숫자였다. 이스라엘 백성의 패배는 대단한 군사가 아니었다. 사탄의 달콤한 미혹이었다.

사탄은 이렇게 승리감에 취해 있는 이스라엘을 교묘히 미혹하여 하나님을 떠나 우상을 숭배하게 한다. 사탄은 우는 사자와 같이 삼킬 자를 찾고 있다(벧후 3:17). 이런 우리에게 주님은 깨어 있기를 요구하신다(엡 6:18; 골 4:2).

설교 포인트

본문: 민수기 25:1-18
제목: 하나님과 단절시키는 사탄의 미혹

이스라엘 백성은 광야의 40년 세월을 지내고 이제 어느 정도 성숙해져서 가나안 땅으로 들어갈 수 있게 되었다. 다 이룬 것 같았는데, 모압 여인들의 미혹에 넘어간 이스라엘 남성들은 한순간에 무너져 버렸다. 사탄은 우는 사자와 같이 삼킬 자를 찾는다. 영적 전투에 임한 자는 늘 근신하여 깨어 있어야 한다.

1. 사탄은 우리를 미혹하여 하나님과 단절시켜 멸망의 길로 가게 한다
 (벧후 3:17).

2. 사탄은 우는 사자와 같이 삼킬 자를 찾는다(벧전 5:8).

3. 방심하는 순간 넘어질 수 있으니 깨어 있어야 한다(엡 6:18; 골 4:2).

제3부

영적 전쟁 결과(26:1-36:13)

제1장 영적 전쟁의 상급: 땅 분배(26:1-30:16)

제2장 정복 전쟁을 위한 실습(31:1-32:42)

제3장 영적 전쟁 결론(33:1-36:13)

* * *

　민수기는 '정복'에 대한 이야기다. 20세 이상 전쟁에 나갈 만한 자에 대한 인구 조사로 민수기는 시작된다. 즉, 이스라엘 백성이 전쟁을 위해 부름 받은 군사공동체임을 보여 준다. 이때 레위인은 인구 계수에서 제외되는데 그 이유는 성막 관리와 이동을 위함이었다. 이스라엘공동체의 중심에는 언제나 성막이 있었다. 이곳은 하나님을 만나는 장소였고 예배하는 장소였다. 즉, 이스라엘 백성은 예배공동체임을 보여 준다.

　이스라엘 백성은 군사공동체와 예배공동체로 부름 받았다. 그들의 전쟁이 혈과 육에 대한 것이 아니고 영적 전쟁임을 보여 준다. 이스라엘 백성이 성막을 중심으로 진행되는 예배를 통해 하나님과의 관계가 잘 형성되면 전쟁에서 승리하고, 그렇지 않으면 패배하는 구조로 되어 있다. 광야 40년 세월 동안 이스라엘 백성은 치열한 영적 전쟁을 통해 연단 되었다. 이제 가나안 땅을 코 앞에 둔 모압 평지에 도착했다. 요단강만 건너면 꿈에 그리던 가나안 땅이다.

제1장

영적 전쟁의 상급: 땅 분배(26:1-30:16)

민수기는 다음과 같이 두 번의 인구 조사로 구성되어 있다.

첫째, 군사로 부르시기 위해 시내광야에서 20세 이상 전쟁에 나갈 만한 자를 계수 함(1:1-3)

둘째, 땅을 분배하기 위해 모압 평지에서 가나안 땅에 들어가기 직전 20세 이상의 남자들을 계수 함(26:1-4)

하나님은 이스라엘을 군사공동체로 부르셨다. 여기서 중요한 질문을 해야 한다.

'왜 군사로 부르셨는가?'

다시 말해, '왜 전쟁에 동참시키셨는가?'

그 답은 상급을 주시기 위함이다. 이스라엘 백성에게 돌아가는 상급은 바로 '땅'이었다. 이어지는 질문이 있다.

'왜 땅을 주시는가?'

단순히 가나안 땅에서 잘 먹고 잘살게 하기 위함이 아니다. 그 이유는 '예배'에 있다.

1. 땅 분배를 위한 인구 조사(26:1-27:23)

군사로 부름 받은 이스라엘 백성은 광야생활에서 훈련 과정을 거치며 하나님의 군사로 세워져 갔다. 광야 40년의 훈련은 하나님과의 관계 속에서 군대 대장 되신 하나님의 명령에 따라 움직이는 것이었다. 그들의 전쟁은 영적 전쟁이기에 하나님과의 관계가 잘 이루어지면 승리하고 그렇지 않으면 패배했다.

조금씩 성숙해져 가는 이스라엘 백성은 아르논강을 건너며 광야생활을 마무리하고 요단 동편에 들어서게 되었다. 그리고 헤스본 왕 시혼과 바산 왕 옥과의 전쟁에서 승리하는 놀라운 기쁨을 누리게 된다. 또한, 하나님은 발람의 저주를 축복으로 바꾸시며 감당치 못할 시험을 막아 주셨다. 그러나 한 번의 승리가 영원한 승리가 아니기에 깨어 있어야 한다. 왜냐하면, 사탄은 끊임없이 이스라엘을 미혹하여 무너뜨리려 하기 때문이다.

민수기는 광야생활을 마무리하고 가나안 땅에 들어갈 준비를 하는 이스라엘을 보여 준다. 먼저 하나님은 이스라엘 백성들에게 두 번째 인구 조사를 명령하는데 그 이유는 땅을 나눠주기 위함이었다(Olson). 이것은 영적 전쟁에 참여한 자들에게는 하나님이 주시는 상급이 있음을 보여 준다. 구약 이스라엘 백성에게는 '땅'이 기업이라면 신약의 그리스도인들에게는 '하나님 나라'가 기업이다.

1) 이스라엘 백성의 두 번째 인구 조사(26:1-51)

하나님은 모세와 아론의 아들 엘르아살에게 20세 이상 전쟁에 나갈 만한 남자들을 대상으로 두 번째 인구 조사를 명령하신다. 1차 인구 조사와 비교하여 2차 인구 조사에서 총 1,820명의 인원이 감소했다. 지파 중에서는 르우벤, 시므온, 갓 에브라임, 납달리가 감소했다. 특히, 시므온 지파가

37,100명이나 감소하여 가나안 입성 후 유다 지파에 흡수된다. 인구 계수의 순서는 1차 때와 동일했지만, 므낫세와 에브라임의 순서가 바뀌었다.

- **르우벤 지파**: 1차 조사에 비해 2,770명이 감소한 43,730명이다. 그 이유에 대해 정확히 언급하고 있지 않지만, 고라의 반란에 동참했던 다단과 아비람의 이름이 기록된 것(9-10)으로 보아 인구 감소에 주요한 원인으로 볼 수 있다.
- **시므온 지파**: 1차 조사에 비해 37,100명 감소하여 22,200명이다. 엄청난 숫자의 감소인데 성경에는 구체적인 이유가 언급되어 있지 않다. 유대인 전승들은 민수기 25장에 기록된 이스라엘 백성의 우상 숭배와 음행으로 인해 시므온 지파가 가장 많이 징계를 받았다고 설명한다(Merrill).
- **갓 지파**: 1차 조사에 비해 5,150명 감소한 40,500명이다. 갓 지파는 르우벤 지파와 므낫세 반 지파와 함께 요단 동편 땅을 차지하게 된다.
- **유다 지파**: 1차 조사에 비해 1,900명 증가한 76,500명이다. 유다 지파의 족보는 유다와 그의 아들들부터 시작한다. 에르(엘)와 오난은 가나안 땅에서 죽었고(창 38), 셀라는 형수를 아내로 얻은 셋째 아들이다. 베레스는 유다가 다말에게서 얻은 아들인데, 또 하나의 아들 세라는 족보에 기록되지 않았다.
- **잇사갈 지파**: 1차 조사에 비해 9,900명 증가한 64,000명이다.
- **스블론 지파**: 1차 조사에 비해 3,100명 증가한 60,500명이다.
- **므낫세 지파**: 1차 조사에 비해 20,500명 증가한 52,700명이다. 이것은 지파 중 가장 많이 증가한 것이다. 이런 이유로 에브라임보다 먼저 기록된 것으로 보인다. 므낫세 지파의 족보는 다른 지파들에 비해 구체적으로 기록하고 있는데 슬로브핫의 딸들이 땅을 기업으로 받은 사건 때문이다.

- **에브라임 지파**: 1차 조사에 비해 8,000명 감소한 32,500명이다.
- **베냐민 지파**: 1차 조사에 비해 10,200명 증가한 45,600명이다.
- **단 지파**: 1차 조사에 비해 1,700명 증가한 64,000명이다.
- **아셀 지파**: 1차 조사에 비해 11,900명 증가한 53,400명이다. 특별히 아셀 지파에서는 아셀의 딸(후손) 세라를 기록하고 있다. 이것은 성경에 언급되지 않은 어떤 특별한 사건이 있었음을 짐작하게 한다. 아마도 슬로브핫의 딸들처럼 땅 분배의 문제였을 것이다.
- **납달리 지파**: 1차 조사에 비해 8,000명이 감소한 45,400명이다.

두 번째 인구 조사의 목적은 가나안 땅 분배를 위함이다. 하나님은 모세에게 땅을 분배하는 방법을 알려 주시는데 '제비뽑기'다. 그러나 제비뽑기의 목적은 땅의 규모나 위치를 결정하는 것은 아니었다. 땅의 규모는 가문의 인구수가 기준이 되고 땅의 위치는 지파의 선택을 존중하였다. 즉, 정복 전쟁을 하는 과정에서 정복 전쟁을 하는 과정에서 자신들이 마음에 드는 지역을 하나님께 물으면 대제사장이 우림과 둠밈으로 가부를 결정해 주는 형식으로 보아야 할 것이다(Merrill).

2) 레위인의 인구 조사(26:57-62)

레위 지파는 생후 1개월 이상이 대상이었고 결과는 1차 조사보다 1,000명 증가한 23,000명이었다. 레위인은 이스라엘 백성의 장자를 대신하여 하나님께 드려졌기에 땅을 기업으로 얻지는 못한다. 레위 지파는 게르손, 므라리, 고핫 가문으로 나뉜다. 본문에는 특별히 모세와 아론의 족보를 언급하고 있는데 가나안 땅에 들어가지 못하는 그들의 상황을 고려한 것으로 보인다.

모세의 족보는 레위-고핫-아므람-모세로 이어진다. 모세의 부모인 아므람과 요게벳 모두가 레위 가문임을 강조한다. 이들 사이에서 아론, 모세 그리고 미리암이 태어났다. 아론의 경우 나답, 아비후, 엘르아살, 이다말의 자녀가 있었지만, 나답과 아비후는 성막에서 다른 불을 드리다가 죽었다.

3) 2차 인구 조사의 결과(26:63-65)

2차 인구 조사는 여리고 맞은편 모압 평지에서 엘르아살에 의해 진행되었다. 40년 광야생활을 거치며 1,820명의 숫자가 감소했다. 1차 인구 조사는 군사를 모집하기 위함이었다면, 2차 인구 조사는 땅을 분배하기 위함이었다. 원래는 1차 인구 조사 인원들이 땅을 차지해야 했지만, 여호수아와 갈렙을 제외하고는 한 명도 들어가지 못했다. 그 이유는 하나님에 대한 불신앙과 불순종, 즉 영적 전쟁에서 실패한 까닭이었다.

순번	지파명	제1차 인구 조사	제2차 인구 조사	가감
1	르우벤	46,500	43,730	- 2,770
2	시므온	59,300	22,200	- 37,100
3	갓	45,650	40,500	- 5,150
4	유다	74,600	76,500	+ 1,900
5	잇사갈	54,400	64,300	+ 9,900
6	스불론	57,400	60,500	+ 3,100
7	에브라임	40,500	32,500	- 8,000
8	므낫세	32,200	52,700	+ 20,500
9	베냐민	35,400	45,600	+ 10,200
10	단	62,700	64,400	+ 1,700
11	아셀	41,500	53,400	+ 11,900
12	납달리	53,400	45,400	- 8,000
합계	합계	603,550	601,730	- 1,820

4) 아들 없이 죽은 자의 기업: 슬로브핫의 딸들(27:1-11)

2차 인구 조사 목적은 땅 분배였다. 땅 분배를 위해서 가족별로 조사가 이루어졌는데 이 과정에서 슬로브핫의 이름이 빠지게 된다. 그 이유는 슬로브핫은 광야에서 죽었고 아들이 없었기 때문이다. 이로 인해 슬로브핫의 딸들이 인구 조사를 진행하고 있는 모세와 엘르아살과 지휘관들 그리고 온 회중 앞에 서서 아버지의 기업을 요구한다.

슬로브핫은 므낫세 종족이었고 고라의 반란에 동참하지도 않았기에 광야에서 자신의 죄 때문에 죽기는 했지만 땅을 받을 권리가 있다는 것이다. 슬로브핫의 딸들의 요구는 모세에게 큰 고민을 안겨 주었다. 모세는 이 '사연'(재판)을 가지고 여호와께로 간다. 이 사건에 대한 여호와의 판결로 '아들 없이 죽은 자의 기업에 대한 처리 규정'이 마련 된다.

아들 없이 죽은 자의 기업은 우선적으로 딸들에게 돌아간다. 이어서 순차적으로 죽은 자의 형제, 아비의 형제 그리고 가장 가까운 친척에게로 돌아간다. 이 판결에서 중요한 것은 가부장적 사회에서 여성에게 토지의 소유권이 상속될 수 있다는 것이다. 이것은 고대 사회에서 매우 획기적인 규정이라 할 수 있다. 그러나 민수기 36:6-9에서 땅을 기업으로 받은 여인들은 다른 지파 사람들과 혼인을 금한다는 규정이 추가된다.

5) 모세의 후계자: 여호수아(27:12-23)

땅 분배를 위한 인구 조사도 마치고 가나안 땅 입성을 눈앞에 둔 이스라엘 백성은 이제 40년의 광야생활을 마무리하게 된다. 이때 하나님은 가나안 땅을 바라보며 달려온 모세를 부르셔서 그의 마지막에 대해 알려 주신다.

(1) 가나안 땅을 바라보라(27:12-14)

하나님은 모세의 죽음의 장소로 아바림산을 지목하신다. 신명기를 보면 모세가 느보산에서 죽게 된다(신 32:49). '아바림'은 요단강 동편으로 뻗은 산맥이고 그중 가장 높은 봉우리가 '느보산'이다. 이미 모세의 죽음에 대해서는 민수기 20장 므리바 사건에서 예고되었다.

그 후 아론은 호르산에서 죽었고 모세는 이스라엘 백성을 이끌고 모압 평지까지 오게 되었다. 하나님은 가나안 땅에 들어가지 못하는 모세에게 그 이유를 다시 언급하신다. 표면적으로는 므리바에서 모세가 분노하여 지팡이로 반석을 두 번 친 것이 '하나님의 거룩함을 나타내지 못한 것'이었다. 모세의 우발적인 행동으로 가나안 땅에 들어가지 못하는 것이 이해되지 못하는 부분이다.

신명기 3장에서 모세는 하나님께 가나안 땅 입성을 요청했다가 거절당하게 되는데, 이때 "여호와께서 너희 때문에 내게 진노하사"라고 말한다(신 3:26). 하나님에 대한 불신앙과 불순종의 모습을 보인 출애굽 2세대를 대신하여 모세가 진노를 받았다는 해석이 가능하다. 하나님은 모세를 대속물로 바치고 출애굽 2세대에게 가나안 땅 입성을 허락해 주신 것이다. 하나님이 모세에게 가나안 땅을 보여 주신다는 것은 '위로'라고 할 수 있겠다.

(2) 가나안 땅으로 출입하게 할 목자 요청(27:15-18)

모세가 여호와께 여짜와 이르되 여호와, 모든 육체의 생명의 하나님이시여 원하건대 한 사람을 이 회중 위에 세워서 그로 그들 앞에 출입하며 그들을 인도하여 출입하게 하사 여호와의 회중이 목자 없는 양과 같이 되지 않게 하옵소서(민 27:15-17).

죽음에 대해 예고를 받은 모세는 이스라엘 백성의 앞날이 걱정되어 후계자를 선정해 줄 것을 하나님께 요청한다. 이 후계자는 이스라엘 백성을 인도하여 가나안 땅에 출입하게 하는 목자다. '출입'(야차, *yāṣā*)은 '나가다, 앞으로 가다, 떠나다'의 뜻을 가지고 있다. 모세의 뒤를 이어 이스라엘을 이끌고 가나안 땅으로 인도할 새로운 지도자가 필요하다는 것이다.

모세는 하나님을 조금 색다르게 부른다. "여호와, 모든 육체의 생명의 하나님이시여"(16) 하나님께서 이스라엘 백성 하나하나를 귀중하게 여기신다는 표현이다. 더불어 모든 사람을 잘 아시는 하나님께서 이스라엘 백성에게 가장 알맞은 사람을 선출해 달라는 부탁이기도 하다(Merrill). 하나님은 모세의 요청에 눈(Nun, 물고기)의 아들 여호수아를 지목하신다.

이미 여호수아는 이스라엘 백성의 중요한 인물이었다. 이스라엘 백성의 첫 전쟁이었던 아말렉과의 전투에서 선봉에 섰고, 모세가 시내산에 오를 때 동행했고, 가나안 정탐꾼 12인 중의 한 명이었으며 에브라임 지파의 지도자였다. 하나님은 여호수아에 대해 "그 안에 영이 머무는 자"라고 설명한다. 하나님의 성령이 여호수아 안에서 역사하여 정치적 지도력을 발휘할 것을 약속하신다.

(3) 여호수아의 위임식(27:19-23)

하나님은 모세에게 여호수아를 위한 위임식을 지시하신다. 그 과정은 다음과 같다.

- 여호수아를 데려와 모세가 안수한다.
- 제사장 엘르아살과 온 회중 앞에 세우고 위임식을 거행한다.
- 제사장 엘르아살이 우림의 판결로써 여호와 앞에 묻는다(최종 허락).

하나님은 여호수아의 위임식 중에 회중 앞에서 엘르아살에게 '우림의 판결'을 진행할 것을 요구하신다. 이것은 민족의 차기 지도자를 세우는 일에 투명성과 신적 권위를 부여함을 목적으로 한다.

> 여호와께서 모세에게 이르시되 눈의 아들 여호수아는 그 안에 영이 머무는 자니 너는 데려다가 그에게 안수하고 그를 제사장 엘르아살과 온 회중 앞에 세우고 그들의 목전에서 그에게 위탁하여 네 존귀를 그에게 돌려 이스라엘 자손의 온 회중을 그에게 복종하게 하라(27:18-20).

영적 전쟁으로 푸는 민수기

하나님은 그리스도인을 영적 전쟁을 위한 군사로 부르셨다.
그렇다면 왜 우리를 군사로 부르셨을까?
바로 상 주시기 위함이다. 고대의 전쟁은 전면전을 하기 전에 장수들끼리 먼저 싸운다. 우리의 군대 대장 되신 예수님께서 사탄의 세력과 십자가 위에서 싸우셨고 사망을 이기시고 부활하셨다. 즉, 우리의 전쟁은 승리가 결정되었다는 것이다(요 16:33). 장수의 승리 이후에 기세가 등등한 병사들은 용맹하게 전투에 참여하여 승리를 누리게 된다. 이때 전쟁에 참여한 병사들에게는 상급으로 전리품이 돌아간다. 그리스도인에게는 바로 '하나님 나라'를 누리게 되는 것이다.

영적 전쟁에 참여한 그리스도인이 반드시 기억해야 할 일곱 가지 중요한 진리가 있다.

- 에덴동산에서부터 사탄은 하나님의 자녀들을 공격했다.
- 예수님의 재림 때까지 공격은 계속된다.
- 영적 전쟁에 제외된 그리스도인은 하나도 없다.

- 사탄의 공격에 대한 영적인 분별력이 있어야 한다.
- 영적 전쟁은 성경을 기초한 믿음의 싸움이다.
- 영적 전쟁은 반드시 승리하게 되어 있다.
- 영적 전쟁에 우리를 부르신 이유는 상주시기 위함이다.

설교 포인트

본문: 민수기 28:63-65
제목: 영적 전쟁에 승리한 사람이 땅을 기업으로 받게 된다

출애굽 1세대는 불평불만, 시기, 질투, 경쟁, 두려움, 불순종의 영적 전쟁에서 패배하여 가나안 땅에 들어가지 못했다. 오직 여호수아와 갈렙만이 가나안 땅에 들어갔는데 이들은 영적 전쟁의 승리자다. 우리도 영적 전쟁에서 승리해야 하나님 나라를 기업으로 받을 수 있다.

1. 팔복에 나오는 사람들이 천국을 소유할 수 있다(마 5:3-10).
2. 영적 전쟁에서 패배한 자들은 하나님 나라를 기업으로 얻지 못한다(엡 5:5).
3. 우리는 피흘리기까지 싸워야 한다(히 12:4).

---

2. 땅 분배의 목적: 예배(28:1-29:40)

하나님은 이스라엘 백성을 전쟁을 위한 군사공동체로 부르심과 동시에 성막을 중심으로 움직이는 예배공동체로 부르셨다. 이것은 이스라엘 백성의 전쟁이 혈과 육에 대한 전쟁이 아닌 영적 전쟁임을 보여 준다. 출애굽 1세대는 영적 전쟁에서 철저히 패배하여 광야에서 모두 죽음을 맞이했다. 반면 출애굽 2세대는 발전된 모습을 보여 주며 모압 평지까지 오게 되었다.

모압 평지에 모인 이스라엘 백성은 두 번째 인구 조사를 진행했는데 가나안 땅의 분배를 위함이었다. 하나님이 이스라엘을 군사로 부르신 목적이 바로 땅을 상급으로 주시기 위함이었다.

그렇다면 왜 하나님은 땅을 상급으로 주시고자 하시는 것일까?

이것이 민수기 28장과 29장의 핵심 내용인데, 그것은 바로 '예배'다. 몇몇 학자는 본 단락이 민수기의 전체 흐름에 적절하지 못하다고 비판한다. 레위기에서 언급된 제사 의식과 비교할 때 변경된 것이 전혀 없다는 것이 큰 이유일 것이다. 그러나 본 단락이 땅 분배에 이어 나오는 이유는 바로 땅을 상급으로 주신 이유가 '예배'에 있기 때문이다.

1) 상번제(28:1-8)

상번제(daily offerings)는 제사장이 매일 아침과 저녁으로 드리는 번제다. 제물로는 어린양이 아침과 저녁으로 한 마리씩 소제와 전제와 함께 드려진다. 이때 성소의 분향단과 등대를 관리했다. 제사와 함께 성소의 관리는 대단히 중요하게 여겨졌는데 분향단의 향과 등대의 불을 꺼뜨리지 않기 위함이었다(출 27:20; 30:8).

아침에 드리는 번제는 밤사이 안전하게 지켜 주심과 오늘 하루도 하나님의 은혜를 간구하는 의미를 담고 있다. 저녁에 드리는 번제는 하루를 마무리하며 하나님께 감사드리고 밤중에 지켜 주실 것을 간구하는 것이다.

상번제가 다른 제사와 차이를 보이는 것은 '독주의 전제'에 있다. 전제(drink offering)는 번제물에 포도주를 부어 풍성한 향기로 드리는 제사의 방법이다. 상번제의 경우는 '독주'(strong wine)를 사용하도록 했다. 이것은 알코올 함량이 높은 발효주인데 일반 포도주보다 강한 맛과 향을 가지고 있다. 상번제는 회중과 함께 진행되는 예배가 아니고 제사장들이 성막에서 진행하는 것이다. 여기에서 독주의 의미를 찾을 수 있다. 제사장들의 더욱 강한 헌신을 의미한다.

2) 안식일 제사(28:9-10)

안식일은 성회로 모이도록 지시된 날이다. 이것은 또한 절기와 함께 언급되는 축일(feast)이기도 하다. 안식일 제사(sabbath offering)는 일 년 되고 흠 없는 숫양 두 마리에 소제와 전제를 함께 드린다. 모세오경에서 안식일 제사에 관련된 내용은 본 단락이 유일하다. 에스겔에서는 안식일 제사와 관련하여 어린양 여섯 마리와 숫양 한 마리를 제물로 드리도록 언급하고 있다(겔 45:17; 46:4-5).

3) 초하루 제사(28:11-15)

새로운 달의 첫날(월삭, new moon offering)에 하나님께 제사를 드려야 한다. 이때는 수송아지 두 마리, 숫양 한 마리, 어린 숫양 일곱 마리를 소제와 전제와 함께 드려야 한다. 초하루 제사는 지난 한 달을 돌봐주신 하나님께 감사 표시와 더불어 새로운 달에 대한 돌보심을 소망하는 제사다. 숫염소 한 마리는 속죄제로 드리는데, 이것은 지난 한 달에 대해 속죄하는 의미다.

초하루 제사에는 나팔을 불어 새로운 달의 시작을 알렸다(10:10). 농경 사회였던 고대 근동에서는 음력을 사용했기에 달을 숭배하는 것은 이방 종교에서 흔히 발견된다. 새로운 달(new month)의 시작이 초승달(new moon)과 함께 시작되었는데 '달의 신'이 지배하고 있음을 의미하는 것이었다(Walton). 그러나 고대 이스라엘 백성이 초하루 제사를 드린 것은 달의 지배력에 복종한 것은 결코 아니다. 초하루 예배는 지난달에 대한 감사와 새로운 달에 대한 소망을 담은 제사인 것이다.

4) 유월절과 무교절(28:16-25)

이스라엘 절기 중 유월절(the Passover)과 무교절(feast of unleavened bread)이 가장 중요하기에 그 규례 역시 가장 많이 언급된다. 유월절은 출애굽을 기념하는 절기이기에 성회로 모여 예배드려야 한다. 성회로 모이는 날은 무교절 첫날과 마지막 날이고, 이때 수송아지 두 마리, 숫양 한 마리, 일 년 된 숫양 일곱 마리에 소제와 전제를 함께 드려야 한다. 무교절 첫날에는 숫염소로 속죄제를 드려야 했고 제사는 칠 일간 매일 드려야 했다.

5) 칠칠절 제사(28:26-31)

칠칠절(feast of weeks)은 무교절의 첫날 이후 칠 주가 지난날, 곧 사십구 일이 지난날에 드리는 절기다. 이날은 안식일 의식을 지키고(민 28:26) 제사 형식은 초하루 제사와 같다. 칠칠절은 첫 번째 수확을 감사하는 의미로 '맥추감사절' 또는 오십 일이 지났다고 해서 '오순절'이라고 부른다. 칠칠절 제사에는 수송아지 두 마리, 숫양 한 마리, 일 년 된 숫양 일곱 마리에 소제를 더하여 드리며 속죄제로 숫염소 한 마리를 드린다.

6) 나팔절 제사(29:1-6)

유대력 7월 1일은 성회로 모여 아무 노동도 하지 않고 나팔절(feast of trumpets)을 지키도록 한다. 이날은 나팔을 불어 새해가 시작됨을 알린다. 나팔절은 7월 10일 대속죄일과 7월 15일에 시작되는 초막절의 준비를 알리는 신호이기도 하다. 이때 수송아지 한 마리, 숫양 한 마리, 일 년 된 숫양 일곱 마리를 소제와 함께 드리고 숫염소 한 마리를 속죄제로 드린다.

7) 대속죄일 제사(29:7-11)

대속죄일(day of atonement)은 대제사장이 이스라엘 백성의 죄를 속죄하는 절기로 유대력 7월 10일에 성회로 모인다. 나팔절이 축일이라면 속죄일은 한 해를 정리하며 반성하는 날이다. 이날은 심령을 괴롭게 하며 아무 일도 하지 말아야 한다. 심령을 괴롭게 하는 방법이 구체적으로 언급되어 있지 않지만, 전통적으로 유대인들은 '금식'을 실천해 왔다. 대속죄일 제사에는 수송아지 한 마리, 숫양 한 마리, 일 년 된 숫양 일곱 마리를 소제와 함께 드리고 속죄제를 위해 숫염소 한 마리를 드렸다.

8) 초막절 제사(29:12-40)

초막절(feast of tabernacles)은 유대력 7월 15일부터 팔 일 동안 지키는 절기다. 출애굽 이후 40년의 광야생활을 기억하기 위해 일주일 동안 초막에서 생활해야 한다(신 16:13). 또한, 일 년의 수확을 마치고 하나님께 감사의 제사를 드리는 의미로 '수장절'이라고도 한다(출 23:16). 첫날은 성회로 모이고 팔 일째 되는 날에는 '장엄한 대회'로 다시 모이도록 하고 있다. 이날은 사십 년의 광야생활을 마치고 가나안 땅에 들어간 사건을 기념하면서 각자의 초막을 거두어 집으로 들어간다.

초막절 팔 일간의 제사 번제물은 다음과 같이 드린다.

	수송아지	숫양	1년 된 숫양	속죄제(숫염소)	
첫째 날	14	2	13	1	상번제 소제 전제
둘째 날	14	2	12	1	
셋째 날	14	2	11	1	
넷째 날	14	2	10	1	
다섯째 날	14	2	9	1	
여섯째 날	14	2	8	1	
일곱째 날	14	2	7	1	
여덟째 날	7	1	1	1	

▒▒▒▒▒▒▒▒▒▒▒▒▒▒ 영적 전쟁으로 푸는 민수기 ▒▒▒▒▒▒▒▒▒▒▒▒▒▒

모든 그리스도인은 영적 전쟁에 부름 받은 군사다. 이 전쟁은 군대 대장 되신 예수님께서 이미 승리한 전쟁이다. 우리는 이것을 믿음으로 영적 전쟁에 참여하게 된다. 주님이 우리를 전쟁에 동참시키신 이유는 상급을 주시기 위함이다. 이것이 바로 '하나님 나라'다.

그렇다면 왜 우리에게 하나님 나라를 주시길 원하시는가?

그것은 바로 '예배'를 위해서다. 기독교의 예배는 종교적 행위가 아니라 하나님을 즐거워하고 하나님과 교제하는 것이다. 우리의 예배는 온 성도가 함께 주님을 높이는 회중예배와 더불어 각자의 삶의 현장에서 말씀대로 살아내는 삶의 예배가 있다.

하나님이 우리를 그분의 나라에 초대하신 이유는 예배 때문이다. 이 예배는 의식적인 행위를 뛰어넘는 하나님과의 사귐과 교제다. 동시에 사탄은 하나님과 우리의 사귐의 관계를 단절시키기 위해 끊임없이 공격한다. 우리가 하나님 안에서 평강을 누릴 때 더욱 예배에 집중해야 하는데, 사탄은 평안할 때 더욱 교묘히 공격하기 때문이다.

- **상번제**: 아침에 깰 때, 저녁에 잠에 들 때 기도해야 한다.
- **안식일**: 한 주를 시작하며 예배를 통해 하나님의 능력과 은혜를 간구해야 한다. 주일 성수는 영적 전쟁의 마지노선이다.
- **초하루**: 한 달을 시작하며 하나님의 은혜를 구해야 한다.
- **유월절(무교절)**: 고난주간과 부활절을 통해 죄인 되었던 내가 주님의 은혜로 자녀 되었음을 잊지 말아야 한다.
- **칠칠절**: 상반기를 지켜 주신 은혜에 감사하고 남은 한 해를 성령의 능력 안에서 충성할 것을 결단해야 한다.
- **나팔절과 대속죄일**: 송구영신예배를 통해 한 해를 주님 안에서 마무리하고 새해를 주님과 함께 시작해야 한다. 마지막 나팔 불 때 다시 오실 예수님을 갈망하며 종말 신앙을 고취해야 한다.
- **초막절**: 한 해 동안 먹이시고 입히신 하나님께 감사하며 우리가 살고 있는 이 땅이 전부가 아니므로 영원한 처소인 천국을 소망해야 한다.

설교 포인트

본문: 민수기 28:1-29:40
제목: 하나님은 예배하는 자를 찾으신다

영적 전쟁의 궁극적 목적은 하나님의 나라를 만드는 것이다. 하나님의 백성이 하나님의 뜻과 말씀대로 살아내는 곳이 바로 하나님의 나라인데, 이것이 바로 하나님이 기뻐하시는 예배다. 이스라엘 백성에게 가나안 땅을 기업으로 주신 목적은 그곳에서 예배하게 하기 위함이다.

> 1. 하나님은 우리로 이 땅을 경작하며 하나님의 나라를 만들길 원하신다 (창 1:28; 2:15).
> 2. 하나님의 나라에서 우리는 예배하는 자의 삶을 살아야 한다(요 4:23-24).
> 3. 우리의 예배는 일상의 삶으로 이어져야 한다(롬 12:1-2).

3. 여자의 서원(30:1-16)

영적 전쟁에서 승리한 출애굽 2세대는 가나안 땅을 상급으로 받게 된다. 하나님은 가나안 땅 입성을 앞둔 이스라엘 백성에게 인구 조사를 명령하셨다. 땅 분배를 위함이었다. 이 과정에서 아들이 없는 경우 딸들에게 기업이 돌아갈 수 있는 규정이 제시된다. 가나안 땅 정복과 분배를 이끌 새로운 지도자 여호수아가 세워지고, 이스라엘 백성에게 땅을 준 목적이 더 깊은 예배를 위함임을 알려 주었다.

민수기 30장은 여자의 서원에 대해 설명한다. 여자의 서원에서 핵심은 남자의 허락을 통해서만 효력이 발생한다는 것이다. 이 규정들이 민수기의 흐름 속에서 이해될 필요가 있다. 레위기 27장에는 서원에 대한 규정들이 나오는데 사람, 가축, 집, 소유물 그리고 땅(밭)이 나온다(레 27:16-25). 본 단락에 여자의 서원은 특별히 땅과 관련하여 이해하는 것이 좋을 것이다.

1) 아버지 밑에 있는 여자의 서원(30:1-5)

서원에 대한 문제는 모세가 직접 이야기를 시작한다. 이것은 모세 오경에서 몇 안 되는 부분이다. 그렇다고 해서 모세가 독단적으로 선포했다기보다는 하나님의 지도를 미리 받았다고 보는 것이 옳을 것이다. 먼저 일반적인 서원 규례를 선포한다.

> 사람이 여호와께 서원하였거나 결심하고 서약하였으면 깨뜨리지 말고 그가 입으로 말한 대로 다 이행할 것이니라(30:2).

서원과 서약에는 약간의 차이가 있다. '서원'(네데르, *neḏer*)은 '무엇을 하겠다'는 적극적인 약속이다. 예를 들어, "하나님 이번 계약 이뤄지면 십일조를 꼭 내겠습니다"와 같다. '서약'(셰부아, *šᵉbûʻâ*)은 '무엇을 하지 않겠다'는 결단의 약속이다. 예를 들면, "하나님, 이 병만 고쳐 주시면 더 이상 술을 마시지 않겠습니다"와 같다.

하나님께 서원한 것과 서약한 것은 반드시 지켜야 하는데 여인의 경우는 예외 규정이 있다. 먼저, 여인이 어린 시절 아버지의 집에서 서원하거나 서약했을 경우다. 이때 아버지가 여인의 서원과 서약의 내용을 듣고 아무 말이 없었다면 지켜야 하지만, 아버지가 들었을 때 허락하지 않으면 지키지 않아도 된다는 것이다.

'어려서'(나우르, *nāʻur*)라고 언급된 시기는 유년 시절부터 청년 때까지인데, 본문에서의 의미는 결혼하기 전 미혼의 때로 보아야 한다(Noordtzij). 아버지의 권세 아래 있는 여인의 서원과 서약은 아버지가 거부권을 행사하면 무효가 된다는 것이다.

"아무 말이 없으면"(하라쉬, *ḥāraš*)이라는 표현은 '잠잠하다, 한마디 말도 없다, 침묵을 지키다'는 뜻이다. 아버지의 이와 같은 행위는 무언의 동의를 뜻하며 이것은 아버지가 서원을 들은 당일에 한하여 무효를 주장할 수 있다고 한다. 고대 사회에서의 계약 문화는 매우 엄했기에 함부로 서원과 서약의 내용을 변경할 수 없고 반드시 지켜야 했다.

만약 딸이 체결한 서원이나 서약에 대해 아버지가 무효를 요구한다면 효력은 상실된다. 성경은 이런 경우에 대해 '서원이 무효가 되었다'가 아니라, '여호와께서 사하시리라'라고 표현하고 있다. '사하다'(살라흐, *sālaḥ*)는 '용서하다, 사면하다'는 뜻인데 오직 하나님이 죄를 용서하시는 것과 관련하여 사용된다.

이것은 아버지가 딸의 서원을 허락하지 않는다고 해서 서원 자체가 무효가 된 것이 아니고, 계약의 상대편인 하나님이 직접 용서해 주신다는 것이다. 하나님께 대한 서원이나 서약의 경우 무효라는 것은 있을 수 없고 단지 하나님께서 용서해 주시는 경우만 존재한다.

2) 결혼한 여자의 서원(30:6-16)

결혼하기 전 여인의 서원과 서약은 아버지에 의해 유효성이 결정된다. 반면 결혼을 한 후에는 남편에 의해 결정된다. 여인이 서원이나 서약을 했을 때 남편이 듣고 가만히 있으면 유효한 것이고 반대하면 무효가 되는 것이다. 결혼의 범위에는 약혼까지 확대된다. 과부나 이혼을 한 경우에 여인의 서원과 서약은 유효하여 본인이 반드시 지켜야 한다.

고대 사회에서 서원이나 서약의 경우 자신의 소유물을 담보로 약속을 한다. 이때 사용할 수 있는 재산 중에 가장 큰 것이 '땅'이었다. 여인에게 땅이 분배되지 않았고, 그 토지에서 얻어진 수확물 역시 여인의 소유가 아니다. 남편은 결혼할 때 결혼 지참금(모하르, *mōhar*)을 지불했다(창 34:12; 삼상 18:23; 신 22:29). 이것은 아내의 소유권이 남편에게 있다는 것이다. 따라서 여자가 땅을 담보로 하는 서원의 경우에는 반드시 남편의 허락을 받아야 한다.

영적 전쟁으로 푸는 민수기

이스라엘 백성의 영적 상태와 땅은 밀접한 관계가 있다. 또한, 이스라엘 백성은 조상들에게 기업으로 주어진 땅을 절대 팔아서는 안 된다(레 25:23). 어떤 이유에서든 땅을 잃게 되면 가장 가까운 친족이 "기업 무를 자"가 되어 되찾아와야 한다(레 25:25).

미혼의 여인이 서원이나 서약으로 땅을 팔고자 한다면 아버지의 허락을 받아야 한다. 또한, 결혼한 여인이라면 남편의 허락을 받아야 한다. 즉, 여인이 임의로 땅을 팔거나 서약의 대상으로 삼아서는 안 된다.

구약에서의 땅은 신약에서 '하나님 나라'이다(막 4:26). 구약 이스라엘 백성의 땅이 끊임없이 침략을 당한 것처럼, 요한의 때부터 지금까지 천국은 침노를 당하고 있다(마 11:12). 사탄은 끊임없이 우리 안에 있는 하나님 나라를 빼앗기 위해 침노한다. 따라서 그리스도인은 늘 깨어 있어야 한다(벧전 5:8).

예수님은 "하나님의 나라가 너희 안에 있다"고 하셨다(눅 17:21). 이것은 우리 마음 안에 있다는 의미와 함께 우리 공동체 안에 있는 것이다. 따라서 우리 안에 있는 하나님 나라를 잘 지켜야 한다(엡 4:3; 딤후 1:14). 신부된 교회(성도)는 신랑되신 예수님의 명령에 순종해야 한다. 여인이 아버지와 남편의 소유인 땅을 서원하거나 서약으로 팔 수 없듯이, 하나님과 예수 그리스도의 소유인 하나님 나라를 빼앗겨서는 안 된다(마 21:43).

설교 포인트

본문: 민수기 30:1-16
제목: 하나님의 기업을 귀히 여기라

우리가 소유한 하나님의 나라(기업)는 예수님의 핏값으로 얻은 것이다. 따라서 하나님 나라를 결코 소홀히 여겨서는 안 된다. 사탄은 끊임없이 우리 안에 있는 하나님의 나라를 빼앗기 위해 공격한다. 이것이 영적 전쟁이다. 그리스도인들은 영적 전쟁에서 피 흘리기까지 싸워야 한다. 싸워보지도 않고 스스로 하나님 나라를 내어주어서는 안 된다.

1. 에서는 자신의 장자권을 가볍게 여겨 팥죽 한 그릇에 팔아버렸다 (창 25:34).

2. 우리의 믿음을 가볍게 여겨서는 안 된다(계 14:12).

3. 하나님이 주신 은사를 가볍게 여겨서는 안 된다(딤전 4:14).

제2장

정복 전쟁을 위한 실습(31:1-32:42)

하나님이 이스라엘을 군사로 부르신 목적은 가나안 땅을 정복하고 그 땅을 기업으로 주시기 위함이었다. 이스라엘 백성의 전쟁은 혈과 육의 전쟁이 아닌 영적 전쟁이었다. 영적 전쟁은 하나님과의 친밀한 관계 속에서 승패가 좌우된다. 하나님은 가나안 정복을 위해 광야 40년을 훈련의 시간으로 활용하셨다. 이제 가나안 땅을 눈앞에 두고 있다. 두 번째 인구 조사도 마쳤고 가나안 땅으로 들어가면 된다.

이때 하나님은 모세에게 마지막 명령을 내리신다. 그것은 바로 가나안 땅 입성 전에 종합적인 현장 실습으로 미디안을 정복하라는 명령이었다. 미디안이 정복의 대상이 된 것은 브올에서 미디안 여인들이 이스라엘 남자들을 미혹하여 우상을 섬기게 했기 때문이었다. 본문에는 전쟁에 대한 자세한 설명 없이 전체적인 흐름을 보여 준다. 미디안과의 전쟁은 민수기의 영적 전쟁의 축약판이다.

이후 요단 동편 땅에 분배가 진행된다. 르우벤과 갓 지파가 모세를 찾아와 요단 동편을 요구한 것이다. 모세는 처음에 거절했지만, 그들의 다짐의 말을 듣고 승낙한다. 이것은 가나안 땅 분배를 위한 실습 과정으로 보면 좋을 것이다.

1. 정복 전쟁 실습: 미디안과의 전쟁(31:1-54)

영적 전쟁은 실제 전쟁과 직접적인 연관성을 가진다. 40년의 광야생활을 완벽하지는 않지만, 잘 통과한 출애굽 2세대는 헤스본 왕 시혼과의 전쟁과 바산 왕 옥과의 전쟁에서 승리했다. 이 전쟁은 시혼과 옥이 먼저 전쟁을 시작한 수동적인 전쟁이었다. 또한, 무엇을 얻기 위한 전쟁이 아니라 가나안 땅으로 들어가는 여정 속에서의 전쟁이었다.

하지만, 이제 이스라엘 백성이 가나안 땅에 들어가서는 땅을 얻기 위한 능동적인 전쟁을 해야 한다. 하나님은 가나안 땅 입성을 바로 앞에 두고 마지막 현장 실습을 진행하신다. 바로 미디안과의 전쟁이다.

1) 군사 모집(31:1-5)

모세는 하나님께로부터 죽음에 대한 예고를 받았다. 또한, 그의 뒤를 이을 지도자로 여호수아를 지목받았다. 모세의 사역은 다 마무리된 것 같은데, 그의 생을 마감하기 전 마지막으로 수행해야 할 명령을 내리신다. 미디안에 대해 원수를 갚으라는 것이었다(2). 이것은 바알브올에서 미디안 여인들이 이스라엘 남자들을 미혹하여 음행하게 한 결과다(25:6, 17).

모세는 하나님의 백성을 저주하고 미혹하는 미디안에 대해 "여호와의 원수"라고 칭한다. 모세는 이 전쟁을 위해 각 지파별로 1,000명씩, 총 12,000명의 군사를 모집할 것을 지시한다.

2) 신호 나팔과 전쟁 승리(31:6-12)

모세는 모집된 12,000명의 군사와 함께 비느하스를 전쟁에 보낸다. 이때 비느하스는 성소의 기구와 신호나팔을 들고 나갔다. 비느하스가 전쟁의 지휘관이나 장수로 활동했다기보다는 '여호와의 전쟁'임을 보여 주는 것이며 후에 이것은 관례가 된다(삼상 14:18, 참고).

비느하스가 가지고 나간 성소의 기구가 어떤 것인지 정확히 알 수 없지만, 몇몇 학자는 이것을 법궤로 본다. 엘리 제사장 때 블레셋과의 전투에서 홉니와 비느하스가 '법궤'를 가지고 나간 일과(삼상 4:5-11) 사울왕이 블레셋과 전투할 때 제사장 아히야에게 법궤를 가지고 오라는 명령(삼상 14:18)에서 근거를 찾는다.

우림과 둠밈으로 보는 학자들도 있고, 단순히 신호나팔로 보는 학자들도 있다. 그 기구가 정확히 어떤 것인지는 알 수 없지만, 분명한 것은 이 전쟁은 여호와께서 함께하시는 '거룩한 전쟁'이라는 것을 보여 준다(Bellinger).

비느하스가 성소의 기구와 함께 가지고 나간 신호나팔은 고대 전쟁에서 중요한 신호 수단이었다. 그뿐만 아니라 이스라엘 백성에게 나팔은 이 전쟁이 하나님의 전쟁임을 선포하는 도구였다. 하나님은 이스라엘 백성이 전쟁할 때 나팔 불 것을 명령하셨다. 그러면 하나님이 이스라엘을 기억하고 대적에게서 구원하실 것이라고 약속하셨다(민 10:9).

본 단락에는 미디안과의 전쟁 결과만 기록하고 그 과정은 생략했다. 전쟁은 대승리였다. 미디안의 다섯 왕(족장) 에위, 레겜, 수르, 후르, 레바를 모두 죽였다. 여기에 이스라엘을 저주하고 미혹하도록 한 브올의 아들 발람도 칼에 죽임을 당했다고 기록하고 있다.

민수기 24장에서는 "발람이 일어나 자기 곳으로 돌아갔다"고 기록하고 있다. 그가 살고 있던 곳은 유브라테스강 가 브올이었다. 본 단락에서 발람이 미디안 전쟁에서 죽었기 때문에 성경이 서로 충돌하는 것처럼 보인다. 하지만, 이것은 발람이 미디안에 살고 있었다는 뜻은 아니다(Noordtzij). 성경은 전후 사정을 다 설명하지 않고 발람의 최후만을 언급한 것이다.

이스라엘 백성은 미디안의 진멸을 명령받았기에 모든 성읍과 촌락을 불태웠다. 이때 전리품으로 가축, 양 떼, 재물을 취하고 부녀들과 그들의 아이들을 데려온다. '부녀'(잇샤, *iššâ*)는 모든 여성을 다 포함한다. '아이'(타프, *ṭap*) 역시 남자와 여자아이를 모두 포함한다. 이것은 모세의 질책 대상이 된다. 여인 중에서 남자와 동침하여 사내를 아는 여자는 죽이고 아이 중에서 남자아이들을 죽이게 한다.

승전보를 들은 모세와 엘리아살은 이스라엘 군대 앞으로 나왔다. 이것은 승리하고 온 이스라엘을 환영하기 위함임과 동시에 전쟁으로 부정케 된 군병들에게 정결의 기간을 알려 주기 위함이었다.

3) 전쟁의 규칙(31:13-31)

미디안과의 전쟁은 이스라엘 민족 최초의 정복 전쟁이었다. 이 전쟁은 가나안 땅에서 반복적으로 진행해야 할 전쟁이다. 이 전쟁은 가나안 땅에서의 전쟁을 위한 현장 실습의 성격을 가진다. 모세는 전쟁에서 돌아오는 군사들을 향해 전쟁에서 지켜야 할 몇 가지의 규칙을 알려 준다.

(1) 전쟁 포로에 대한 규칙(31:15-18)

모세는 전쟁에서 승리하고 돌아오는 이스라엘 군대를 보고 진노한다. 그 이유는 전쟁 포로들 때문이었다.

"너희가 여자들을 다 살려두었느냐?"

성경에는 기록되어 있지 않지만, 모세는 전쟁에 나가는 군사들에게 전쟁 포로의 기준을 이미 제시했던 것으로 보인다. 그런데 이것을 지키지 않은 것이다.

아이의 경우에는 남자는 죽이고 여자아이만 포로로 데려와야 하고 여인의 경우 남자와 동침하여 사내를 아는 여자도 다 죽여야 했다. 남자아이들을 죽이는 것은 진멸을 위함이다. 사내를 아는 여자들의 경우 우상 숭배에 동참하여 음행을 했거나 우상 숭배하는 남자들의 아내로 살았기 때문이다. 이후 이스라엘 남성과 결혼하여 다시 음행(우상 숭배)하게 할 가능성이 높기 때문이다.

이것은 이스라엘 백성이 가나안 땅 정복 전쟁에서 중요한 규칙이 된다(31:18). 그러나 이것은 가나안 땅에 있는 일곱 족속에게는 적용되지 않는데, 그들에 대해서는 '호흡 있는 자를 하나도 살리지 말고' 진멸해야 한다(신 21:15-16). 왜냐하면, 그들이 믿는 신들에게 행하는 모든 가증한 일을 이스라엘 백성에게 가르쳐 본받게 하여 하나님께 범죄하게 할 가능성이 높기 때문이다(신 21:18).

(2) 전쟁 후 정결에 대한 규칙(31:19-24)

전쟁의 과정에서 살인으로 부정케 된 사람은 칠 일간의 정결 기간이 필요하다. 정결 대상은 군인뿐만 아니라 사용한 군용품과 포로들에게까지 적용된다. 이것은 이스라엘공동체의 위생과 부득이한 살인이지만, 하나님 앞에서 회복의 기간을 갖는 것이다. 정결을 위해 셋째 날과 일곱째 날에 몸을 깨끗하게 씻어야 했다. 불에 타지 않는 것은 불을 지나게 하여 정결하게 하고 불에 타는 것은 물로 깨끗하게 한다. 군인들은 일곱째 날에 옷을 빨아서 깨끗하게 한 후 진영으로 들어와야 한다.

(3) 전리품에 대한 규칙(31:25-31)

하나님은 미디안과의 전쟁을 통해 향후 전쟁에서 얻은 전리품을 어떻게 분배해야 하는지 규칙을 알려 주신다.

- **계수**: 사로잡은 사람들과 짐승들을 계수
- **배분**: 전쟁에 참여한 군사들을 절반, 회중을 위해 절반으로 양분

- **예물**: 군인은 하나님께 전리품의 500분의 1을 드리고 나머지 절반은 제사장에게 50분의 1은 레위인 몫으로 줌

4) 전리품 분배(31:32-47)

모세와 제사장 엘르아살은 여호와의 명령대로 노획물을 계수한다.

전리품		군인 몫(제사장 몫 1/500)	회중의 몫(레위인의 몫 1/50)
양	675,000	337,000(675)	337,000(6,750)
소	72,000	36,000(72)	36,000(720)
나귀	61,000	30,500(61)	30,500(610)
사람	32,000	16,000(32)	16,000(320)

계수된 전리품은 하나님이 명령하신 규정대로 배분된다. 본문에서 '사람'은 남자를 알지 못하는 미디안 여인들과 여자아이들이다. 이들을 어떻게 활용했는지 기록되어 있지 않지만, 흔히 노예나 첩으로 활용되었다(신 21:10-14). 제사장과 레위인에게 주어진 사람(여인)들의 경우 성막을 섬기는 노예로 활용되었을 것이다(삼상 2:22, 참고).

5) 지휘관들의 예물(31:48-54)

전리품의 분배를 마친 후 군대의 지휘관들, 곧 천부장과 백부장들이 모세를 찾아온다. 천부장과 백부장들은 전쟁에서 아무도 죽지 아니함에 대해 하나님께 예물을 드리고 싶다는 것이었다. 그들이 가져온 예물은 금으로 된 패물, 곧 발목 고리, 손목 고리, 인장 반지, 귀고리, 목걸이들이었다. 예물을 드리며 그들은 이렇게 고백한다.

> … 우리의 생명을 위하여 여호와 앞에 속죄하려고 가져왔나이다(31:50).

군대 지휘관들이 어찌하여 '속죄'의 예물을 드리려고 하는지 그 이유는 기록되어 있지 않으나 크게 두 가지의 의견으로 정리할 수 있다.

첫째, 하나님의 은혜 앞에 죄를 깨달았기 때문이라는 견해다(Merrill). 미디안과의 전쟁에서 이처럼 놀라운 성과를 올릴지 몰랐던 지휘관들이 하나님의 역사 앞에 스스로 죄인 됨을 깨달은 것이다.
둘째, 전쟁 기간에 있었던 죄, 특별히 결혼한 여인들과 남자아이들을 진멸하지 않은 것 때문이라는 견해다(Noordtzij).

어떤 이유에서든 지휘관들은 하나님의 놀라운 은혜와 역사 앞에 자신들의 모습이 부끄러웠고 예물을 드려 속죄와 감사의 마음을 표현했다. 천부장과 백부장들이 여호와께 드린 예물의 금이 도합 16,750세겔이었다. 이 예물은 여호와 앞에 드려졌고 특별히 이스라엘 자손의 기념으로 삼았다고 한다. 이스라엘 백성들의 첫 번째 전쟁에서의 승리를 기념한 것이었다.

############## 영적 전쟁으로 푸는 민수기 ##############

민수기 31장의 미디안과의 전쟁은 민수기 전체 영적 전쟁의 축약판임과 동시에 모든 그리스도인의 영적 전쟁을 그대로 보여 준다.

민수기	민수기 31장	종말을 사는 그리스도인
군사 모집(1:2-3)	군사 모집(31:2)	군사로 부르심(딤후 2:3-4)
603,500명(1:46)	12,000명(1,000명x12)	144,000명(12,000명x12)

나팔 신호(10:1-10)	나팔 신호(31:6)	나팔 신호(살전 4:16)
전쟁(11:1-21:20)	전쟁(31:8)	전쟁(계 16:12-16)
승리(21:21-35)	승리(31:8)	승리(계 19:1-8)
땅 분배(26:51-56)	전리품 분배(31:9-47)	전리품: 왕 노릇(계 20:4-6)

하나님은 가나안 땅에 입성하기 직전에 미디안과의 전쟁을 명령하셨다. 가나안 땅에는 진짜 치열한 전쟁이 기다리고 있다. 이를 위해 하나님은 현장 실습을 시키시며 중요한 영적 전쟁의 원칙들을 알려 주신다. 우리의 전쟁은 진멸의 전쟁이다. 악한 것은 모양이라도 버려야 한다. 우리의 전쟁은 정결함이 생명이다. 전쟁에 이기기 위해 부정적인 방법을 사용하는 것은 옳지 않다.

우리를 전쟁에 동참하게 하시는 것은 상급을 주시기 위함이다. 이 상급은 전쟁의 현장에 참여한 사람들뿐만 아니라, 이들을 위해 기도한 사람들에게도 적용된다. 나의 형제자매들이 피 흘리며 싸워 얻은 하나님 나라는 다른 지체들과 함께 나누게 된다.

신약에서 하나님 나라 확장은 잔치와 연결하여 자주 설명된다. 특별히 누가복음 15장에는 잃은 양의 비유, 잃은 드라크마의 비유 그리고 탕자의 비유가 나온다. 이 비유의 공통점은 잃어버린 것을 되찾았다는 것과 주변에 있는 사람들이 함께 잔치에 참여하여 기쁨을 누린다는 것이다.

여기서 어떤 사람들이 잔치에 참여하는지 살펴볼 필요가 있다. 바로 양을 잃은 자의 심정을 아는 사람, 드라크마를 잃은 여인의 마음을 아는 자, 집을 나간 탕자를 기다리는 아버지의 마음을 아는 자들이었다. 마음을 함께하는 자가 잔치에 참여했다(빌 2:1-4).

> ### 설교 포인트
>
> 본문: 민수기 31:1-24
> 제목: 영적 전쟁의 승리 방법
>
> 이스라엘 백성에게 광야생활은 가나안 땅에 들어가기 위한 연습 과정이라 하겠다. 진짜는 가나안 땅에서의 생활이다. 가나안 땅에서는 구름 기둥과 불기둥이 없다. 만나도 내리지 않는다. 즉, 하나님의 말씀대로 사는 것이 광야보다 더 힘들고 치열하다는 것이다. 이곳에 들어가기 전 미디안과의 전쟁을 통해 현장 실습을 하는데, 이곳에 중요한 영적 전쟁의 방법이 제시된다.
>
> 1. 주님과 동행해야 한다. 이스라엘 군대는 성막의 기구와 나팔을 가지고 전쟁에 나갔다(계 17:14).
> 2. 영적 전쟁은 진멸 전쟁이다. 악한 것은 모양이라도 버려야 한다(살전 5:22).
> 3. 전쟁에 승리했다고 자만하면 안 된다. 자신을 돌아보아 정결한 모습을 유지해야 한다. 사탄은 오히려 승리한 그 현장에서 더욱 교묘히 우리를 미혹한다(고전 10:12).

2. 땅 분배 실습: 요단 동편 땅 분배(32:1-42)

미디안과의 전쟁으로 요단 동편에 대한 정복 전쟁은 마무리되었다. 이제 하나님이 약속하신 가나안 땅으로 들어가는 일만 남았다. 그런데 이때 르우벤 지파와 갓 지파 사람들이 모세를 찾아와 요단 동편에 정복한 땅을 자기들에게 달라고 요구한다. 모세는 그들이 이스라엘 백성의 마음을 낙심케 한다며 거절하지만, 르우벤과 갓 지파가 가나안 땅 정복에 동참할 것이라는 다짐을 듣고 허락해 준다. 이로 인해 최초의 땅 분배가 이루어지게 된다. 이 사건은 가나안 정복 후 땅을 분배하는 모델로 사용된다 (신 29:8, 참고).

1) 르우벤과 갓 지파의 땅 요구(32:1-15)

이스라엘 백성은 전쟁이 금지된 모압과 암몬을 제외한 요단 동편 모두를 정복했다. 다 정복하고 가나안 땅으로 들어가 다시 전쟁을 해야 하는 것은 어쩌면 어리석은 일로 보였을 것이다. 전쟁은 둘째치고라도 정복한 땅을 버려두고 가는 것은 너무나 비효율적인 일이었다. 이런 생각을 실천으로 옮긴 사람들이 있었는데 르우벤 지파와 갓 지파였다. 이들은 시므온 지파와 더불어 회막 남쪽에 진을 치던 이웃 지파들이었다. 이들이 모세와 제사장 엘르아살과 회중의 족장들에게 찾아와 요단 동편 땅을 달라고 한다.

르우벤과 갓 자손이 요단 동편 땅을 원하는 이유는 두 가지였다.

첫째, 자기들에게 가축이 많기 때문이다.
둘째, 이 가축들을 잘 키우기에 모압 평지의 야셀과 길르앗 만큼 만족스러운 곳이 없기 때문이다.

그러나 이들이 제시한 이유는 모세와 이스라엘 지도자들을 설득하기에는 부족했다. 모세는 르우벤과 갓 지파의 요구를 듣고는 과격하게 반응한다. 모세는 38년 전 가데스 바네아에서 출애굽 1세대가 불신앙과 불순종으로 가나안 땅 입성이 거절 받은 경험을 가지고 있다. 지금 르우벤과 갓 지파의 요단 동편 땅 요구는 가나안 입성에 대한 불신앙으로 보였을 것이다.

가나안 땅으로 들어가라는 명령 앞에서 전쟁을 피하여 안전한 곳에 살고자 하는 르우벤과 갓 지파의 한심한 모습은 모세의 분노를 자극하기에 충분했다. 모세는 르우벤과 갓 지파에게 38년전 일을 반복하지 말라는 의미에서 이전 이야기를 자세히 해 준다.

출애굽 1세대는 가데스 바네아에서 열 명의 정탐꾼 이야기를 듣고 한 순간에 낙심하여 가나안 땅으로 들어가는 것을 포기해 버렸다(7). 모세는 이에 대해 몹시 화가 났다. 정복 전쟁은 목숨을 내걸어야 하는 위험한 일이었다. 누구든 피하고 싶은 마음이 드는 것이 정상이다. 르우벤과 갓 지파의 요구는 또다시 이스라엘을 낙심하게 하는 일이라고 판단한 것이다.

2) 르우벤과 갓 지파의 다짐(32:16-32)

모세가 르우벤과 갓 지파의 행동이 얼마나 다른 사람들의 마음을 낙심케 하는 일인지 지적하자 대안을 제시한다.

첫째, 아이들과 가축을 위한 성읍을 건축하겠다(16).
둘째, 무장해서 다른 지파들 앞에 서서 진군하겠다(17).
셋째, 이스라엘 백성이 기업을 받기 전까지는 집에 돌아오지 않겠다(18).
넷째, 가나안 땅은 기업으로 받지 않겠다(19).

르우벤과 갓 지파가 가나안 정복을 위한 전쟁에 다른 지파들과 함께 동참하겠다는 말을 들은 모세는 긍정적으로 반응한다. 르우벤과 갓 지파가 약속한 대로 하나님 앞에서 행하면 자신들이 요구한 요단 동편 땅을 얻게 될 것이지만, 만일 그같이 행하지 아니하면 여호와께 범죄함이 되어 반드시 그 죄의 대가를 지불하게 될 것이라는 것이다(22-23). 르우벤과 갓 지파는 모세의 조건부 허락에 기뻐하며 맹세한다.

> 종들은 우리 주의 말씀대로 무장하고 여호와 앞에서 다 건너가서 싸우리이다 (32:27).

이후 모세는 제사장 엘르아살, 여호수아 그리고 이스라엘 자손의 지도자들에게 르우벤과 갓 자손의 땅 분배와 그들의 약속에 대해 설명한다. 그러자 다시 한번 르우벤과 갓 자손은 고백한다.

> 우리가 무장하고 여호와 앞에서 가나안 땅에 건너가서 요단 이쪽을 우리가 소유할 기업이 되게 하리이다(32:32).

3) 요단 동편의 성읍들(32:33-42)

르우벤과 갓 자손의 약속이 체결된 이후 최초의 땅 분배, 요단 동편의 땅 분배가 시작된다. 여기에는 므낫세 반(1/2) 지파가 동참하게 된다. 므낫세 반 지파가 요단 동편 땅을 얻게 되는 경위에 대해서 성경은 언급하고 있지 않다. 본문에서 약간의 힌트를 찾을 수 있을 것 같다. 므낫세의 아들 마길의 자손들이 길르앗을 기업으로 받게 되는데, 그곳에 있던 아모리 인들을 쫓아낸 공적을 인정받았기 때문이다. 므낫세의 아들 야일과 노바 경우 역시 많은 촌락을 빼앗았기 때문에 땅을 얻게 되었음을 볼 수 있다.

여기에 땅을 분배하는 중요한 원칙이 제시된다. 그것은 자신들이 원하는 땅을 하나님께 구하는 것이다. 르우벤과 갓 지파는 전쟁의 과정에서 그 땅을 직접 보고 느꼈다. 그들의 마음에 소원하는 땅이 생긴 것이다. 이 땅을 하나님께 구한 것이다. 더불어 므낫세 반 지파의 경우는 자신들이 목숨 걸고 싸운 땅에 대한 애착이 고스란히 드러난다. 이유는 다르지만, 자신들이 원하는 땅을 얻는 것에서는 동일하다.

지파	성읍
갓	디본, 아다롯, 아로엘, 아트롯소반, 야셀, 욕브하, 벧니므라, 벧하란
르우벤	헤스본, 엘르알레, 기랴다임, 느보, 바알므온, 십마
므낫세 반	길르앗, 하봇야일, 노바(그낫)

||||||||||||||||||||| 영적 전쟁으로 푸는 민수기 |||||||||||||||||||||

하나님이 그리스도인들을 영적 전쟁에 동참시키는 이유는 '상급'을 주시기 위함이다. 즉, 하나님의 나라를 주시기 위함이다. 하나님의 나라는 "여기 있다 저기 있다"가 아니고 우리의 안에 있다(눅 17:21). 하나님의 나라는 하나님의 말씀과 법에 의해 다스림을 받을 때 나타나는 의와 희락과 평강이다(롬 14:17). 영적 전쟁에서 승리할 때 우리 마음과 공동체 안에서 하나님 나라의 친밀한 관계와 기쁨과 화평을 누리게 된다.

그렇다면 하나님 나라가 이뤄지는 영역이 어디인가?

우리가 얻게 되는 땅이 어디인가?

그곳은 바로 '내가 사모하는 곳'이다. 예배를 사모하는 자는 예배를 통해 영적 전쟁이 일어나고 그 예배의 현장에서 치열하게 하나님의 방법으로 승리하여 예배 중에 하나님 나라를 누리게 되는 것이다. 신령한 것을 사모하는 자들은 그 안에서 전투하여 하나님의 기업을 누리게 된다. 사모하는 관계 속에서, 사모하는 직업 속에서, 사모하는 영역 속에서 영적 전쟁을 통해 하나님 나라를 누리게 되는 것이다.

여기서 '사모하다'(젤로스, zēlos)라는 것은 단순히 좋아하는 것을 뛰어넘어 '간절히 찾다'라는 뜻이다. 사탄은 내가 갈망하는 그것으로 미혹하여 우상 숭배하게 한다. 반면 하나님의 말씀으로 분별하여 사탄의 미혹을 물리친 그리스도인들은 내가 갈망하는 그것을 도구 삼아 하나님께 영광을 돌릴 뿐만 아니라, 자신도 큰 기쁨을 누리게 된다(빌 2:12-16).

설교 포인트

본문: 민수기 32:1-42
제목: 하나님 나라를 갈망하라

르우벤과 갓 지파는 모세를 긴장시키는 말을 했지만, 결국 자신들이 원하는 땅을 기업으로 받게 되었다. 므낫세 반 지파 역시 자신들이 목숨 걸고 정복한 땅을 소유하게 되었다. 하나님 나라는 이렇게 자신이 사모하는 영역에서 이루어진다. 하나님은 사모하는 마음을 주시고 그것을 이루는 과정에서 사탄의 미혹을 대적하여 영적 전쟁에서 승리할 때 진정한 하나님 나라의 상급을 얻게 하신다.

1. 하나님 나라는 사모하는 자가 얻게 된다(사 55:6; 렘 29:13).
2. 하나님은 우리 안에 소원을 두고 행하신다(빌 2:13).
3. 우리 안에 소원을 사탄(세상)의 방법이 아닌 하나님의 방법으로 이루는 것이 영적 전쟁이고 여기서 승리하면 하나님의 상급을 충만히 누리게 된다(수 1:7-8).

제3장

영적 전쟁 결론(33:1-36:13)

민수기의 핵심 주제는 '정복'이다. 민수기는 군사를 모집하기 위한 인구조사로 시작한다. 이스라엘 백성이 군사공동체로 부름을 받았다는 것이다. 이때 레위인은 제외되는데, 그들은 성막 관리와 운반을 담당했다. 이스라엘 백성의 행군은 언제나 성막을 중심으로 진행되었다. 이것은 이스라엘 백성이 군사공동체임과 동시에 예배공동체임을 보여 준다. 이스라엘 백성의 전쟁은 혈과 육에 대한 전쟁이 아니고 영적 전쟁이었다.

왜 영적 전쟁인가?

하나님과의 관계가 전쟁의 승패를 좌우하기 때문이었다.

이스라엘 백성은 40년 간의 광야생활을 통해 영적 전쟁의 실제적인 경험을 했다. 출애굽 1세대가 광야에서 진멸 당한 것은 칼과 창이 아니었다. 불평불만, 시기, 질투, 경쟁, 두려움, 불순종에 대해 패배한 것이다. 하나님은 출애굽 2세대에게 영적 전쟁을 위해 무엇보다도 감사와 기쁨 그리고 예배와 묵상이 중요함을 알려 주시며 영적 전쟁의 현장으로 이끄신다.

출애굽 2세대는 보다 진보된 영적 전쟁을 만나게 된다. 정의감과 동정심, 직분과 상급에 대한 오해, 영적 두려움, 성공과 실패에 대한 오해였다. 여전히 부족했지만, 출애굽 2세대는 발전된 모습을 보였다. 회개할 줄 알았고 모세에게 중보를 요청할 줄 알았다. 이렇게 영적 전쟁에 승리한 이스라엘 백성은 실제 전쟁에서도 승리하게 된다. 헤스본 왕 시혼과 바산 왕 옥을 물리친 것이다.

하나님은 이스라엘 백성에게 왜 영적 전쟁에 동참시키셨는지, 그 이유를 알려 주신다. 그것은 바로 상급을 주시기 위함이었다. 이스라엘 백성들에게 주어지는 상급은 '땅'이었다.

그렇다면 왜 땅을 주시는가?

그곳에서 잘 먹고 잘살게 하기 위함이 아닌, 하나님을 더욱 깊이 예배하게 하기 위함이었다. 예배는 또 다른 영적 전쟁에서 승리하게 할 것이고, 그 영적 전쟁의 승리를 통해 주어진 기업에서 더 풍성한 복을 누리게 되는 것이다. 이제 민수기는 결론에 이르렀다. 하나님은 모세를 통해 가나안 땅에 들어가는 이스라엘 백성에게 몇 가지의 중요한 당부의 말을 전하신다.

1. 출애굽 여정(33:1-49)

민수기의 결론 부분은 40년의 출애굽 여정의 전 과정을 다루고 있다. 언급되는 장소들을 통해 이스라엘 백성이 어떤 삶을 살았는지 살펴볼 수 있다. 이스라엘 백성이 치른 영적 전쟁의 하이라이트를 보는 듯하다. 모세는 광야 40년의 여정을 출발지인 라암셋과 마지막 도착지인 모압 평지를 제외하고 40개의 장소로 정리했다.

1) 라암셋에서 시내광야까지(33:1-15)

출애굽의 출발지는 라암셋이었다. 그 시기는 최초의 유월절 다음 날이었다. 출애굽 한 이스라엘 백성의 첫 번째 목적지는 시내산이었다. 약 2개월에 걸쳐 시내산에 도착했고 이곳에서 두 번째 유월절까지 지내고 둘째 해 2월 20일에 가나안 땅을 향해 떠난다.

라암셋(Rameses/Raameses)은 요셉이 아버지 야곱과 그의 형제들에게 애굽에서 거주할 수 있게 마련해 준 곳이다(창 47:11). 이곳에서 히브리 민족은 애굽의 노예로 국고성을 건축했다(출 1:11). 최초의 유월절 다음 날, 즉 출애굽 1년 1월 15일에 이곳을 떠나 출애굽의 여정을 시작한다(출 12:37). 다음은 숙곳(Succoth)으로, 이곳은 이스라엘 백성이 애굽에서 나와 처음으로 쉬었던 곳이다(출 12:27; 13:20).

에담(Etham)은 정확한 위치를 알 수 없지만, '광야 끝'에 위치해 있다고 기록하고 있다(출 13:20; 민 33:6). 또한, 이스라엘 백성이 에담 광야에서 사흘 동안 이동했다고 한다(민 33:8). 이어서 이스라엘 백성이 진을 친 곳으로 세 지역을 함께 언급하고 있는데, 바알스본 앞과 비하히롯 그리고 믹돌 앞이다. 민수기는 이스라엘 백성이 홍해를 건넌 위치를 구체적으로 설명하고 있지만, 현재는 이 지명들을 알 수 없다.

이스라엘 백성은 홍해를 건넌 후 마라(Marah, 쓴맛)에 진을 치는데, 이곳에서 쓴물을 단물로 바꾸는 사건이 있었다(출 15:22-26). 다음은 엘림(Elim, 상수리나무들)으로 이곳에는 샘물 12개와 종려나무 70그루가 있었다(33:9). 이어 홍해 가를 지나 신광야에 들어가게 된다.

이스라엘 백성은 돕가(Dophkah, 두드림)와 알루스(Alush, 나는 반죽하여 만들 것이다)을 지나 르비딤에 도착한다. 르비딤(Rephidim)은 '쉬는 곳'이라는 뜻으로 물이 있었음을 짐작할 수 있다. 그런데 이곳에 물이 없으므로 백성들이 다투었고 하나님은 반석을 쳐서 물을 마시게 했다(출 17:1-6). 백성들이 다투었기에 이곳은 '므리바'(다툼)라는 별명을 얻게 되었다(출 17:7). 이어서 이스라엘 백성은 시내산이 있는 시내광야에 도착한다(출 19:1). 이곳에서 출애굽 둘째 해 2월 20일까지 머물게 된다(10:11).

2) 광야생활(33:16-36)

출애굽 둘째 해 2월 20일 시내광야를 떠난 이스라엘 백성은 가나안 땅을 향한다. 이스라엘 백성의 첫 번째 도착지는 기브롯 핫다아와(Kibroth Hattaavah, 탐욕의 무덤)으로 시내산에서 동북쪽으로 약 10킬로미터 정도 떨어진 곳이다. 이곳에서 먹을 것이 만나 밖에 없다고 불평하여 메추라기를 보내신 사건이 있었다(11:31-34).

이어 기브롯 핫다아와에서 동북쪽으로 약 10킬로미터 정도 떨어진 하세롯(Hazeroth, 가둠)에 도착하는데, 이곳에서는 미리암과 아론이 모세가 구스 여인과 결혼한 것을 빌미로 리더십에 도전한 일이 있었다(12:16).

다음은 릿마(Rithmah, 로뎀나무)인데 '가데스 바네아'의 원지명으로 보는 학자가 많다. 이어서 림몬 베레스, 립나, 릿사, 그헬라다, 세벨, 하라다, 막헬롯, 다핫, 데라, 밋가, 하스모나, 모세롯, 브네야아간, 홀하깃갓, 욧바다, 아브로나, 에시온게벨을 거쳐 신광야에 도착한다. 에시온게벨(Ezion-gaber)은 '거인의 등뼈'라는 뜻으로 '아카바만'(Gulf of Aqaba)에 위치한 항구 도시다(왕상 9:26; 22:38). 신(Zin) 광야는 신(Sin) 광야와 구별된다.

3) 호르산에서 모압 평지까지(33:37-49)

본 단락에는 광야 40년의 마지막 여정이 기록되어 있다. 여리고가 내려다보이는 모압 평지에 이르게 된 것이다. 이스라엘 백성은 신광야를 지나 호르(Hor)산에 도착하는데, 이곳은 에돔 땅 변경에 있는 산으로 아론이 장사 된 곳이다(20:22). 그때가 광야 40년 5월 1일이었다. 이스라엘 백성은 살모나, 부논, 오봇, 이예아바림을 거친다. 이예아바림(Ije-abarim)은 모압 국경에 위치해 있다. 드디어 광야 시대가 끝난 것이다.

이스라엘 백성은 디본갓과 알몬디블라다임을 건너 느보 앞 아바림산에 진을 친다. 아바림은 산맥 이름으로 산봉우리 중 느보와 비스가가 알려져 있다. 그리고 마지막 야영지인 모압 평지에 도착한다. 모압 평지는 여리고 맞은편 요단강 가에 있었으며 진을 친 이스라엘 백성의 규모가 굉장하여서 벧여시못에서부터 아벨싯딤까지 이르렀다고 한다.

2. 마지막 규례 1: 가나안 땅의 정복과 경계(33:50-34:29)

이스라엘 백성은 40년 광야생활을 마치고 가나안 땅을 눈앞에 두고 있다. 치열한 영적 전쟁 속에서 출애굽 1세대는 모두 죽었다. 출애굽 2세대 역시 좌충우돌하며 모압 평지까지 왔다. 하나님은 전쟁을 통과한 이스라엘을 위해 상급으로 땅을 준비해 두셨다. 하지만, 전쟁은 결코 끝나지 않았다. 광야에서의 영적 전쟁은 그들 안에서 일어나는 전쟁이었다면, 가나안 땅에서의 전쟁은 세상과 정면으로 맞대하는 전투였다. 가나안 이방 민족의 우상, 종교, 문화, 가치관과의 싸움이다. 영적 전쟁은 아직 끝나지 않았다.

1) 끝나지 않은 영적 전쟁: 가나안 땅 정복 명령(33:50-56)

40년의 광야생활과 요단 동편의 정복 전쟁을 마친 이스라엘 백성은 모압 평지에 진을 치고 가나안 땅에 들어갈 날 만을 기다리고 있었다. 이들을 향해 하나님은 가나안 땅에 들어가서 해야 할 일들을 당부하신다. 그 핵심은 그들의 전쟁은 아직 끝나지 않았다는 것이다. 광야에서의 전쟁이 방어하는 수동적인 전쟁이었다면, 가나안 땅에서의 전쟁은 정복하는 능동적 전쟁이 될 것이다. 하나님은 가나안 땅에 들어가 정복 전쟁을 해야 하는 이스라엘 백성에게 몇 가지 중요한 원칙을 제시하신다.

(1) 원주민을 너희 앞에서 다 몰아내라(52)

이스라엘 백성은 가나안 땅에 들어가 가나안 일곱 족속을 다 몰아내야 한다. '일곱'은 완전수로 가나안 땅을 장악하고 있는 원주민들을 완전히 몰아내라는 것이다. 이것은 이스라엘 백성이 가나안 땅에 들어가 그들의 종교, 문화, 가치관에 영향을 받지 못하게 하기 위함이었다(신 7:4).

원주민을 다 몰아내고 진멸하는 것에 대해 어떤 사람들은 하나님이 전쟁을 좋아하는 무자비한 분으로 오해하기도 한다. 하나님의 진멸은 인종청소와 같은 것이 아니다. 이스라엘 백성의 신앙적 정체성을 보호하기 위한 영적 전쟁을 의미하는 것이다.

(2) 그 새긴 석상과 부어 만든 우상을 다 깨뜨리라(52)

이스라엘 백성은 가나안 땅 일곱 족속을 다 몰아내고 그들이 만든 석상과 우상을 다 깨뜨려야 한다. 이것은 단순히 눈에 보이는 우상의 개념을 뛰어넘는다. 이방의 종교는 그들의 문화와 가치관을 지배한다.

(3) 산당을 다 헐라(52)

산당은 우상을 모시던 예배의 장소였다. 이스라엘 백성의 왕 중 선한 왕과 악한 왕을 구분하는 마지막 기준이 '산당을 헐었는가, 그렇지 않았는가'에 있었다(대하 14:3; 20:33). 가나안 족속은 신들과 가까운 높은 곳 그리고 제사를 드릴 수 있는 평평한 돌이 있는 곳에 산당을 만들었다. 이곳에서 다산과 풍년을 기원하는 제사를 드렸다. 이곳은 이스라엘 백성들에게 큰 미혹 거리가 될 것이 분명했다.

하나님은 산당을 다 헐고 하나님이 택하신 곳에 모여 예배할 것을 지시하신다(신 12:5). 이것을 '중앙성소제도'라고 한다. 산당에서의 예배와 중앙성소에서의 예배는 제사의 대상, 제물의 종류, 제사의 방식에 이르기까지 모든 것이 동일했다. 심지어 훗날 이스라엘 백성은 산당에 제사장까지 두며 예배를 드렸다(왕상 12:31; 왕하 17:32). 그런데도 하나님은 산당의 예배를 거부하셨고 파괴를 명하셨다.

무엇에 차이가 있는 것일까?

바로 '법궤'의 유무다. 법궤는 단순한 기구가 아니라 하나님의 언약과 말씀을 의미한다.

온 이스라엘 백성은 언약을 의지하여 하나님께 나아와 말씀을 듣고 그 말씀을 삶의 현장에서 살아내야 했다(출 25:22 참고). 이렇게 하나님의 말씀으로 삶이 다스려지고 통치될 때, 하나님의 나라가 그 땅 가운데 이루어져 풍성하고 생명력 넘치는 삶을 살게 되는 것이다. 하지만, 산당의 예배는 모든 것이 동일했지만 하나님의 말씀은 없었고 오직 소원 성취와 문제 해결을 위한 우상 숭배만이 가득했다.

(4) 그 땅을 점령하여 거기 거주하라(53)

이스라엘 백성은 가나안 일곱 족속을 몰아낸 후 그 땅에서 살아야 한다. 그 땅에 기근이 들어도, 전쟁이 일어나도, 전염병이 있어도 그곳에서 살아야 한다. 왜냐하면, 그곳은 하나님이 이스라엘 백성들에게 주시겠다고 약속하신 땅이기 때문이다. 이스라엘 백성은 다시 애굽으로 돌아가서는 안 된다(신 17:16). 하나님이 주신 은혜의 자리를 지켜야 한다.

(5) 제비를 뽑아 나누라(54)

땅을 정복하면 제비뽑기로 땅을 나누도록 명하신다. 땅을 분배하기 위한 제비뽑기의 방법은 흐릿하게 설명되어 정확하게는 알 수 없다. 여호수아에서 실제로 분배되는 장면까지 종합하면 다음과 같다. 먼저 지파별로 정복 전쟁의 과정에서 자신들이 마음에 드는 땅을 정하여 제사장에게 나온다. 이 부분에 대해 우림과 둠밈 중에 제비뽑기하여 하나님의 결정을 따른다. 그 후 가문별로 가족의 숫자에 따라 제비뽑기 해서 기업을 나누게 된다. 이때 좋은 땅과 나쁜 땅을 선택할 수 없다. 하나님이 주시는 대로 받아야 한다. 그리고 그 땅에 거주해야 한다.

하나님은 땅 정복과 관련하여 원주민을 몰아내지 아니하면 어떤 일이 발생하는지 알려 주신다.

> … 너희의 눈에 가시와 너희의 옆구리에 찌르는 것이 되어 너희가 거주하는 땅에서 너희를 괴롭게 할 것이요(33:55).

하나님의 말씀에서 가나안 땅에 대한 세 가지의 정보를 얻을 수 있다.

첫째, 가나안 땅은 여전히 전쟁터다.
둘째, 몰아내지 않으면 공격당한다.
셋째, 전쟁의 실행자는 하나님이시다(56).

영적 전쟁으로 푸는 민수기

많은 그리스도인이 신앙생활의 목적이 평안한 삶을 사는 것이라는 오해를 한다. 예수님이 평안을 주시기 위해 오셨음은 분명하다. 문제는 예수님이 주시고자 하시는 평안은 우리가 원하는, 세상이 주는 것과는 전혀 같지 않다는 데 있다(요 14:27). 따라서 신앙생활을 잘하면 내가 원하는 편안한 삶을 살 것이라는 기대는 큰 착각이다. 오히려 삶이 평안하질 때 찾아오는 위기가 있다. 바로 영적 성장이 멈춘다는 것이다(살전 5:3).

삶의 불안정함 속에서 주님을 찾을 때 주님은 우리에게 응답하시고 풍랑을 잔잔케 하심이 분명하다(시 89:9; 눅 8:24). 궁핍하고 가난할 때 우리에게 공급하시고 부요케 하심도 분명하다(시 81:16; 요 10:10). 이스라엘 백성들을 애굽에서 건지시고 40년 동안 구름 기둥과 불기둥으로 인도하시고 만나와 메추라기로 먹이신 것이 사실이다. 또한, 젖과 꿀이 흐르는 가나안 땅으로 인도하심도 사실이다.

그렇다면 이것으로 끝인가?

주님이 그저 잘 먹고 잘살게 하시기 위해서 우리를 구원하셨는가?

절대 그렇지 않다. 우리의 싸움은 아직 끝나지 않았다. 우리는 믿음의 선한 싸움을 계속해서 해야 한다(딤전 6:12). 주님이 부르실 때까지 영적 전쟁의 현장에 있음을 기억해야 한다(딤후 4:7).

하나님이 우리를 이곳까지 인도하신 것은 하나님의 나라를 이루는 싸움이 남아 있기 때문이다. 이 세상에 하나님보다 높이 둔 모든 우상과 하나님이 받으셔야 할 예배를 빼앗은 예배의 대상들, 하나님의 말씀보다 높아진 모든 거짓 진리 앞에서 당당하게 싸워야 한다.

출애굽 여정	우리의 신앙생활
애굽 종살이	세상의 종살이
유월절	예수님의 십자가
홍해 사건	물 세례(새생명)
시내산 언약	그리스도와의 첫사랑
성막 건축	내적 성전
군사 모집을 위한 인구 조사	제자로 부르심
영적 전쟁(광야)	영적 전쟁(마음)
땅 분배를 위한 인구 조사	신부로 부르심
모압 언약	그리스도와의 연합
요단강	성령 세례(거듭남)
가나안 땅	하나님 나라
영적 전쟁(가나안 정복)	영적 전쟁(문화, 가치관)
가나안 정복 완성(솔로몬)	하나님 나라 완성(예수 재림)

설교 포인트

본문: 민수기 33:50-56
제목: 이 땅에서의 영적 전쟁은 절대 끝나지 않는다

이스라엘 백성은 40년의 광야생활과 요단 동편 정복 전쟁을 마무리하고 약속된 가나안 땅으로 들어갈 준비를 하고 있다. 젖과 꿀이 흐르는 가나안 땅에서 잘 먹고 잘살 것이라는 기대감이 가득할 것이다. 하지만, 하나님은 이스라엘 백성에게 아직 전쟁은 끝나 않았고 진짜 전투가 기다리고 있다고 말씀하신다. 그리스도인들에게 영적 전쟁은 주님 오실 때까지 계속된다. 그래서 우리는 항상 깨어 있어야 한다. 이 전쟁을 두려워하지 않아도 되는 것이 전쟁은 하나님께 속했기 때문이다(대하 20:15).

1. 이 세상엔 완벽한 낙원이 절대 존재하지 않는다(요 14:2-3).
2. 전쟁이 없는 중간 지대를 기대하지 말라(벧전 5:8).
3. 하나님 나라의 완성은 하나님이 하신다(마 24:36).

2) 영적 전쟁의 범위: 가나안 땅의 경계(34:1-29)

40년의 광야생활을 마치고 젖과 꿀이 흐르는 약속의 땅을 바라보고 있는 이스라엘 백성에게 하나님은 가나안 입성 후에도 정복을 위한 전쟁이 지속됨을 말씀하신다. 이어서 가나안 땅의 경계를 알려 주시는데, 이것은 이스라엘 백성이 감당해야 할 전쟁의 범위를 말씀하시는 것이다.

(1) 가나안 땅의 경계(34:1-15)

가나안 땅의 남쪽 경계는 신광야 일대다. 사해 끝부터 시작하여 아그랍 빔을 지나 신광야, 가데스 바네아, 하사아달, 아스몬 그리고 애굽 시내를 지나 바다(지중해)로 이어진다. 애굽 시내라고 불리는 곳은 블레셋의 가사 지역에 지중해로 유입되는 내 천을 말한다. 서쪽 경계는 대해(지중해)다.

북쪽 경계는 대해(지중해)에서 시작하여 호르산, 하맛 어귀, 스닷, 시브론, 하살에난까지 이어진다. '호르산'은 아론이 묻힌 남단의 '호르산'이 아니고 레바논산맥의 한 자락이다. 하맛(Hammath, 방벽)은 하맛 왕국으로 들어가는 통로로 이스라엘 백성의 제일 북쪽 국경이다(수 13:5; 삿 3:3; 겔 47:20). 이곳에 실제로 이스라엘 백성의 힘이 미친 때는 솔로몬 시대에 국고성을 세웠을 때뿐이다(대하8:4). 하살에난은 북동쪽 국경선의 끝이다.

동쪽 경계는 하살에난에서부터 시작하여 남쪽으로 스밤, 리블라, 아인 동편, 긴네렛 동편 해변, 요단강을 따라 사해까지 이어진다. '스밤'은 요단 강의 수원지인 헐몬산 근처이고, '긴네렛'은 게네사렛이라는 이름으로 불리게 되는데, 이곳은 '갈릴리 지방'을 말한다.

하나님께 가나안 땅의 경계를 지시받은 모세는 다시금 가나안 땅의 분배 방법을 알려 준다. 반드시 제비뽑기를 사용하도록 한다. 힘이 강하다고 더 좋은 땅을 얻는 것이 아니다. 정복할 대상이 강하다 하여 바꿀 수도 없다. 제비뽑기는 하나님의 주권을 인정하는 것이다. 더불어 르우벤, 갓 그리고 므낫세 반 지파에 요단 동편 땅이 기업으로 허락되었음을 다시 강조한다.

(2) 가나안 땅의 분배를 위한 책임자(34:16-29)

가나안 땅의 경계를 말씀하신 하나님께서는 땅 분배의 책임자를 알려 주신다. 대제사장 엘르아살과 눈의 아들 여호수아다. 또한, 땅 분배를 위해 각 지파에서 지휘관을 한 명씩 택하도록 하신다. 지파를 대표하는 지도자들을 직접 선출하게 하신 것이다.

각 지파는 자신들이 택한 지도자와 함께 가나안 땅을 정복하며 직접 눈으로 보고 발로 밟으며 살피게 된다. 이 땅 중에서 자신들의 마음에 소원하는 땅을 가지고 여호와 앞에 나아가 제비뽑기를 통해 허락을 받는다(수 14:12-13). 그 후 가족별로 제비를 뽑아 땅을 분배받는다(수 15:1). 이렇게 결정된 땅은 변경할 수 없다.

- **유다 지파**의 지휘관은 여분네의 아들 갈렙이다. 갈렙은 여호수아와 함께 가나안 땅에 들어온 유일한 출애굽 1세대다. 유다 지파는 사해와 지중해 사이에 예루살렘과 헤브론을 중심으로 가나안 땅 남쪽 대부분을 얻게 된다(수 15장). 이후 유다 지파는 이스라엘 백성의 장자 지파로 서게 된다.
- **시므온 지파**의 지휘관은 암미훗의 아들 스므엘이다. 시므온 지파의 기업은 유다 지파와 인접했고 훗날 유다 지파에 흡수된다.
- **베냐민 지파**의 지휘관은 기슬론의 아들 엘리닷이다. 베냐민 지파의 땅은 유다 지파와 에브라임 지파 사이에 위치했다. 동으로 요단강, 서로는 기럇여아림, 북으로 벧엘 그리고 남으로 예루살렘까지가 경계였다. 이스라엘 백성의 최초의 왕 사울을 배출한다(삼상 9:1-2).
- **단 지파**의 지휘관은 요글리의 아들 북기다. 단 지파의 경계는 동쪽으로 베냐민 지파, 서쪽으로 지중해, 북쪽으로 에브라임 지파 그리고 남쪽으로 유다 지파와 접했다. 이곳은 블레셋과 가까웠는데 그 땅을 정복하지 못하고 북방에 있던 라이스를 점령하고는 이주했다(삿 18장). 자신의 기업을 포기하고 이주한 단 지파는 훗날 역사 속에서 사라지게 된다.
- **므낫세 지파**의 지휘관은 에봇의 아들 한니엘이다. 므낫세 지파는 그 반지파가 이미 동편에서 길르앗 북방 바산의 넓은 지대를 기업으로 얻었다. 나머지 반 지파는 에브라임과 잇사갈 사이에 넓은 지역을 분배받는다. 이곳은 동으로는 요단강, 서쪽으로는 지중해, 남쪽으로는 세겜 그리고 북쪽으로는 므깃도에 이른다(수 17:1-13)

- **에브라임 지파**의 지휘관은 십단의 아들 그므엘이다. 그들의 땅은 북으로 므낫세와 남으로 베냐민과 접했고 남쪽으로는 여리고에서 미스바를 잇는다(수 16:5-10).
- **스불론 지파**의 지휘관은 바르낙의 아들 엘리사반이다. 그들의 땅은 므낫세, 잇사갈, 아셀, 납달리 사이에 있었다(수 19:10-17).
- **잇사갈 지파**의 지휘관은 앗산의 아들 발디엘이다. 그들의 땅은 동쪽에 요단강, 남서쪽에 므낫세, 북쪽에 스불론과 납달리 지파를 접하고 있었다(수 19:17-23).
- **아셀 지파**의 지휘관은 슬로미의 아들 아히홋이다. 그들의 영토는 동쪽에 납달리와 스불론, 남쪽에 므낫세, 서쪽에 지중해 그리고 북쪽은 시돈과 접하게 된다(수 19:24-31).
- **납달리 지파**의 지휘관은 암미훗의 아들 브다헬이다. 납달리의 기업은 동쪽으로 갈릴리와 요단강, 남쪽으로 잇사갈과 스불론, 서쪽으로 아셀 그리고 북쪽으로 시돈과 접하게 된다(수 19:32-39).

영적 전쟁으로 푸는 민수기

40년의 광야생활을 마치고 젖과 꿀이 흐르는 약속의 땅을 바라보고 있는 이스라엘 백성에게 하나님은 가나안 입성 후에도 정복을 위한 전쟁이 지속될 것이라고 말씀하신다. 이것은 내적인 영적 전쟁에서 외적인 세상과의 전쟁으로 확장됨을 보여 준다.

우리의 영적 전쟁의 영역은 다음과 같이 크게 세 부분으로 구분할 수 있다.

첫째, 사탄의 세력과 직접적인 능력 대결(power encounter)이다.

둘째, 광야 40년 동안 이스라엘 백성이 치열하게 싸웠던 내면에서의 영적 전쟁이다.

셋째, 이 세상의 통치자, 권세자, 어둠의 세상 주관자, 악의 영들과 싸우는 문화와 가치관의 전쟁이다.

가나안 땅은 온 세상의 축약판이다. 이스라엘 백성에게 가나안 땅을 모두 정복하라는 것은 교회에 땅끝까지 복음을 전하라는 명령과 같다. 이때 하나님은 가나안 땅을 각 지파와 가문 별로 분배하여 자신들에게 맡겨진 영역을 책임지고 정복할 것을 요구하신다.

교회도 마찬가지다. 한 교회가 전 세계의 복음화를 감당할 수 없다. 하나님이 각 교회와 성도들에게 부여하신 삶의 지경이 있다. 이 부분을 감당하면 된다. 개교회는 그 지역에서, 목회자는 교회에서, 국회의원은 국회에서, 사업가는 일터에서, 교사는 학교에서, 의사는 병원에서 세상을 향해 영적 전쟁을 충성스럽게 감당해야 한다. 전쟁은 여호와께 속한 것이기에 여호와께서 직접 이 전쟁을 지휘하신다. 우리는 자기 영역에서 충성하면 된다.

설교 포인트

본문: 민수기 34:1-29
제목: 자신에게 맡겨진 지경을 책임지자

하나님은 가나안 땅을 각 지파 별로 나누어 담당하게 하신다. 한 지파가 모든 것을 책임지지 않는다. 지파 별로 가문 별로 그들에게 주어진 기업을 책임지고 정복해야 한다. 이것이 땅을 분배하신 목적이다. 성도 한 명이 세계 복음화를 책임질 수 없다. 한 사람 한 사람이 하나님이 맡기신 삶의 영역에서 하나님이 통치하실 수 있도록 영적 전쟁을 포기하지 말고 싸워야 한다.

1. 하나님은 각자에게 은사와 함께 삶의 영역을 맡기셨다(고전 12:3-7).
2. 하나님이 우리에게 그 영역을 맡기실 때는 충성을 요구하신다(고전 4:2).
3. 한 사람 한 사람의 충성이 모여 하나님의 나라가 이뤄진다(롬 12:4-8).

3. 마지막 규례 2: 레위인의 성읍과 도피성(35:1-34)

40년 광야생활을 통해 하나님은 이스라엘을 영적 전쟁을 위한 좋은 군사로 훈련시키셨다. 전쟁에 부르신 목적은 가나안 땅을 주시기 위함이었고, 가나안 땅을 주시는 목적은 예배하게 하기 위함이었다. 진정한 예배는 하나님을 하나님 되게 하는 것인데, 그 방법이 하나님의 말씀대로 그 땅을 통치하고 다스리는 것이다(창 2:15 참고). 이스라엘 백성이 정복한 땅을 어떻게 다스릴 것인지에 대한 이야기는 신명기에서 다룬다.

하나님은 영적 전쟁의 궁극적 목적이 땅을 얻기 위함임을 반복적으로 강조하신다. 이 땅은 하나님이 이스라엘 백성에게 선물로 주신 것이다. 그 소유가 하나님께 있다는 의미다. 따라서 그 땅의 소유주가 원하는 대로 관리를 해야 한다.

가나안 땅의 소유자이신 하나님이 원하시는 것이 무엇일까?

첫째, 가나안 땅을 정복하고 모든 우상을 몰아내어 정결케 하라.
둘째, 정결케 된 땅을 더럽히지 말라(35:34).

가나안의 정결을 유지하는 방편으로 '도피성' 제도를 알려 주신다.

1) 레위인의 성읍(35:1-8)

하나님은 이스라엘 백성이 가나안 땅에 들어가면 모든 이방 민족을 몰아내고 모든 우상과 산당을 제거하여 정복하라는 명령을 하신다. 그 후 그 땅을 지파의 가문 별로 제비를 뽑아 분배하도록 하신다. 이때 레위인은 기업을 얻지 못하고 48개의 성읍과 주변 공유지를 제공받게 된다.

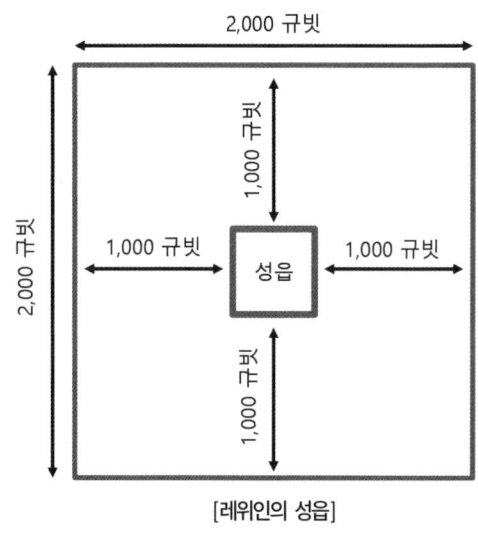

[레위인의 성읍]

하나님은 이스라엘을 군사공동체로 부르시며 레위인은 제외시켰다. 그들은 이스라엘 백성의 장자를 대신하여 하나님께 바쳐졌기 때문이었다(3:41). 레위인은 전쟁에 나가는 대신에 성막 관리와 이동 그리고 제사를 돕는 직무를 맡았다. 레위인의 존재는 이스라엘 백성이 하나님의 소유임을 보여 주고 이스라엘 백성이 예배공동체임을 보여 준다.

레위인은 가나안 땅에서 기업을 얻는 대신에 열두 지파가 제공한 48개의 성읍에 흩어져 살아가게 된다. 레위인이 전국 48개 성읍에 흩어져 살아야 하는 이유는 이스라엘 전역에 하나님의 거룩함이 임하게 하시기 위함이었다(Olson). 성읍을 제공할 때 땅을 많이 받은 자는 많이, 적게 받은 자는 적게 주어야 했다. 성읍은 그들의 거처가 되고 가축과 짐승들을 위한 초장이 보장된다. 초장을 위한 공유지는 성벽에서부터 사방 1,000규빗씩 총 2,000 규빗이다.

2차 인구 조사 때 레위인 1개월 이상 된 남자가 23,000명이었다(26:62). 가족들까지 합하면 약 5만 명 정도로 추산된다. 따라서 각 성읍에 약 1,000명의 레위 지파가 거주한 것으로 보인다. 레위인을 위한 48개의 성읍 중에 6개는 도피성으로 사용되었다.

2) 도피성: 땅을 더럽히지 말라(35:9-34)

가나안 땅은 하나님이 이스라엘 백성에게 선물로 주신 것이다. 그 땅의 주인은 하나님이기에 이스라엘 백성은 하나님의 방법으로 그 땅을 다스려야 한다. 하나님은 먼저 가나안 땅에 있는 우상과 산당을 다 제거하여 정결하도록 요구하셨다. 다음으로 그 땅이 무고한 피로 더럽혀지지 않도록 '도피성'을 마련해 주신다.

(1) 도피성(35:9-15)

도피성(the cities of refuge)은 부지중에 살인한 자가 피의 보복자를 피해 판결을 받기까지 보호받을 수 있는 곳으로 이스라엘 어디서나 하룻길에 달려 다다를 수 있는 이스라엘 전국 6곳에 있었다. 요단 동편에는 골란, 라못, 베셀이었고 요단 서편에는 게데스, 세겜, 헤브론이었다(수 20:7-8).

'눈에는 눈, 이에는 이'로 유명한 '동형복수법'(동해복수법, lex talionis)은 구약 형사 제도의 중요한 원칙이다(레 24:20). 따라서 타인의 생명을 빼앗은 자는 본인의 생명으로 값을 지불해야 한다(신 19:21). 죽은 자를 위한 '피의 보복자'는 살인자를 만나면 죽일 수 있는 권한을 얻게 된다(35:19).

그러나 의도치 않은 과실로 사람이 죽은 경우 '피의 보복자'에 의해 죽임을 당하면 또다시 억울한 죽음이 발생하게 되므로 도피성은 이러한 억울한 죽음으로 인해 땅이 더러워지는 것을 막는 것이다(35:34).

(2) 도피성의 대상자(35:16-28)

하나님은 도피성에 피할 수 있는 경우와 그렇지 못한 경우를 말씀하셨다. 살인자의 경우 고의가 있다면 그는 반드시 죽음으로 값을 지불해야 한다. 악의를 가지고 철 연장, 돌, 나무 연장 등으로 사람을 쳐 죽인 경우 피의 보복자는 그를 반드시 죽여야 한다. 반면 악의나 고의가 없이 밀치거나 무엇을 던져서 죽게 한 경우 피의 보복자가 살인자를 죽이지 못하도록 도피성으로 피할 수 있게 한다.

'피를 보복하는 자'(고엘 하담, *go'el haddam*)에서 '보복'이라는 단어는 다소 폭력적으로 번역된 경향이 있기는 하다. 사실 '보복'(가알, *gā'al*)이라는 단어는 '가장 가까운 친척이 다시 찾아 주거나 구해 준다'는 의미가 있다. 룻기에서 모압 여인 룻과 결혼한 보아스가 바로 '기업 무를 자'로 등장하는데 같은 단어다(룻 3:13). 이것을 '고엘 제도'라고 하는데, '고엘 제도'는 가족 중 해를 당했을 때 다시 균형을 회복시키는 제도다. 살인의 경우 생명이 감소하는 해를 입은 것으로 이 해를 회복할 방법은 살인자의 생명을 감소시키는 것밖에 없다. '피를 보복하는 자'는 보복이나 복수를 하는 것이 아니라 균형을 회복하는 일을 하는 것이다.

도피성에 피한 자가 자기의 과실이 입증되지 못해 계속 머물러 있는 경우 대제사장이 죽으면 자기의 기업으로 돌아갈 수 있게 된다. 대제사장의 죽음이 핏값을 지불한 결과가 되기 때문이다. 도피성은 예수님의 구원 사역의 그림자다(Allen). 대제사장 되신 예수 그리스도의 십자가에서 대속의 은혜로 죽을 수밖에 없는 죄인 된 우리가 죄 용서함을 받게 된 것이다(히 9:28).

(3) 도피성의 목적(35:29-34)

도피성으로 피한 살인자에 대한 재판을 위해서는 두 명 이상의 증인이 필요하다. 고의로 밝혀졌을 경우 죽음으로 값을 지불해야 하나 과실로 살인한 것이 입증되면 대제사장이 죽기 전까지 집으로 돌아가지 못한다. 이렇게 하는 이유는 땅을 더럽히지 않기 위해서다.

도피성의 진정한 목적은 땅을 더럽히지 않기 위함, 즉 거룩함을 유지하기 위함이다. 가나안 땅은 하나님의 법으로 통치되는 하나님 나라다. 이곳의 왕은 하나님이시다. 정의의 하나님은 죄에 대한 값을 반드시 지불하게 하신다. 사람을 죽인 경우 생명으로 값을 지불해야 한다. 하지만, 부주의로 인한 과실로 사람을 죽인 경우 피의 보복자가 생명을 빼앗으면 또다시 무고한 자가 죽게 되는 것이다.

영적 전쟁으로 푸는 민수기

광야에서 훈련을 받은 이스라엘 백성은 가나안 정복 전쟁을 명령받았다. 가나안 정복은 이방의 종교, 문화, 가치관으로 가득한 땅에 하나님의 법과 질서로 다스려지는 하나님 나라를 이루는 작업이다. 이 전쟁은 영적 전쟁이기에 하나님과의 긴밀한 관계가 성패의 중요한 관건이다. 이스라엘 백성이 성소를 중심으로 하나님이 기뻐하시는 제사를 드릴 때 전쟁에서 승리한다.

가나안 정복 이후 지파와 가문 별로 땅을 분배받는다. 먼저는 그 땅에 남아 있는 이방 민족을 몰아내는 전쟁을 감당해야 한다. 한 지파가, 혹은 한 가문이 모든 가나안 땅을 담당하는 것이 아니다. 그들에게 주어진 기업을 담당하면 된다. 이 과정에서 제비뽑기를 하기 때문에 어려운 지역을 기업으로 받을 수 있다. 상대적으로 쉬운 지역을 받을 수도 있다. 이런 상황과 관계없이 맡겨진 땅을 정복해야 한다.

다음으로 주어진 땅을 더럽히지 않도록 잘 관리해야 한다. 하나님이 주신 땅은 하나님의 방법과 질서로 다스려져야 한다. 그 구체적인 방법은 신명기의 율법에서 제시된다. 그 땅은 하나님이 임재하시는 거룩한 곳이기에 거룩하게 유지되어야 한다. 그 땅에 무고한 피를 흘리면 땅이 더러워지고 그 땅이 더러워지면 악한 것들이 틈타게 된다. 이를 위해 이스라엘 전역에 48개의 레위인 성읍을 두었고 그중 6개는 도피성을 두어 무고한 피 흘림을 막도록 했다.

신약을 사는 우리도 하나님이 각자에게 맡기신 삶의 현장이 있다. 교회, 가정, 일터가 우리에게 주어진 기업이다. 또한, 자기 마음에 사모함과 부담감으로 다가오는 영역도 있다. 정치, 경제, 문화, 예술, 과학, 교육 등 다양한 분야에서 하나님의 질서와 법으로 다스려지는 하나님의 나라를 이룰 책임이 그리스도인에게 주어졌다.

한 사람이, 한 교회가 모든 것을 책임질 수 없다. 각자에게 주신 은사와 사모함으로 담당하면 된다. 하나님은 교회와 개인의 삶에서 영적 전쟁의 훈련을 시키신다. 그리고 세상으로 나가 세상의 문화와 가치관과 싸우는 영적 전쟁으로 우리를 부르신다.

우리가 하나님의 은혜로 정복한 땅이 있다면 죄로 오염되지 않도록 잘 관리해야 한다. 더럽혀진 죄의 현장을 통해 사탄은 틈타기 때문이다(엡 4:27). 구약 시대 이스라엘 백성에게 레위인의 성읍이 있었다면 오늘날 우리에게는 지역 교회가 있다. 곳곳에 세워진 교회를 통해 성도들이 말씀으로 재충전되어 세상과 영적 전쟁을 감당하는 것이다.

또한, 우리는 우리에게 주어진 삶의 영역이 죄로 더럽혀지지 않도록 주의해야 한다(히 12:4; 벧전 1:16). 만약 더럽혀지게 된다면 도피성 되신 예수 그리스도에게로 달려가 회개해야 한다(요일 1:9-10).

> ## 설교 포인트
>
> **본문: 민수기 35:1-15**
> **제목: 하나님 나라를 거룩하게 지키라**
>
> 하나님이 이스라엘 백성에게 젖과 꿀이 흐르는 가나안 땅을 선물로 주셨다. 동일하게 우리는 예수 그리스도 피의 언약으로 믿기만 하면 하나님 나라의 백성이 된다. 우리는 각자 삶의 영역에서 세상적인 문화와 가치관을 대항하는 하나님 나라를 이뤄야 한다. 이것이 진정한 영적 전쟁이다. 더불어 우리에게 주어진 하나님 나라가 죄로 인해 더럽혀 지지 않도록 십자가의 보혈을 의지해야 한다.
>
> 1. 하나님은 모든 그리스도인에게 각자의 기업(교회, 가정, 일터)을 맡기셨다 (히 10:25; 엡 5:22-6:4; 골 3:23).
> 2. 모든 그리스도인은 자기에게 주어진 기업에 하나님의 나라가 이뤄지길 구해야 한다(마 6:33).
> 3. 그리스도인은 자기의 기업이 더럽혀지지 않도록 죄와 싸워야 하고 죄가 발견되었을 때 회개해야 한다(엡 5:5; 요일 1:9-10).

4. 마지막 규례 3: 여자 상속자에 대한 규례(36:1-13)

민수기의 마지막 내용은 여자 상속자가 받은 땅과 관련된 것이다. 정복 전쟁 이후 땅 분배를 설명하는 과정에서 아버지를 잃은 므낫세 지파의 슬로브핫의 딸들이 모세에게 아버지의 몫을 요구하여 허락을 받게 된다(27:1-11). 이와 연관하여 므낫세 지파 길르앗 가문의 지도자들이 모세에게 아버지의 기업을 받은 딸들이 다른 지파의 남자와 결혼을 할 경우 어떻게 해야 하는지에 대한 질문한다. 하나님은 다른 지파 남자와의 결혼을 금지하여 땅의 소유권이 옮겨지지 못하게 하신다.

본 단락의 내용이 언제 다뤄진 것인지 알 수는 없다. 27장 사건과 연속되어 언급되었을 가능성이 매우 높다. 민수기 기자는 이 사건을 땅과 관련하여 민수기의 결론부에 위치시킨 것으로 보인다.

1) 여자 상속자의 땅: 각각 자기 기업을 지키라(36:1-12)

민수기에 나오는 두 번째 인구 조사는 땅 분배를 위함이었다(26장). 이때 20세 이상 전쟁에 나갈 만한 남자를 계수하여 가문별로 남자들이 땅을 유업으로 받게 된다. 그런데 므낫세 지파의 슬로브핫의 딸들이 아버지가 아들 없이 죽었기에 아버지의 몫을 자기들에게 달라고 모세에게 요청한다(27:1-4). 이 문제에 대해 하나님은 아들 없이 아버지가 죽은 경우 그 기업이 딸들에게 돌아가도록 규례로 정하신다(27:6-11).

가나안 땅 입성을 앞에 두고 므낫세 지파의 길르앗 자손의 지도자들이 모세에게 찾아와 질문한다.

"만일 슬로브핫의 딸들이 타지파의 남자와 결혼하게 되면 땅의 소유가 그 남편의 것이 되고 그렇게 되면 희년이 되어도 돌려받을 수 없게 되어 기업을 잃어버리는 것이 되는 데 이런 경우 어떻게 해야 합니까?"

길르앗 자손의 지휘관들의 질문에 하나님은 모세를 통해 대답하신다.

"요셉 자손의 말이 옳도다."(5)

그들의 요구가 정당하다는 것이다. 슬로브핫의 딸들은 마음대로 시집을 갈 수 있지만, 반드시 같은 지파 안에서 시집가도록 하신다. 이는 지파별로 주어진 기업을 보전하기 위함이다. 하나님은 각 지파에 주어진 땅을 절대 잃어버리지 않도록 명령하신다. 모세를 통해 하나님의 명령을 받은 슬로브핫의 딸들은 작은아버지의 아들들과 결혼했다.

2) 민수기 결론(36:13)

민수기는 "이는 모압 평지에서 여호와께서 이스라엘 자손에게 명령하신 계명과 규례니라"로 마무리된다. 민수기는 출애굽 2년 2월 1일 시내 광야에서 군사를 모집하기 위한 인구 조사로 시작한다. 이스라엘 백성은 시혼 왕과 옥 왕을 물리친 후에 모압 평지에 진을 치게 된다(22:1). 따라서 본 구절은 민수기 전체를 아우르는 결론을 아니다.

본 구절에서 이야기하는 계명과 규례를 특정하자면 33-36장까지라고 봐야 할 것이다(Noordtzij). 즉, 본 구절은 민수기 결론의 결론이라 하겠다. 민수기 결론 내용은 각 지파와 가문은 기업으로 주어진 땅을 반드시 '정복하고, 하나님이 주신 땅을 더럽히지 말며 절대 기업으로 주어진 땅을 잃어버리지 말라'는 것이다.

||||||||||||||||||||| 영적 전쟁으로 푸는 민수기 |||||||||||||||||||||

40년 광야생활이라는 영적 전쟁을 통과한 이스라엘 백성에게 상급으로 땅이 주어진다. 하나님은 가나안 땅에 들어가는 이스라엘 백성들에게 세 가지의 중요한 규례를 제시하신다.

첫째, 가나안 땅을 정복할 것
둘째, 땅을 더럽히지 말 것
셋째, 땅을 절대 잃어버리지 말 것

그리스도인들 역시 영적 전쟁을 위해 부름을 받은 자들이다. 우리의 영적 전쟁을 위해 예수님께서 이미 사탄과의 싸움에서 승리를 선언하셨다. 이제 우리는 승리하신 예수님을 의지하여 내적인 영적 전쟁을 승리해야 한다. 그러면 하나님 나라를 상급으로 얻게 된다. 예수님은 이것을 팔복에서 설명해 주셨다.

> 심령이 가난한 자는 복이 있나니 천국이 그들의 것임이요 애통하는 자는 복이 있나니 그들이 위로를 받을 것임이요 온유한 자는 복이 있나니 그들이 땅을 기업으로 받을 것임이요 의에 주리고 목마른 자는 복이 있나니 그들이 배부를 것임이요 긍휼히 여기는 자는 복이 있나니 그들이 긍휼히 여김을 받을 것임이요 마음이 청결한 자는 복이 있나니 그들이 하나님을 볼 것임이요 화평하게 하는 자는 복이 있나니 그들이 하나님의 아들이라 일컬음을 받을 것임이요 의를 위하여 박해를 받은 자는 복이 있나니 천국이 그들의 것임이라 (마 5:3-10).

하나님 나라를 유업으로 얻은 그리스도인들은 하나님 나라를 확장해 나가야 한다. 사탄에게 매여 있는 영혼들을 구하기 위해 복음을 전해야 한다. 각자에게 주어진 삶의 영역, 교회, 일터, 가정에 하나님의 통치와 다스림이 임하도록 살아야 한다. 또한, 공중 권세 잡은 사탄에게 빼앗긴 영역들에 하나님의 통치가 임하도록 기도하며 대항문화(counterculture)를 만들어야 한다. 정치, 경제, 문화, 예술, 교육, 등 곳곳에 하나님의 나라가 임하도록 싸워야 한다.

이 전쟁은 주님이 다시 오실 때 완성된다. 우리가 하나님과의 관계가 잘 형성될 때 지경을 넓어지겠지만, 그렇지 않으면 사탄과 세상에 땅을 잃어버리게 될 것이다. 하나님은 이스라엘 백성에게 당부하신 것과 동일한 것을 요구하신다.

첫째, 구원받은 것으로 끝난 것이 아니고 각자의 삶의 영역에서 영적 전쟁을 담당해야 한다(고전 4:2).

둘째, 하나님이 주신 땅을 지키기 위해서는 더럽혀지지 않도록 죄와 싸워야 한다(히 12:4).

셋째, 하나님이 주신 기업을 절대 잃어버려서는 안 된다(히 3:12; 벧후 3:17).

어떤 상황에서도 주님을 끝까지 붙들고 두렵고 떨림으로 구원을 이루어야 한다(빌 2:12).

설교 포인트

본문: 민수기 36:1-13
제목: 하나님 나라를 반드시 지키라

구약에서의 땅은 신약에서 하나님 나라가 된다. 하나님 나라는 하나님의 법으로 다스려지는 곳이다. 이 하나님의 나라는 심령이 가난한 자, 애통하는 자, 온유한 자, 의를 위하여 핍박받는 자의 것이다. 즉, 치열한 내면의 영적 전쟁을 통해 얻게 되는 것이다. 또한, 하나님 나라는 사탄에 의해 끊임없이 공격당하게 되어 있다. 사탄은 죄를 타고 들어와 천국을 빼앗기에 정결해야 한다. 죄가 있다면 십자가로 달려가 회개해야 한다. 이 전쟁은 예수님이 다시 오실 때 끝나게 된다. 그때까지 우리는 하나님의 나라를 잃어버리지 않기 위해 깨어 있어야 한다.

1. 우리는 예수님의 십자가의 공로로 하나님의 나라를 얻게 되었다(고전 15:50-58).
2. 우리는 하나님 나라를 이루고 지키는 전쟁 중에 있다(계 12:17).
3. 우리는 은혜로 주어진 하나님 나라를 주님 오실 때까지 반드시 지켜내야 한다(빌 2:12; 히 12:2-5).

참고 문헌

송병현. 『민수기』. 서울: 국제제자훈련원, 2013.

왕대일. 『민수기』. 서울: 대한기독교서회, 2007.

Allen, R. B. "Numbers" in The Expositor's Bible Commentary Revised Edition. Grand Rapids: Zondervan, 2012.

Ashley, T. The Book of Numbers. NICOT. Grand Rapids: Eerdmans, 1993.

Bellinger, W. H. Leviticus, Numbers. UBC. Grand Rapids: Baker Books, 2012.

Budd, P. J. Numbers. WBC. Louisville: Thomas Nelson, 1984.

Calvin, J. Numbers. https://www.studylight.org/commentaries/eng/cal.html

Cole, R. D. Numbers. NAC. Nashville: B&H, 2000.

_____ . Numbers. ZIBBC. Grand Rapids: Zondervan, 2009.

Duguid, I. M. Numbers. Wheaton: Crossway Books, 2006

Friedman, R. E. Commentary on the Torah. New York: Harper Collins, 2001.

Gray, G. B. A Critical and Exegetical Commentary on Numbers. ICC. Edinburgh: T&T Clark, 1903.

Harrison, R. K. Numbers. WEC. Chiago: Moody Press, 1990.

Henry, M. Numbers. https://www.studylight.org/commentaries/eng/mhm.html

Keil, C.F. and F. Delizsch, Numbers. https://biblehub.com/commentaries/kad/numbers/1.htm.

Levine, B. Numbers 1-20. AB. New York: Doubleday, 1993.

Merrill, E. H. "Numbers" in The Bible Knowledge Commentary. Wheaton: Victor Books, 1985.

Milgrom, J. Numbers. JPSTC. Philadelphia: Jewish Publication Society, 1990.

Brown, R. The Message of Numbers. TBST. Downers Grove: IVP, 2016.

Noordtzij, A. Numbers. BSC. Trans. By Ed van der Maas. Grand Rapids: Zondervan, 1983.

Walton, J. H., V. H. Mattew & M. W. Chavalas. The IVP Bible Background Commentary: Old Testament. Downers Grove: IVP, 2000.

Wenham, G. J. Numbers: an introduction and commentary. TOTC. Downers Grove: IVP, 1981.